ROMY ROOMIANY

Das Recht auf Bildung in Deutschland seit 1919

Schriften zur Rechtsgeschichte

Band 237

Das Recht auf Bildung in Deutschland seit 1919

Von

Romy Roomiany

Duncker & Humblot · Berlin

Die Rechtswissenschaftliche Fakultät
der Albert-Ludwigs-Universität Freiburg hat diese Arbeit
im Jahre 2025 als Dissertation angenommen.

Bibliografische Information der Deutschen Nationalbibliothek

Die Deutsche Nationalbibliothek verzeichnet diese Publikation in
der Deutschen Nationalbibliografie; detaillierte bibliografische Daten
sind im Internet über http://dnb.d-nb.de abrufbar.

Satz: Typodienst – Büro für typographische Dienstleistungen, Altenberge
Druck: Beltz Grafische Betriebe, Bad Langensalza

ISSN 0720-7379
ISBN 978-3-428-19689-0 (Print)
ISBN 978-3-428-59689-8 (E-Book)

Gedruckt auf alterungsbeständigem (säurefreiem) Papier
entsprechend ISO 9706 ♾

Verlagsanschrift: Duncker & Humblot GmbH, Carl-Heinrich-Becker-Weg 9,
12165 Berlin, Germany | E-Mail: info@duncker-humblot.de
Internet: https://www.duncker-humblot.de

Für meine Familie

Vorwort

Diese Arbeit wurde im Jahr 2025 als Dissertation angenommen und erfolgreich verteidigt. Ziel der Untersuchung war es, einen Beitrag zum wissenschaftlichen und rechtspolitischen Diskurs über das Recht auf Bildung zu leisten. Die Arbeit versteht sich dabei nicht allein als juristische Analyse, sondern ausdrücklich auch als historisch-politische Darstellung.

Mein besonderer Dank gilt meinem Doktorvater Herrn Professor Dr. Schäfer für die ausgezeichnete Betreuung, die kontinuierliche fachliche Unterstützung sowie die stets angenehme, verlässliche und konstruktive Zusammenarbeit. Herrn Professor Dr. Wolfgang Kaiser danke ich herzlich für die Übernahme des Zweitgutachtens und dessen zügige Erstellung.

Der Friedrich-Ebert-Stiftung danke ich für die wertvolle Förderung meines Promotionsvorhabens. Besonders hervorheben möchte ich dabei die Unterstützung meines Forschungsaufenthalts an der Columbia University in New York.

Nicht zuletzt danke ich meiner Familie von Herzen für ihren Rückhalt und ihre beständige Unterstützung während der gesamten Promotionszeit. Meinem engsten Umfeld gilt mein besonderer Dank für den Zuspruch und die Ermutigung, die diese Arbeit in entscheidender Weise begleitet haben.

Hannover, Januar 2026 *Romy Roomiany*

Inhaltsverzeichnis

Abkürzungsverzeichnis

1. ZP EMRK	(1.) Zusatzprotokoll zur Konvention zum Schutz der Menschenrechte und Grundfreiheiten, in der Fassung der Bekanntmachung vom 22. Oktober 2010 (BGBl. II S. 1198)
a. A.	anderer Auffassung
ABl.	Amtsblatt der Europäischen Union
Abs.	Absatz
ADR	Akademie für Deutsches Recht
AKEC	Allied Kommandatura Education Committee
Arbeitsgesetzbuch	Arbeitsgesetzbuch der DDR vom 16. Juni 1977 (GBl. I Nr. 18 S. 185)
Art.	Artikel
BAföG	Bundesausbildungsförderungsgesetz in der Fassung der Bekanntmachung vom 7. Dezember 2010 (BGBl. I S. 1952; 2012 I S. 197), das zuletzt durch Artikel 1 des Gesetzes vom 19. Juli 2024 (BGBl. 2024 I Nr. 249) geändert worden ist
BayGVBl.	Bayerisches Gesetz- und Verordnungsblatt
BdW	Blätter der Wohlfahrtspflege
BGB	Bürgerliches Gesetzbuch in der Fassung der Bekanntmachung vom 2. Januar 2002 (BGBl. I S. 42, 2909; 2003 I S. 738), das zuletzt durch Artikel 14 des Gesetzes vom 23. Oktober 2024 (BGBl. 2024 I Nr. 323) geändert worden ist
BGBl.	Bundesgesetzblatt
Bildungsgesetz	Gesetz über das einheitliche sozialistische Bildungssystem vom 25. Februar 1965 (GBl. I Nr. 6 S. 83)
BT-Drs.	Bundestags-Drucksache
CEDAW	Übereinkommen zur Beseitigung jeder Form von Diskriminierung der Frau vom 18. Dezember 1979 (Ratifizierungsgesetz vom 25. April 1985 (BGBl. II S. 647))
CRPD	Übereinkommen über die Rechte von Menschen mit Behinderungen vom 13. Dezember 2006 (BGBl. 2008 II S. 1419)

DAF	Deutsche Arbeitsfront
DDR	Deutsche Demokratische Republik
DNVP	Deutschnationale Volkspartei
DtZ	Deutsch-Deutsche Rechts-Zeitschrift
EMRK	Konvention zum Schutz der Menschenrechte und Grundfreiheiten in der Fassung vom 22. Oktober 2010 (BGBl. 2010 II S. 1198), zuletzt geändert durch 15. EMRK-Protokoll vom 24. Juni 2013 (BGBl. 2014 II S. 1034, 1035)
FDJ	Freie Deutsche Jugend
GBl.	Gesetzblatt der Deutschen Demokratischen Republik
GG	Grundgesetz für die Bundesrepublik Deutschland in der im Bundesgesetzblatt Teil III, Gliederungsnummer 100-1, veröffentlichten bereinigten Fassung, das zuletzt durch Artikel 1 des Gesetzes vom 20. Dezember 2024 (BGBl. 2024 I Nr. 439) geändert worden ist
GRCh	Charta der Grundrechte der Europäischen Union (2007/C 303/01) vom 12. Dezember 2007 (ABl. C 303 S. 1)
HessStGH	Staatsgerichtshof des Landes Hessen
HJ	Hitlerjugend
Hrsg.	Herausgeber
IHK	Industrie- und Handelskammer
IPwskR	Internationaler Pakt über wirtschaftliche, soziale und kulturelle Rechte vom 19. Dezember 1966 (Ratifizierungsgesetz vom 23. November 1973 (BGBl. II S. 1569))
i. V. m.	in Verbindung mit
JAmt	Das Jugendamt
Jugenddienstverordnung	Zweite Durchführungsverordnung zum Gesetz über die Hitler-Jugend (Jugenddienstverordnung) vom 25. März 1939 (RGBl. I S. 710)
Jugendgesetz der DDR	Gesetz über die Teilnahme der Jugend an der Gestaltung der entwickelten sozialistischen Gesellschaft und über ihre allseitige Förderung in der Deutschen Demokratischen Republik – Jugendgesetz der DDR – vom 28. Januar 1974 (GBl. I Nr. 5 S. 45)

Jugendgesetz der DDR (1964)	Gesetz über die Teilnahme der Jugend der Deutschen Demokratischen Republik am Kampf um den umfassenden Aufbau des Sozialismus und die allseitige Förderung ihrer Initiative bei der Leitung der Volkswirtschaft und des Staates, in Beruf und Schule, bei Kultur und Sport. – Jugendgesetz der DDR – vom 4. Mai 1964 (GBl. I Nr. 4 S. 75)
li. Sp.	linke Spalte
lit.	littera (Buchstabe)
LKV	Landes- und Kommunalverwaltung
MSPD	Mehrheitssozialdemokratische Partei Deutschlands
Napola	Nationalpolitische Erziehungsanstalt
NHG	Niedersächsisches Hochschulgesetz (NHG) in der Fassung vom 26. Februar 2007, zuletzt geändert durch Artikel 14 des Gesetzes vom 13. Dezember 2024 (Nds. GVBl. 2024 Nr. 118)
NJW	Neue Juristische Wochenschrift
NS	Nationalsozialismus
NSDAP	Nationalsozialistische Deutsche Arbeiterpartei
NSDAP-Parteiprogramm	Programm der National-Sozialistischen Deutschen Arbeiter-Partei vom 24. Februar 1920
NSDStB	Nationalsozialistischer Deutscher Studentenbund
NVwZ	Neue Zeitschrift für Verwaltungsrecht
NZFam	Neue Zeitschrift für Familienrecht
OECD	Organisation for Economic Co-operation and Development
OKW	Oberkommando der Wehrmacht
OVG	Oberverwaltungsgericht
PISA	Program for International Student Assessment
re. Sp.	rechte Spalte
Reichsgrundschulgesetz	Gesetz, betreffend die Grundschulen und Aufhebung der Vorschulen vom 28. April 1920 (RGBl. S. 851)
Reichsschulpflichtgesetz	Gesetz über die Schulpflicht im Deutschen Reich vom 6. Juli 1938 (RGBl. I S. 799)
RGBl.	Reichs-Gesetzblatt
SA	Sturmabteilung
SED	Sozialistische Einheitspartei Deutschlands

SGB VIII	Das Achte Buch Sozialgesetzbuch – Kinder und Jugendhilfe – in der Fassung der Bekanntmachung vom 11. September 2012 (BGBl. I S. 2022), das zuletzt durch Artikel 3 des Gesetzes vom 24. Februar 2025 (BGBl. 2025 I Nr. 57) geändert worden ist
SMAD	Sowjetische Militäradministration in Deutschland
SPD	Sozialdemokratische Partei Deutschlands
SS	Schutzstaffel
u. a.	unter anderem
VerfBB	Verfassung des Landes Brandenburg vom 20. August 1992 (GVBl. I/92, S. 298), zuletzt geändert durch Gesetz vom 5. Juli 2022 (GVBl. I/22, [Nr. 19])
VerfBY	Verfassung des Freistaates Bayern in der Fassung der Bekanntmachung vom 15. Dezember 1998 (GVBl. S. 991, 992, BayRS 100-1-I), die zuletzt durch Gesetze vom 11. November 2013 (GVBl. S. 638, 639, 640, 641, 642) geändert worden ist
VerfHB	Landesverfassung der Freien Hansestadt Bremen in der Fassung der Bekanntmachung vom 12. August 2019 (Brem. GBl. 2019, S. 524, 527), zuletzt geändert durch Gesetz vom 19. Juni 2024 (Brem. GBl. S. 374)
VerfHE	Verfassung des Landes Hessen vom 1. Dezember 1946 (GVBl. 1946, 229), zuletzt geändert durch Gesetz vom 12. Dezember 2018 (GVBl. S. 752)
VerfNI	Niedersächsische Verfassung vom 19. Mai 1993, zuletzt geändert durch Artikel 1 des Gesetzes vom 8. November 2023 (Nds. GVBl. S. 258)
WRV	Die Verfassung des Deutschen Reichs vom 19. August 1919 (RGBl. S. 1383)
zit.:	zitiert als:
ZK	Zentralkomitee
ZRP	Zeitschrift für Rechtspolitik

A. Einführung: das Recht auf Bildung

Bildung ist ein wichtiges Gut – sowohl für den Einzelnen, als auch für die Gesellschaft. So offensichtlich diese Aussage sein mag, so deutlich ist ihre Bedeutung nochmals in der so genannten COVID-19-Pandemie geworden: Bis dahin wurde der Schulbesuch im Konfliktfall unter dem Gesichtspunkt der Schulpflicht (§§ 63 ff. NSchG) diskutiert, so dass sich Schulpflichtige gelegentlich gegen den Schulbesuch wehrten. Während der Pandemie hingegen ersuchten Schülerinnen und Schüler bzw. deren Eltern – teils im Wege einstweiligen Rechtsschutzes[1] – um „Wiedereröffnung" der Schulen bzw. Durchführung von Präsenzunterricht. Statt der Schulpflicht stand nunmehr das „Recht auf Schule" im Fokus.

Das Individuum ist bei seinem Bestreben, eine (gute) Bildung zu genießen, oft auf den Staat angewiesen: Sei es in Form von staatlichen Kindertageseinrichtungen, staatlichen Schulen und Hochschulen und öffentlichen Angeboten der Erwachsenenbildung (z. B. die Volkshochschulen) – aber auch in Form von staatlicher Ausbildungsförderung oder der Ausbildung durch den Staat selbst (z. B. in Form des Rechtsreferendariats). Es stellt sich damit die Frage, welche Mittel die Rechtsordnung dem Einzelnen in die Hand gibt, um sein(e) Bildungsvorhaben mit Hilfe des Staates zu realisieren.

Dies geschieht zum Ersten mit Hilfe von einfachgesetzlichen Ansprüchen: Als Beispiele zu nennen sind das Recht auf Betreuung in einer Kindertageseinrichtung (§ 24 III SGB VIII) und der Anspruch auf Ausbildungsförderung (§ 7 BAföG). Zum Zweiten kann in bestimmten Konstellationen Verfassungsrecht ein Teilhaberecht an Bildungschancen vermitteln; dies ist etwa beim Hochschulzugang der Fall (Art. 12 I 1 i. V. m. Art. 3 I GG)[2].

Jedoch ist nicht nur zwischen verfassungsrechtlichen und einfachgesetzlichen subjektiven Rechten zu unterscheiden. Es gibt auch eine Mehrzahl an staatlichen Akteuren, die für Bildung zuständig sind. Aufgrund der „Kulturhoheit"[3] der Länder (Artt. 30, 70 I GG) sind vorrangig die Bundesländer für Bildung zuständig. Daneben treten Bund und die kommunalen Gebietskörperschaften.

Diese Pluralität wirft die Frage auf, ob es quasi an der Spitze der „Normenpyramide"[4] ein allgemeines Recht auf Bildung oder mehrere Rechte auf Bildung in den einzelnen „Bildungsstationen" gibt. Diese „Spitze" ist die Verfassung der Bundesrepublik Deutschland, das Grundgesetz.

In der vorliegenden Arbeit soll daher das verfassungsrechtliche Recht auf Bildung untersucht werden. Dies soll jedoch nicht nur in Bezug auf das Grundgesetz erfolgen. Vielmehr soll die Untersuchung auf alle politischen Systeme „auf deutschem Boden" seit 1919

---

1 Vgl. statt vieler VG Berlin, BeckRS 2021, 4015.

2 BVerfGE 147, 253.

3 BVerfGE 6, 309, 310.

4 Stern/Sodan/Möstl/*Wolff*, Staatsrecht *I*, § 15 Rn. 88.

erweitert werden. Diese politischen Systeme sind die Weimarer Republik, der Nationalsozialismus, die „Besatzungszeit“ (1945–1949), die Deutsche Demokratische Republik sowie die Bundesrepublik Deutschland. Der Schwerpunkt liegt hierbei auf der Reichs- bzw. Bundesebene; auf die Länder soll nur kursorisch eingegangen werden.

Die Untersuchung der einzelnen politischen Systeme erfolgt stets nach dem gleichen Aufbau. Dieser ist an der Biographie des Bildungssubjekts orientiert: den einzelnen Bildungsstationen „Familie“, „vorschulische Bildung“, „schulische Bildung“, „akademische Bildung“ bzw. (zeitlich alternativ dazu) die „berufliche Bildung“ sowie gleichsam abschließend die „Erwachsenenbildung“.

Die vorliegende Arbeit enthält damit rechtsvergleichende, historische, politikwissenschaftliche, sozialwissenschaftliche und pädagogische Elemente. Gleichwohl handelt es sich in erster Linie um eine juristische Untersuchung. Dies bedeutet, dass sie nicht den Anspruch erheben kann, Aspekte im Kontext der genannten anderen Wissenschaften erschöpfend darzustellen oder zu bewerten. Auf historische, pädagogische und politikwissenschaftliche Facetten kann daher nur punktuell und im juristischen Zusammenhang eingegangen werden.

B. Weimarer Republik

I. Einführung

Die Verfassungen in der Bundesrepublik Deutschland orientieren sich an der Weimarer Reichsverfassung: Das Grundgesetz hat sie nicht nur als Vorbild[1], sondern verweist explizit auf einige ihrer Normen (Art. 140). Auch die vor dem Grundgesetz erlassenen Landesverfassungen knüpfen weitgehend an sie als Vorbild an.[2] Die Weimarer Reichsverfassung hingegen war die erste (in Kraft getretene) demokratische Verfassung auf deutschem Boden. Sie war zugleich die erste (in Kraft getretene) mit einem Grundrechtsteil.[3] Daher kann sie auf keiner „Tradition" gründen.

Dies bedeutet unter anderem, dass eine Grundrechtsdogmatik erst noch entwickelt werden musste. Auch darf bei einer heutigen Interpretation der Weimarer Reichsverfassung nicht etwa ein „bundesrepublikanisches" Rechtsverständnis zugrunde gelegt werden. Vielmehr müssen ihre Auslegung und eine Darstellung der bildungsbezogenen Normen gemäß dem *damaligen* Verständnis erfolgen.

1. Gesetzgebungsverfahren

Als Ausgangspunkt für das zeitgenössische Verständnis ist das Gesetzgebungsverfahren kurz darzustellen. Während dessen wurde die Debatte zwischen demokratischen und antidemokratischen Kräften geführt. Dieses Spannungsfeld führte dazu, dass sich bei den Beratungen zur Weimarer Reichsverfassung grundlegende Fragen ergaben. Im Folgenden soll auf solche Streitpunkte eingegangen werden, die einen Bezug zum in der vorliegenden Arbeit darzustellenden Recht auf Bildung aufweisen.

Dazu gehörte erstens die Klärung der Frage ob für die Verfassung überhaupt ein Grundrechtsteil von Nöten ist.[4] Dabei wurde die hohe Bedeutung eines Grundrechtskataloges von einigen Abgeordneten „zur Verbreitung staatsbürgerlicher Bildung" betont.[5] Nach anderer Auffassung sollte die Weimarer Reichsverfassung überhaupt keinen Grundrechtsteil enthalten.[6] Diese Frage ist deshalb von Relevanz, weil ein Grundrechtsteil selbstverständlich Voraussetzung für ein (Grund-)Recht auf Bildung war.

---

1 Von Münch/Kunig/*Kunig/Kotzur*, GG, Präambel Rn. 4.

2 Sachs/*Sachs/Mann*, GG, Vorbemerkungen zu Abschnitt I Rn. 9.

3 Dürig/Herzog/Scholz/*Herdegen*, GG, 105. EL, Art. 1 Abs. 3 Rn. 6.

4 *Sinzheimer* (SPD), in: Berichte, Nr. 21, S. 182, re. Sp.; *Meißner*, Das neue Staatsrecht, S. 219; *Mausbach*, Kulturfragen, S. 32 f.

5 *Düringer* (DNVP), in: Berichte, Nr. 21, S. 370, li. Sp.

6 *Anschütz*, WRV, S. 508.

Zweitens bestanden hinsichtlich der einzelnen Institutionen und Grundrechte zahlreiche Fragen. Das – im hier interessierenden Bildungskontext bedeutende – Schulwesen stellte beispielsweise einen der bedeutendsten Streitpunkte im Gesetzgebungsverfahren der Weimarer Reichsverfassung dar.[7] Geklärt wurde dieser Streitpunkt durch den „Schulkompromiss".[8] Allerdings war dieser Kompromiss nur vordergründig und konnte in der Folgezeit zu keiner befriedigenden Lösung im Bildungsbereich führen.

Im Rahmen der Klärung dieser Fragen kollidierten immer wieder verschiedene Ströme: Einerseits die konservativen Kräfte mit ihrem Beharrungsvermögen und andererseits die demokratischen Kräfte mit ihrem Veränderungsbestreben. Ganz eindeutig waren allerdings auch diese Positionen nicht. So verhandelte die MSPD vor der zweiten Lesung der Schul-Verfassungsartikel geheim mit der Deutschen Zentrumspartei, in der eine grundsätzliche Einigung darüber erzielt wurde, dass weltliche, konfessionelle und Simultanschule als gleichwertig anerkannt werden sollten.[9] Dieses Spannungsverhältnis prägte auch die Verfassung deutlich: So wies ihr Grundrechtsteil einen Kompromisscharakter auf, anstatt ein einheitliches Gebilde zu ergeben. Dies entstand durch die verschiedenen Parteiwünsche[10] bzw. politischen Strömungen[11]. Dass überhaupt eine Bezeichnung als Kompromiss besteht, macht den Widerspruch zu dem sonst verbindlichen und stabilen Charakter einer Verfassung als Staatsgrundlage deutlich.

Diese Streitigkeiten bei der Ausgestaltung hatten zur Folge, dass der Verfassungstext zwar (vermeintlich) eindeutig ist, letztlich aber von Anfang an mit großen Unklarheiten verbunden war und großes Konfliktpotential aufwies. Der Verfassungsgesetzgeber „vertagt[e somit] eine Reihe von Streitfragen auf bessere Zeiten"[12]. Die Gefahren, die der Kompromiss mit sich brachte, kündigten sich somit bereits im Rahmen des Gesetzgebungsverfahrens an.[13] Die Auswirkungen dieses Konfliktpotentials werden am Beispiel der Volksbildungsklausel deutlich. Die Mitglieder des Verfassungs-Ausschusses konnten diesbezüglich auf keine Vorläufer zurückgreifen. Zu Beginn der Beratungen über die Volksbildungsklausel wurden daher gänzlich verschiedene Anträge eingebracht. Strittig war in diesem Zusammenhang z. B. die systematische Verortung der Bestimmung: Zunächst sollte

---

7 *Anschütz*, WRV spricht von „harten Kämpfen" (S. 678). Vergleiche auch *Meißner*, Das neue Staatsrecht, S. 207; *Mauersberg*, Ideen und Konzeption, S. 162; und *Lenel*, Über die Reichsverfassung, S. 28. Ausführlich *Mausbach*, Kulturfragen, S. 84–93.

8 *Anschütz*, WRV, S. 678. Ausführlich Nipperdey/*Landé*, Grundrechte III, S. 12–16; *Lundgreen*, Schul-Sozialgeschichte II, S. 16 ff.; Krause-Vilmar/*Breitgoff/Erhardt/Ramb*, Lehrerschaft, S. 38 ff.

9 Krause-Vilmar/*Breitgoff/Erhardt/Ramb*, Lehrerschaft, S. 38.

10 Vor allem die Demokratische Partei, die Sozialdemokraten und das Zentrum (*Bauer*, Wertrelativismus, S. 58); *Bredt*, Verfassungsgeist, S. 30.

11 Von „Kompromiss" o. ä. sprechen *Buschke*. Grundrechte, S. 7; *Meißner*, Das neue Staatsrecht, S. 220; *Bredt*, Verfassungsgeist, S. 71; *Mausbach*, Kulturfragen, S. 34 und *Nawiasky*, Probleme der Reichsverfassung, S. 88; *Lenel*, Über die Reichsverfassung, spricht sogar von einer „nichtssagende[n] Kompromißformel" (S. 30). Polemisch *Freiherr v. Freytagh-Loringhoven*, Lehre und Wirklichkeit, S. 344.

12 *Geßler*, Die Träger der Reichsgewalt, S. 18.

13 „Es haben sich aber Kräfte erhaltender und vorwärtsdrängender Art zu einem Kompromiß zusammengefunden. Möge die Volksbewegung stark genug sein, die Hemmungen, die sich bei uns dem einheitlichen Staate noch entgegensetzen, zu überwinden [...]" (*Katzenstein* (SPD), in: Berichte, Nr. 21, S. 369, re. Sp.).

sie im Zusammenhang mit Wissenschaft und Kunst geregelt werden. Schlussendlich wurde sie jedoch bei den schulrechtlichen Verfassungsnormen verortet.[14]

Insgesamt lässt sich sagen, dass es viele Diskussionen und – zum Teil grundlegende – Streite bezüglich des Grundrechtsteils gab. Auch der letztlich gefundene Kompromiss war nur halbherzig. Es fehlte bei der Konzeption des Grundrechtsteils eine „einheitliche[.] Weltanschauung“[15], die gleichsam als stringentes Konzept wirkte. Dies dürfte mitursächlich dafür sein, dass die Grundrechte keine vergleichbare Stellung wie in der Bundesrepublik erlangen konnten. Stattdessen, so eine zeitgenössische Äußerung, „haben einzelne Bestimmungen der G(rundrechte) in Gesetzgebung und in Rechtsprechung große Verwirrung angerichtet“[16].

Dies bedeutet für das Recht auf Bildung mehreres: Erstens ist herauszuarbeiten, ob die Weimarer Reichsverfassung *überhaupt* subjektive Grundrechte enthielt. Zweitens, *welche* der in der Verfassung genannten Normen mit Bildungsbezug ein solches Recht darstellten. Drittens, in welcher Form auch der *Gesetzgeber* an die Grundrechte gebunden war.

2. (Potentielle) bildungsbezogene Grundrechte der Weimarer Reichsverfassung im Überblick

Bevor die Grundrechtsdogmatik skizziert wird, soll kursorisch geprüft werden, ob es in der Weimarer Reichsverfassung überhaupt Anknüpfungspunkte für bildungsbezogene Grundrechte gibt. Die Grundrechte befanden sich in den Artikeln 109–165 WRV. Hier fanden sich einige Artikel, die einen Bildungsbezug aufweisen könnten. Ein beachtliches Beispiel stellen die schulbezogenen Artikel (Artikel 143–149) dar. Über diese Normen hinaus soll sich zur besseren Vergleichbarmachung mit dem Grundgesetz mit Artikeln auseinandergesetzt werden, die nach heutigem Verständnis einen Bezug zum Recht auf Bildung haben. Ein Beispiel dafür ist das Recht auf Arbeit aus Art. 12 I GG. Darauf wird in der Bundesrepublik beispielsweise im Zusammenhang mit Hochschulklagen zurückgegriffen.[17] Das Pendant hierzu in der Weimarer Reichverfassung stellten die Artikel 151, 157, 163 dar. Deshalb werden diese Normen im Folgenden entsprechend untersucht.

Damit lässt sich sagen, dass die Weimarer Reichsverfassung zahlreiche Anknüpfungspunkte für eine Untersuchung bildungsbezogener Grundrechte bietet. Daher ist nachfolgend zu klären, *wie* diese Grundrechte abstrakt zu qualifizieren sind, also welche Rolle sie hatten und auch ob der Gesetzgeber an sie gebunden war.

3. Rolle der Grundrechte in der Weimarer Reichsverfassung

Das Grundgesetz regelt in Art. 1 III GG die Bedeutung der Grundrechte: Die nachfolgenden Grundrechte binden Gesetzgebung, vollziehende Gewalt und Rechtsprechung als unmittelbar geltendes Recht.

---

14 Nipperdey/*Landé*, Grundrechte III, S. 43.

15 *Herre*, Politisches Handwörterbuch I, S. 735, re. Sp.

16 *Herre*, Politisches Handwörterbuch I, S. 735, re. Sp.

17 BVerfG, NVwZ 2023, 591, 592 (Rn. 22).

Die Weimarer Reichsverfassung hingegen enthielt keine Norm, die mit Art. 1 III GG vergleichbar ist. Sie legte folglich nicht fest, *welche* Rolle die Grundrechte einnehmen. Im Rahmen des Gesetzgebungsverfahrens jedoch gab es eine solche Regelung, nämlich Art. 107 des vierten Entwurfs. Diese lautete: „die Grundrechte und Grundpflichten bilden Richtschnur und Schranke für die Gesetzgebung, die Verwaltung und die Rechtspflege im Reich und in den Ländern." Dieser Entwurf wurde allerdings verworfen. Dies rührte daher, dass diese Bestimmung als „nichtssagend und praktisch unbrauchbar"[18] bewertet wurde.

Folglich beinhaltete die Weimarer Reichsverfassung keinen festen Maßstab für die Bedeutung und Tragweite der Grundrechte. Dies wirft die Frage auf, ob die Grundrechte nur unverbindliche Programmsätze oder unmittelbar geltendes Recht[19] waren, bzw. im Falle einer differenzierenden Auffassung, wann sie unmittelbar geltendes Recht waren. Zur Beantwortung dieser Frage sollen zunächst einige Positionen in der Wissenschaft und dann Rechtsprechung dargestellt werden.

4. Grundrechtsdogmatik gemäß Literatur

Wie bereits festgestellt regelte die Weimarer Reichsverfassung nicht die Wirkungsweise und Tragweite der Grundrechte. Vielmehr stand der Aufbau einer Grundrechtsdogmatik erst in ihren Anfängen. Die Verfassung selbst lieferte hierfür „auch nicht so eindeutige Direktiven und Anhaltspunkte wie das das Bonner Verfassungswerk (d. h. das Grundgesetz, R. R.)"[20]. Dies führte dazu, dass in der juristischen Literatur divergierende dogmatische Ansätze entwickelt wurden. Erst im Laufe der (wenigen) Jahre der Weimarer Republik konnte sich aus der „verwirrenden Fülle von Aussagen"[21] eine systematische Ordnung kristallisieren.

Im Folgenden sollen einige dieser Ansätze erläutert werden. Dies ermöglicht es, die Grundrechte im Rahmen der späteren Einzeldarstellung entsprechend zu interpretieren.

a) Giese

Giese unterteilt die Grundrechte in drei Kategorien: die staatsbürgerlichen Rechte, die positiven und negativen bürgerlichen Rechte.[22] Bürgerliche Rechte positiven Inhalts sind solche Rechte, bei denen der Bürger einen konkreten Anspruch gegen den Staat hat, z. B. Schutz der Mutterschaft.[23] Bei bürgerlichen Rechten negativen Inhalts hingegen hat der Bürger nur einen Anspruch auf ein Unterlassen des Staates.[24] Die negativen bürgerlichen Rechte werden weiterhin unterteilt in objektive und subjektive Rechte.[25] Die subjektiven

---

18 *Anschütz*, WRV, S. 515.

19 Dieser Auffassung ist *Eisenhardt* (Rechtsgeschichte, Rn. 803).

20 *Friedrich*, Geschichte der Staatsrechtswissenschaft, S. 378.

21 Isensee/Kirchhof/*Schneider*, Staatsrechts-Handbuch I, § 5 Rn. 35.

22 *Giese*, Reichsstaatsrecht, S. 195–197.

23 *Giese*, Reichsstaatsrecht, S. 196 f.

24 *Giese*, Reichsstaatsrecht, S. 197.

25 *Giese*, Reichsstaatsrecht, S. 198.

Rechte werden wiederum unterteilt in Unverletzlichkeit-, Gleichheits- und Freiheitsrechte.[26] Inwiefern Grundrechte überhaupt subjektive Rechte darstellen, war sehr umstritten.[27]

Unter anderem Giese kommt zu dem Ergebnis, dass die subjektive Tragweite eines Grundrechtes am einzelnen Grundrecht gemessen werden muss.[28] Maßgeblich sei, ob sich der Bürger unmittelbar mit eigenen Rechtsmitteln (Klage vor dem Verwaltungsgericht) gegen eine staatliche Maßnahme bzw. Eingriff verteidigen kann.[29] Für allgemeine Leitsätze bedeute dies, dass diesen keine subjektive Bedeutung entnommen werden kann.[30] Die Streitfrage könne folglich nicht pauschal beantwortet werden. Vielmehr müsse eine grundrechtsspezifische Prüfung vorgenommen werden, ob eine Verfassungsnorm ein subjektives Recht darstellt.

Im Zusammenhang mit dem hier zu untersuchenden Recht auf Bildung bedeutet dies für Giese folgendes: Die bildungsbezogenen Grundrechte sind bei den bürgerlichen Grundrechten negativen Inhalts zu verorten,[31] genauer: bei den Freiheitsrechten.[32] Dies hat zur Folge, dass bei den bildungsbezogenen Grundrechten tendenziell kein Recht auf Teilhabe hergeleitet werden kann. Ausnahmsweise aber verortet Giese die aktive Teilnahme an der Bildung als staatsbürgerliches Recht, ähnlich dem Wahlrecht.[33] Nennenswert ist in diesem Zusammenhang, dass die Benutzung öffentlicher Einrichtungen und Anstalten unter die bürgerlichen Rechte positiven Inhalts fällt.[34] Ob Schulen solche öffentliche Einrichtungen darstellen, lässt Giese allerdings offen.

b) Anschütz

Gemäß Anschütz haben Grundrechte zwei Dimensionen: Auf der einen Seite stehe das formale „Prinzip der Gesetzmäßigkeit der Verwaltung"[35]. Danach dürfen Verwaltungsorgane in die Freiheit des Einzelnen nur aufgrund eines Gesetzes eingreifen.[36] Auf der anderen Seite sind Grundrechte materiell-rechtliche Grundsätze. Diese beinhalten, dass Grundrechte als Richtlinien für die einfachgesetzliche Ausgestaltung durch den Gesetzgeber fungieren.[37]

Die meisten Grundrechte beinhalten kein subjektives Recht.[38] Vielmehr stellen sie Rechte im objektiven Sinne dar. Dabei sei zwischen „Rechtssätzen im engeren und stren-

---

26 *Giese*, Reichsstaatsrecht, S. 200 f.

27 *Giese*, Reichsstaatsrecht, S. 198.

28 *Giese*, Reichsstaatsrecht, S. 199.

29 *Giese*, Reichsstaatsrecht, S. 198.

30 *Giese*, Reichsstaatsrecht, S. 198.

31 *Giese*, Reichsstaatsrecht, S. 203 f.

32 *Giese*, Reichsstaatsrecht, S. 203 f.

33 *Giese*, Reichsstaatsrecht, S. 195 f.

34 *Giese*, Reichsstaatsrecht, S. 197.

35 *Anschütz*, WRV, S. 511.

36 *Anschütz*, WRV, S. 511.

37 *Anschütz*, WRV, S. 511.

38 *Anschütz*, WRV, S. 514.

gen Sinne" und „bloßen Rechtsgrundsätzen" zu unterscheiden.[39] Dabei sollen die Rechtssätze im engeren Sinne unmittelbar gelten. Sie bedürfen also keines weiteren einfachen Gesetzes.[40] Darunter fällt z. B. Art. 109 III 1 WRV. Die bloßen Rechtsgrundsätze hingegen gelten nicht unmittelbar, sondern richten sich an den Gesetzgeber. Dieser habe diese Grundsätze durch einfaches Recht zu konkretisieren.[41] Welche Normen genau unter bloße Rechtsgrundsätze fallen, sei im Einzelfall zu prüfen.[42] Die Abgrenzung von Rechtssätzen im engeren und strengen Sinne und bloßen Rechtsgrundsätzen ist dabei umstritten. Die Zuordnung einer Norm zu einer der Kategorien sei jedoch einzelfallabhängig vorzunehmen.[43] Maßgebliches Kriterium für die Zuordnung sei der Wortlaut.[44] So sei ein Beispiel für einen bloßen Rechtsgrundsatz Art. 143 II WRV („Die Lehrerbildung ist nach den Grundsätzen, die für die höhere Bildung allgemein gelten, für das Reich einheitlich zu regeln."). Aus dem Wortlaut „zu regeln" ergebe sich, dass eine weitere Ausgestaltung erforderlich sei, die dem Gesetzgeber obliege.[45] Dass die Anwendung dieser Regel jedoch nicht immer eindeutig ist, zeigt folgendes Beispiel: Art. 145 S. 3 WRV ordnet an: „der Unterricht und die Lernmittel in den Volksschulen und Fortbildungsschulen sind unentgeltlich". Denkbar wäre nach dem Wortlaut damit, dass bereits aufgrund dieser Norm ein Recht auf den unentgeltlichen Schulbesuch besteht und es keiner weiteren Ausgestaltung durch den Gesetzgeber bedarf. Dennoch ist Anschütz der Meinung, dass es sich hierbei nur um einen bloßen Rechtsgrundsatz handele und daher weitere Ausgestaltungsakte durch den Gesetzgeber erforderlich seien.[46]

c) Gebhard

Auch Gebhard nimmt seinerseits eine eigene Kategorisierung der Grundrechte vor. Dabei unterscheidet er zwischen subjektiven Rechten und Reflexwirkungen der Norm.[47] Hierbei differenziert er zwischen vier Kategorien. Die erste Kategorie bilden solche Vorschriften, welche subjektive Rechte des einzelnen Staatsbürgers begründen. Darunter falle beispielsweise Art. 111 WRV.[48] Vorschriften, die unmittelbare Rechtswirkungen aber keine subjektiven Rechte gegenüber dem Bürger entfalten, bilden die zweite Kategorie.[49] Ein Beispiel hierzu stelle Art. 116 WRV dar. Die dritte Kategorie entfalte keine unmittelbare Rechtswirkung gegen den Bürger, sondern sei ein Befehl gegen ein Staatsorgan (z. B. Art. 109 III 1 WRV).[50] Die vierte Kategorie beinhalte gar keinen positiven rechtlichen Ge-

---

39 *Anschütz*, WRV, S. 514.
40 *Anschütz*, WRV, S. 514.
41 *Anschütz*, WRV, S. 514.
42 *Anschütz*, WRV, S. 514.
43 *Anschütz*, WRV, S. 515.
44 *Anschütz*, WRV, S. 515.
45 *Anschütz*, WRV, S. 515.
46 *Anschütz*, WRV, S. 516.
47 *Gebhard*, Handkommentar, S. 443.
48 *Gebhard*, Handkommentar, S. 443.
49 *Gebhard*, Handkommentar, S. 443.
50 *Gebhard*, Handkommentar, S. 443.

halt, sondern ein „bloßes, allgemeines, gesetzlich festgelegtes Werturteil".[51] Ein weiteres Beispiel hierzu stelle Art. 163 I WRV dar.[52]

Gebhard will ebenfalls eine einzelfallbezogene Prüfung vornehmen um festzustellen, ob ein Grundrecht ein subjektives Recht oder eine rein objektive Norm ist.[53]

d) Beyerle

Einige Autoren – wie Beyerle – waren der Auffassung, dass die Grundrechte per se „nicht als klagbare Rechte der Individuen gestaltet (waren)"[54]. Sie seien vielmehr allenfalls Staatsmaxime, d. h. selbstauferlegte Beschränkungen und Richtlinien des Staates zugunsten der bürgerlichen Freiheitsrechte im demokratischen Staat.[55]

Nach Auffassung dieser Autoren vermittelte die Weimarer Reichsverfassung also keinerlei subjektive Rechte und somit auch keine bildungsbezogenen Grundrechte. Sie stellte allenfalls einen Rahmen für die Gesetzgeber (Reich und Länder) dar, im Bereich des Bildungsrechts Gesetze zu erlassen.

e) Zwischenfazit

Bei Betrachtung der Auffassungen wird erkennbar, dass diese divergieren. Ein *einheitliches* Modell für die Einordnung der Grundrechte kann daher nicht festgestellt werden. Die Weimarer Reichsverfassung nahm – anders als das Grundgesetz in Art. 1 III – keine Bestimmung der Funktion der Grundrechte vor. Die Literatur hatte somit keinen gemeinsamen Ausgangspunkt für die Entwicklung einer Grundrechtsdogmatik. Dies hatte zur Folge, dass in der Literatur weitestgehend Uneinigkeit herrschte. Stier-Somlo fasst diesen Zustand treffend wie folgt zusammen: Die Grundrechte der Weimarer Reichsverfassung „sind auch von denkbar verschiedener politischer und rechtlicher Bedeutung, lassen Bedenken, Unklarheiten und Unsicherheiten über den Grad der Rechtswirksamkeit, ihre Tragweite und Durchführbarkeit übrig."[56] Als gemeinsam dürfte zu bezeichnen sein, dass eine einzelfallbezogene Betrachtung für die Qualifikation des Grundrechtes vorzunehmen ist. Diese Methode soll dementsprechend bei der Untersuchung der einzelnen Normen angewendet werden.

Insgesamt lässt sich feststellen, dass die individual-rechtlichen Theorien zur Grundrechtsdogmatik an Bedeutung verloren. Vielmehr gewannen die objektiv-rechtlichen Modelle an Bedeutung.[57] Rechtsprechung und Lehre tendierten somit dazu, in den Grundrechten kein „aktuelles Recht", sondern unverbindliche Programmsätze zu erblicken.[58]

---

51 *Gebhard*, Handkommentar, S. 443.

52 *Gebhard*, Handkommentar, S. 443.

53 *Gebhard*, Handkommentar, S. 443.

54 Lampe/Franke/*Beyerle*, Staatsbürgerliche Erziehung, S. 218.

55 Lampe/Franke/*Beyerle*, Staatsbürgerliche Erziehung, S. 218.

56 *Stier-Somlo*, Reichsverfassung, S. 77.

57 *Gusy*, Weimarer Reichsverfassung, S. 279.

58 *Frotscher/Pieroth*, Verfassungsgeschichte, Rn. 542.

5. Grundrechtsdogmatik der Rechtsprechung

In der heutigen Bundesrepublik entscheidet das Bundesverfassungsgericht über Grundrechtsverletzungen im Wege der Verfassungsbeschwerde gemäß Art. 93 I Nr. 4a GG. Gemäß Art. 108 WRV war ein Staatsgerichtshof für das Deutsche Reich einzurichten. Die Einzelheiten für dieses Gericht waren im Gesetz über den Staatsgerichtshof[59] geregelt. Weder dieses Gesetz noch die Weimarer Reichsverfassung sahen jedoch Möglichkeiten für eine Verfassungsbeschwerde im heutigen Sinne vor.[60] Grundrechte konnten also nicht eingeklagt werden.[61] Infolgedessen konnte sich auf Reichsebene[62] keine „höchstrichterliche“ Rechtsprechung hinsichtlich etwaiger Grundrechtsverletzungen entwickeln. Daher gab es auch keine Grundrechtsdogmatik, die mit der des Bundesverfassungsgerichts vergleichbar wäre.

Darüber hinaus ist die fehlende Verfassungsgerichtsbarkeit ein Grund dafür, warum die Grundrechte der Weimarer Reichsverfassung keine Grundrechte im heutigen Sinne waren (bzw. werden konnten), sondern in erster Linie Programmsätze blieben.[63]

6. Bindung des Gesetzgebers an die Grundrechte

Bildungsrecht ist nicht nur Verfassungsrecht, sondern auch „einfachgesetzliches“ Recht, wie zahlreiche Gesetze in der Bundesrepublik und ihren Ländern zeigen (z. B. das Bundesgesetz über individuelle Förderung der Ausbildung, das Niedersächsische Schulgesetz, aber auch Artikelgesetze wie das Gesetz zur Förderung von Kindern unter drei Jahren in Tageseinrichtungen und in Kindertagespflege). Dies wirft unter anderem die Frage auf, inwiefern der Gesetzgeber (also das Reich und die Länder) durch die in der Weimarer Reichsverfassung normierten Grundrechte gebunden war. Ob eine solche Bindungswirkung von Grundrechten seitens des Gesetzgebers bestand, war umstritten.[64] Dies ist nach heutigem Verständnis nicht unmittelbar verständlich. Denn gemäß Art. 1 III GG binden die Grundrechte (selbstverständlich) auch den Gesetzgeber.

Der Streit ist somit im historischen Kontext zu sehen. Die Kammern (Bundesrat und Reichstag) wurden vor 1918/1919 als Vertretung der Bürger gegen den Staat gesehen. Das Parlament wurde erst durch die Weimarer Reichsverfassung in den Staat eingegliedert. Deshalb bestanden auch erhebliche Vorbehalte gegen Art. 107 des Gesetzesentwurfs V der Weimarer Reichsverfassung, welcher die Legislative ausdrücklich als Grundrechtsadressat benannt hatte.[65] Grundrechtsdogmatisch war es besonders strittig, ob sich die Grundrechte der Weimarer Reichsverfassung in gleicher Weise auch an den Gesetzgeber richte-

---

59 Vom 9. Juli 1921 (RGBl. Nr. 74 S. 194).

60 *Hofer*, Rechtsgeschichte, Rn. 416.

61 *Ebel/Thielmann*, Rechtsgeschichte, Rn. 655.

62 Lediglich im Freistaat Bayern gab es die Möglichkeit einer Verfassungsbeschwerde (*Hofer*, Rechtsgeschichte, Rn. 416).

63 Dreier/*Sauer*, GG^4, Art. 1 Abs. 3 Rn. 3; *Ebel/Thielmann*, Rechtsgeschichte, Rn. 655.

64 *Korioth*, Deutsche Verfassungsgeschichte, Rn. 684.

65 *Gusy*, Weimarer Reichsverfassung, S. 280.

ten wie an die ausführende und die rechtsprechende Staatsgewalt.[66] Sollte letzteres bejaht werden, hätte das – erstens – bedeutet, dass der Gesetzgeber (Reichsgesetzgeber sowie Landesgesetzgeber) daran gehindert worden wäre, Gesetze zu erlassen, die die Grundrechte der Staatsbürger missachten.[67] Zweitens hätte dies dazu geführt, dass Richter „das Recht und die Pflicht die Anwendung dieses Gesetzes zu verweigern, es als unwirksam zu behandeln"[68] gehabt hätten. Sie hätten also verfassungswidrige Gesetze nicht anwenden dürfen. Dies wiederum hätte bedeutet, dass ein Richter zum Beispiel ein (hier nur hypothetisch genanntes) Schulgesetz, durch das Arbeiterkindern verboten wird, ein Gymnasium zu besuchen, wegen des Gleichberechtigungsgrundsatzes hätte außer Acht lassen müssen.

Bei der Beantwortung der Frage ist zwischen den einzelnen Grundrechten zu unterscheiden. Bei vielen Grundrechten ist die Legislative eindeutiger Adressat, weil an diese ein Handlungsauftrag erteilt wird (z.B. Artt. 107f., Art. 157 II oder Art. 164 WRV).[69] Andere Grundrechte unterliegen Einschränkungsvorbehalten, wodurch der Gesetzgeber gewissermaßen auch adressiert wird, weil ihm erlaubt wird diese Grundsetze einzuschränken (z.B. Art. 111 I 2, Art. 115 S. 2, Art. 118 I 1, Art. 153 I 2). Der Streit bezieht sich folglich lediglich auf Freiheitsrechte ohne Einschränkungsmöglichkeit[70] und Gleichheitsrechte[71].

Es fehlte in der Weimarer Reichsverfassung eine *allgemeine* Regelung, aus der hervorgeht, wer Adressat ihrer Grundrechte ist, wie man sie in Art. 1 III GG findet. Es ist folglich vertretbar anzunehmen, der Gesetzgeber sei an diese Grundrechte ebenso gebunden wie Exekutive und Judikative.[72] Nach dieser Meinung hätte der Gesetzgeber Gesetze nur erlassen dürfen, wenn diese nicht gegen die Grundrechte verstoßen würden.

Nach anderer Auffassung war der Gesetzgeber nicht an die Grundrechte gebunden. Hiernach gab es kein Recht des Bürgers auf Freiheit von rechtswidrig erlassenen Gesetzen.[73] Für diese zweite Meinung wurde erstens angeführt, dass der Anwendungsbereich der Grundrechte der Reichsverfassung immer noch groß genug sei, auch wenn er nicht den Gesetzgeber, sondern nur die anderen zwei Staatsgewalten binde.[74] Zweitens spreche gegen eine Bindung auch des Gesetzgebers an die Grundrechte, dass die Beurteilung der Frage, wann genau ein Gesetz Grundrechte in Bezug auf alle Deutschen verletzen würde, schwierig ist. Dabei ließe sich kein klarer Maßstab bilden. Vielmehr käme es auf das „gefühlsmäßige Urteil darüber ob eine Grundrechtsverletzung" vorliegt an, ein juristisch belastbarer Maßstab jedoch wäre dies nicht. Drittens spreche gegen eine Bindung des Gesetzgebers die Rolle des Richters. Er sollte lediglich – wie Art. 102 WRV zeige – das geltende Recht anwenden[75]. Was ihm hingegen nicht zustehe, sei es, Gesetze (bzw. den Gesetzge-

66 *Gebhard*, Handkommentar, S. 447.
67 *Gebhard*, Handkommentar, S. 447.
68 *Gebhard*, Handkommentar, S. 447.
69 *Gusy*, Weimarer Reichsverfassung, S. 281.
70 *Gusy*, Weimarer Reichsverfassung, S. 281.
71 *Gebhard*, Handkommentar, S. 447.
72 *Gebhard*, Handkommentar, S. 447
73 Anschütz/Thoma/*Thoma*, Handbuch Staatsrecht II, S. 620.
74 *Gebhard*, Handkommentar, S. 449.
75 *Gebhard*, Handkommentar, S. 448.

ber) zu kritisieren oder unangewendet zu lassen.[76] Es stehe ihm also nicht zu, festzustellen, dass der Gesetzgeber verfassungswidrig gehandelt habe.

Nach anderer Meinung waren die Grundrechte (z. B. Art. 109 I WRV) auch für den Gesetzgeber bindend. Dafür sprechen folgende Argumente: Auch der Gesetzgeber müsse Adressat der Grundrechte der Weimarer Reichsverfassung sein. Es gebe keinen Grund, warum die Wirkungsweise der Grundrechte ihm gegenüber anders sein solle, als gegenüber Richtern oder Verwaltungsbeamten.[77]

Beispielhaft können zwei Urteile des Reichgerichts und des Bayerischen Gerichtshofs zur Bindung der Legislative an den Gleichheitssatz herangezogen werden. Das Reichsgericht bezog zwar nicht eindeutig Position zu dieser Frage. Es lehnte eine explizite Klärung dieser Frage sogar ab.[78] Es führte jedoch beispielsweise zum Gleichheitsgrundsatz aus[79]: Der Grundsatz der Gleichheit vor dem Gesetz könne nur die Bedeutung haben, „dass das Gesetz solche Tatbestände gleich zu behandeln sind, die ungleich zu behandeln Willkür, durch keinen auf vernünftigen Erwägungen beruhenden Grund zu rechtfertigen wäre."[80] Diese Aussage wurde durch die Literatur dahingehend interpretiert, dass das Reichsgericht eine beschränkende Wirkung des Art. 109 I WRV auch für den Gesetzgeber annahm.[81] Dieser Gedanke ließe sich dann auch auf andere Grundrechte übertragen.

Die Rechtsprechung war aber auch nicht einheitlich. So urteilte das Bayerische Oberste Landesgericht zur selben Frage des Adressaten des Art. 109 I anders. Es bezeichnete den Gleichheitssatz als bloßen Programmsatz gegenüber der Legislative. Dies indiziert, dass Art. 109 I sich auf die Gesetzgebung bezieht, aber rechtlich unverbindlich im Sinne einer allgemeinen Richtlinie wirkt.[82] Eine Verletzung des Gleichheitssatzes laufe dann zwar einer gesetzgeberischen Pflicht entgegen, könne aber vom Gericht nicht als verfassungswidrig beanstandet werden.[83]

Insgesamt wird man sagen können, dass zu Beginn der Weimarer Republik die Meinung vorherrschte, es bestehe nur eine Rechtsanwendungsgleichheit. Später befand sich jedoch die Meinung, dass auch der Gesetzgeber an den Gleichheitssatz gebunden sei, im Vordringen.[84] Eine verbindliche Klärung dieser Frage erfolgte jedoch letztlich nicht.

---

76 *Gebhard*, Handkommentar, S. 448.

77 *Gebhard*, Handkommentar, S. 449.

78 RGZ 113, 6, 13.

79 *Gebhard*, Handkommentar, S. 448.

80 RGZ 128, 165, 170.

81 *Gebhard*, Handkommentar, S. 448.

82 *Gebhard*, Handkommentar, S. 449.

83 *Gebhard*, Handkommentar, S. 449.

84 *Huber*, Deutsche Verfassungsgeschichte VI, S. 104 f.

II. Allgemeines Recht auf Bildung

1. Recht auf Bildung aus dem allgemeinen Freiheitsrecht?

Nach Auffassung des Bundesverwaltungsgerichts gibt es ein allgemeines Recht auf Bildung. Dieses sei aus dem allgemeinen Persönlichkeitsrecht und der Allgemeinen Handlungsfreiheit (Art. 2 I GG) herzuleiten.[85]

Eine mit Art. 2 I GG ansatzweise vergleichbare Norm ist Art. 114 WRV. Diese soll daher im Folgenden untersucht werden. Primär sollte Art. 114 WRV die körperliche Freiheit gewährleisten.[86] Hingegen nicht vom Schutzbereich umfasst wurde die individuelle Freiheit, alles tun zu dürfen, was nicht verboten ist.[87] Art. 114 WRV ist mithin nicht gleichzusetzen mit der allgemeinen Handlungsfreiheit aus Art. 2 I GG.[88] Andernfalls würde Art. 114 WRV als Generalklausel eine ganz andere Stellung in der Weimarer Reichsverfassung zukommen. Dies rührt daher, dass es sich in diesem Falle bei Art. 114 WRV um einen „Grundsatz der Gesetzmäßigkeit der Verwaltung" handeln würde.[89] Gegen die Gewährleistung der allgemeinen Handlungsfreiheit spricht zudem die Systematik des Art. 114 in der Weimarer Reichsverfassung.[90] Denn auch die übrigen Inhalte der Norm beziehen sich ausschließlich auf die körperliche Freiheit.[91]

Bei Art. 114 WRV handelte sich somit um kein persönlichkeitsbezogenes Grundrecht. Demnach kann für eine Herleitung eines etwaigen Grundrechts auf Bildung nicht auf das Freiheitsrecht des Art. 114 WRV abgestellt werden.

2. Recht auf Bildung aus der Menschenwürde?

Fraglich ist, ob sich zumindest aus dem Gesichtspunkt der Menschenwürde ein allgemeines Recht auf Bildung herleiten ließe.

Voraussetzung dafür wäre, dass die Menschenwürde auch in der Weimarer Reichsverfassung geschützt wurde. Ausgangspunkt dafür könnte Art. 151 I WRV sein: „Die Ordnung des Wirtschaftslebens muss den Grundsätzen der Gerechtigkeit mit dem Ziel der Gewährleistung eines menschenwürdigen Daseins für alle entsprechen". Der Wortlaut knüpfte dabei an ein menschenwürdiges Dasein an.

Fraglich ist aber, ob Art. 151 I WRV mit Art. 1 I GG verglichen werden kann; insbesondere dahingehend, dass auch diese Norm die Menschenwürde zum zentralen Element erklärt. Dagegen spricht bereits die Systematik des Art. 151 I WRV, die sich deutlich von der des Art. 1 I GG unterscheidet. Die Norm wird schließlich erst im hinteren Grundrechtsteil genannt. Dies spricht gegen eine mit Art. 1 I GG vergleichbare (zentrale) Stellung des

---

85 BVerwG, NJW 1975, 1182, 1183.

86 *Stier-Somlo*, Reichsverfassung, S. 84.

87 *Gebhard*, Handkommentar, S. 461; a.A. *Anschütz*, WRV, S. 543.

88 *Gebhard*, Handkommentar, S. 461.

89 *Anschütz*, WRV, S. 543.

90 *Gebhard*, Handkommentar, S. 461.

91 *Gebhard*, Handkommentar, S. 461.

Art. 151 I WRV. Eine Auseinandersetzung mit der juristischen Literatur allerdings spricht für eine vergleichbare Stellung des Art. 151 I WRV. So schrieb Nipperdey: „Noch bedeutsamer erweist sich Absatz 1 auf dem Gebiet der Ausfüllungsbegriffe und Lücken. Überall da wo das Gesetz auf die Guten Sitte und Treu und Glauben verweist, im gesamten Bereich der sogenannten Ausfüllungsbegriffe – überall da, wo die Gesetze Lücken haben, bedeutet Absatz 1 die Aufforderung an den Richter, die Entscheidung im Einklang mit den Grundsätzen der Gerechtigkeit, so wie sie durch Absatz 1 anerkannt sind, zu treffen.“[92] Folglich stellte Art. 151 I WRV nach Nipperdey einen allgemeinen Rechtssatz dar, welcher an zahlreichen Stellen Anwendung fand.[93] Dieser allgemeine Rechtssatz war jedoch aufgrund des Titels und der systematischen Stellung des Art. 151 I WRV einzuschränken. Die Gewährleistung eines menschenwürdigen Daseins war danach nur auf die Ordnung des Wirtschaftslebens zu beziehen. Sie stellte daher kein allgemeines Prinzip der Verfassung dar. Der Bildungsbereich jedoch war nicht unter das Wirtschaftsleben zu subsumieren. Die in Art. 151 I WRV genannte Menschenwürde spielte für das Recht auf Bildung somit keine Rolle.

3. Recht auf Bildung aus dem Gleichheitssatz (Art. 109 WRV)

Sofern einfachgesetzliche bildungsbezogene Leistungen durch den Staat verteilt werden, spielt der verfassungsrechtliche Gleichheitssatz eine wichtige Rolle. Beispielhaft zu nennen sind der einfachgesetzlich geregelte Schulbesuch oder der Zugang zum Studium.

Die Weimarer Reichsverfassung enthielt in Art. 109 I einen allgemeinen Gleichheitssatz. Nach dieser Norm sind alle Deutschen vor dem Gesetz gleich.[94] Nachteile in Bezug auf die Geburt oder den Stand waren aufgehoben, genauso wie die öffentlich-rechtlichen Vorrechte.[95] Der Wortlaut stellte dabei auf alle „Deutschen“ ab. Vom persönlichen Schutzbereich ausgenommen waren juristische Personen und „Ausländer“.[96] „Deutsche“ nach dem Verständnis der Reichsverfassung waren natürliche Personen bzw. Reichsangehörige.[97] Umstritten war, ob die Norm neben der (formellen) Rechtsanwendungsgleichheit auch die materielle Rechtsgleichheit anordnete.[98] Adressat einer materiellen Rechtsgleichheit wäre auch der Gesetzgeber gewesen. Er hätte also keine Gesetze erlassen dürfen, welche solche Unterschiede machen, für die es keine vernünftigen Gründe gibt.[99] Im hier zu untersuchenden Kontext spielt diese Frage eine Rolle zum Beispiel für Chancengleichheit und Bildungsgerechtigkeit.

Gegen eine Bindung des Gesetzgebers durch Art. 109 WRV spreche jedoch die Entstehungsgeschichte. Auch aus dem Wortlaut der Norm sei eine solche Bindung der Legis-

---

92 Nipperdey/*Lehmann*, Grundrechte III, S. 127.

93 Nipperdey/*Lehmann*, Grundrechte III, S. 127.

94 *Gebhard*, Handkommentar, S. 446.

95 *Gebhard*, Handkommentar, S. 446.

96 *Gebhard*, Handkommentar, S. 446.

97 *Gebhard*, Handkommentar, S. 446.

98 *Frotscher/Pieroth*, Verfassungsgeschichte, Rn. 538.

99 *Hatschek*, Staatsrecht I, S. 243.

lative nicht abzuleiten.[100] Der sachliche Schutzbereich umfasste zum Ersten den Schutz vor Ungleichbehandlung durch die Judikative.[101] Zum Zweiten war die Verwaltung an den Gleichheitssatz gebunden. Beamte hatten ihn also zum Beispiel bei der Ausübung des ihnen zustehenden Verwaltungsermessens zu beachten.[102]

Folglich lassen sich aus Art. 109 I WRV keine unmittelbaren Rechte auf Bildung ableiten. Allerdings spielte die Norm bei der Anwendung einfachgesetzlicher Regelungen durch Judikative und Exekutive eine Rolle. Insofern kann dieses Grundrecht eine mittelbare Bedeutung bei bildungsbezogenen Sachverhalten erlangen.

Von der allgemeinen Norm des Abs. 1 zu unterscheiden ist der spezielle Gleichheitssatz in Abs. 2. Nach Art. 109 II WRV hatten Männer und Frauen grundsätzlich die gleichen Rechte und Pflichten. „Grundsätzlich" bedeutet insoweit eine Einschränkung der Gleichstellung.[103] Dass also gewisse Unterschiede in der Behandlung von Frauen und Männern gemacht wurden, war zugelassen und in der „Verschiedenheit der persönlichen Natur" begründet.[104] Art. 109 II WRV richtete sich wie Abs. 1 an die Verwaltung.[105] Dies geschah vor allem dadurch, dass diese bei Ermessensentscheidungen grundsätzlich gehalten war, Frauen nicht anders zu behandeln als Männer.[106] Darüber hinaus war Adressat des Abs. 2 der Gesetzgeber.[107]

Wie Abs. 1 begründete Abs. 2 somit keine unmittelbaren Rechte auf Bildung. Er entfaltete vielmehr mittelbare Wirkung dadurch, dass die Verwaltung ihn bei bildungsbezogenen Entscheidungen zu berücksichtigen hatte. Gleichzeitig nahm er den Gesetzgeber in die Pflicht.

4. Zusammenfassung

Die rechtlichen Rahmenbedingungen in der Weimarer Republik unterscheiden sich damit insofern erheblich von jenen der Bundesrepublik. Im Rahmen derer kann nämlich eine Herleitung bildungsbezogener (Grund)rechte maßgeblich auf die Persönlichkeitskomponente von Art. 2 I GG gestützt werden. Als Beispiel soll nur die Entscheidung des Bundesverfassungsgerichts zur Schulschließung während der Corona-Pandemie angeführt werden. Dort leitete es ein Grundrecht auf Bildung aus Art. 2 I i.V.m. Art. 7 I und Art. 3 I GG ab. Kinder und Jugendliche haben danach ein Recht gegenüber dem Staat, dass dieser ihre Entwicklung zu einer eigenverantwortlichen Persönlichkeit auch in der Gemeinschaft durch schulische Bildung unterstützt und fördert.[108] Kindern steht hiernach ein aus Art. 2 I

100 *Hatschek*, Staatsrecht I, S. 243.

101 *Gebhard*, Handkommentar, S. 447.

102 *Gebhard*, Handkommentar, S. 449.

103 RGZ 102, 166, 170.

104 *Gebhard*, Handkommentar, S. 449.

105 *Gebhard*, Handkommentar, S. 449.

106 *Gebhard*, Handkommentar, S. 449.

107 *Gebhard*, Handkommentar, S. 449.

108 BVerfG, NJW 2022, 167, 169.

GG abgeleitetes Recht auf Förderung und Unterstützung des Staates dabei, eine eigenverantwortliche Persönlichkeit in der Gesellschaft zu entwickeln, zu.[109]

Ein solches Grundrecht konnte die Weimarer Reichsverfassung mangels eines persönlichkeitsbezogenen Grundrechts jedoch nicht vermitteln. Weil ihr eine allgemeine Handlungsfreiheit fremd war, erscheint der Raum für bildungsbezogene Rechtspositionen des Einzelnen viel enger als unter der Geltung des Grundgesetzes.

III. Bildung und Erziehung in der Familie

1. Bildung und Erziehung in der Familie (Art. 120 WRV)

Wesentlicher Ort für die Erziehung des Kindes ist die Familie. Die Weimarer Reichsverfassung regelte diese in Art. 120 WRV. Erziehung ist nach dieser Norm natürliches aber auch ein juristisch anerkanntes öffentlich-rechtliches Recht der Eltern.[110] Der Staat hatte über diese lediglich zu wachen. Art. 120 WRV stand neben der staatlichen Schulhoheit. Beide Institutionen sind daher nebeneinander zu sehen.[111]

Wesentlicher Inhalt des Grundrechts war die institutionelle Garantie[112] der Erziehung der Kinder durch Eltern. Dementsprechend schützte die Norm „ein Minimum dessen, was (das) Wesen (der Erziehung durch die Eltern) ausmacht".[113] Dies stellte eine Abwehrstellung gegen staatliche Versuche der Aufhebung des Elternrechts und Sprengung des Familienverbands dar. Art. 120 WRV verbot damit eine Gemeinschaftserziehung und ein staatliches Erziehungsmonopol.[114] Das Erziehungsrecht der Eltern umfasste aber auch eine Erziehungspflicht.[115]

2. Recht des Kindes auf Erziehung nach dem Reichsjugendwohlfahrtsgesetz

Das Reichsjugendwohlfahrtsgesetz[116] normierte in seinem § 1: „Jedes deutsche Kind hat ein Recht auf Erziehung zur leiblichen, seelischen und gesellschaftlichen Tüchtigkeit. Das Recht und die Pflicht der Eltern zur Erziehung werden durch dieses Gesetz nicht berührt. [...] Insoweit der Anspruch des Kindes auf Erziehung von der Familie nicht erfüllt wird, tritt, unbeschadet der Mitarbeit freiwilliger Tätigkeit, öffentliche Jugendhilfe ein." Dieses Gesetz diente zur Erfüllung des Verfassungsauftrages aus Art. 122 I WRV, der „eine allgemeine Zusage des Jugendschutzes"[117] darstellte. Das von ihm vermittelte Recht auf

109 BVerfG, NJW 2022, 167, 169.

110 *Vorbrodt/Herrmann*, Handwörterbuch Schulrecht, S. 147.

111 *Anschütz*, WRV, S. 563.

112 *Anschütz*, WRV, S. 563.

113 *Anschütz*, WRV, S. 563.

114 *Anschütz*, WRV, S. 561.

115 *Vorbrodt/Herrmann*, Handwörterbuch Schulrecht, S. 147; *Huber*, Deutsche Verfassungsgeschichte VI, S. 111.

116 Reichsgesetz für Jugendwohlfahrt vom 9. Juli 1922 (RGBl. I S. 633).

117 *Huber*, Deutsche Verfassungsgeschichte VI, S. 108.

Erziehung war jedoch kein Individualrecht, das der Entfaltung der Einzelpersönlichkeit dienen sollte. Vielmehr statuierte es ein (Eingriffs-)Recht des Staates auf Beaufsichtigung und Korrektur des Erziehungsprozesses.[118]

IV. Vorschulische Bildung

Regelungen und damit ein Recht auf vorschulische Bildung enthielt die Weimarer Reichsverfassung nicht.

Geregelt waren nur die Vorschulen. Diese richteten sich zu Zeiten der Weimarer Republik nicht auf die frühkindliche Entwicklung. Vielmehr handelte es sich dabei um spezielle Form der Privatschulen, die als Ersatz für Öffentliche Schulen dienten.[119] Zudem waren Vorschulen Sonderschulen für Kinder, die im Anschluss eine höhere Schule besuchen sollten.[120] Die Weimarer Reichsverfassung lehnte Vorschulen aufgrund sozialer Gleichheitserwägungen ab.[121] Art. 147 III WRV hob private Vorschulen gänzlich auf.[122] Öffentliche Vorschulen wurden durch Art. 145 sowie Art. 146 WRV unmöglich gemacht.[123]

Rein tatsächlich bot die Weimarer Republik allerdings erstmalig die Möglichkeit, die öffentliche Kleinkindererziehung – also außerhalb der Familie – dem Bildungswesen zuzuordnen.[124] Damit verbunden gewesen wäre ein Rollenwechsel von der Nothilfeeinrichtung hin zur Bildungseinrichtung. Diese Gelegenheit, die Kindergärten insoweit aufzuwerten, wurde jedoch nicht genutzt.[125]

V. Schulische Bildung

1. Einleitung

Die Weimarer Reichsverfassung enthielt zahlreiche Regelungen zur Schule. Darunter fielen die Artikel 143 bis 149 sowie Art. 174.

Diese Normen regelten die Einrichtung und Ausgestaltung eines öffentlichen Schulsystems (Artt. 143 I, 146) sowie die Aufsicht über dieses (Art. 144), die Lehrerbildung (Art. 143 II), statusrechtliche Fragen bezüglich der Lehrer (Art. 143 III) und die Inhalte der Schulbildung (Artt. 148, 149). Ebenfalls geregelt wurden die Schulpflicht (Art. 145) und das Privatschul-Wesen (Art. 147). Besonders fällt die Breite der normierten Aspekte auf Verfassungsebene auf. Vergleicht man hiermit den Art. 7 GG ist dieser, trotz seiner sieben Absätze, eher knapp. Es ist offensichtlich, dass nicht alle Normen des Vierten Ab-

118 Langewiesche/Tenorth/*Peukert*, HdB V, S. 311.
119 *Gebhard*, Handkommentar, S. 530.
120 *Gebhard*, Handkommentar, S. 530.
121 *Gebhard*, Handkommentar, S. 530.
122 *Gebhard*, Handkommentar, S. 530.
123 *Gebhard*, Handkommentar, S. 530.
124 *Wasmuth*, Kindertageseinrichtungen, S. 399.
125 *Wasmuth*, Kindertageseinrichtungen, S. 399.

schnitts der Weimarer Reichsverfassung in gleicher Weise ein subjektives Grundrecht oder „wenigstens“ eine Institutsgarantie[126] sein konnten.[127] Daher sollen im Folgenden nur die Normen dargestellt werden, die im späteren Verlauf untersucht werden.

Anknüpfungspunkte für ein (subjektives) Recht auf Bildung bzw. zu einer Institutsgarantie bieten hierbei folgende Artikel: Erstens Art. 143 I 1 („Für die Bildung der Jugend ist durch öffentliche Anstalten zu sorgen.“): Dieser könnte ein subjektives Recht auf schulische Bildung oder eine Institutsgarantie darstellen. Zweitens Art. 145 S. 3 („Der Unterricht und die Lernmittel in den Volksschulen und Fortbildungsschulen sind unentgeltlich.“), der ein subjektives Recht auf Kostenfreiheit der schulischen Bildung vermitteln könnte. Drittens Art. 146 III („Für den Zugang Minderbemittelter zu den mittleren und höheren Schulen sind durch Reich, Länder und Gemeinden öffentliche Mittel bereitzustellen, insbesondere Erziehungsbeihilfen für die Eltern von Kindern, die zur Ausbildung auf mittleren und höheren Schulen für geeignet erachtet werden, bis zur Beendigung der Ausbildung.“). Bei diesem könnte es sich um ein subjektives Recht auf finanzielle Förderung des Besuchs weiterführender Schulen handeln. Viertens Art. 146 I 3 („[...], für die Aufnahme eines Kindes in eine bestimmte Schule sind seine Anlage und Neigung, nicht die wirtschaftliche und gesellschaftliche Stellung oder das Religionsbekenntnis seiner Eltern maßgebend.“), der ein subjektives verfahrensrechtliches Recht darstellen könnte. Gleichzeitig könnte es sich hier um eine Norm zur chancengleichen Teilhabe und damit um eine Sondervorschrift zu Art. 109 I, III 1 handeln. Fünftens Art. 146 II („Innerhalb der Gemeinden sind indes auf Antrag von Erziehungsberechtigten Volksschulen ihres Bekenntnisses oder ihrer Weltanschauung einzurichten, soweit hierdurch ein geordneter Schulbetrieb, auch im Sinne des Abs. 1, nicht beeinträchtigt wird.“). Dieser könnte ein subjektives Recht auf die Einrichtung von Bekenntnisschulen enthalten. Als sechstes zu nennen ist Art. 147 I 2 („Die Genehmigung ist zu erteilen, wenn die Privatschulen in ihren Lehrzielen und Einrichtungen sowie in der wissenschaftlichen Ausbildung ihrer Lehrkräfte nicht hinter den öffentlichen Schulen zurückstehen und eine Sonderung der Schüler nach den Besitzverhältnissen der Eltern nicht gefördert wird.“), der ein subjektives Recht auf Genehmigung von Privatschulen vermitteln könnte. Siebtens Art. 148 IV („Das Volksbildungswesen, einschließlich der Volkshochschulen, soll von Reich, Ländern und Gemeinden gefördert werden.“), der ein subjektives Recht auf Bildung außerhalb von Schulen oder zumindest eine Institutsgarantie des Volksbildungswesens darstellen könnte.

Welche dieser Normen unmittelbar geltendes Recht darstellten und welche lediglich Richtlinien für den Erlass einer künftigen Schulgesetzgebung waren, ist im Einzelfall zu untersuchen. Maßgebliche Kriterien dabei sind Wortlaut, Sinn, Zusammenhang und Entstehungsgeschichte. Eine einheitliche Kategorisierung der „Schulartikel“ hingegen ist nicht möglich.[128]

Nicht näher untersucht werden sollen solche Normen des Vierten Abschnitts (Artt. 142 ff. WRV), die in erster Linie einen religiös-weltanschaulichen Inhalt haben. Sie weisen zwar auch einen Bezug zur Schule und damit zur Bildung auf, sind aber inhaltlich eher im spiri-

126 So wohl *Huber*, Deutsche Verfassungsgeschichte VI, S. 120.

127 Landé ist der Auffassung, dass „(d)as Schulwesen [.] nicht echter, nicht eigentlicher Grundrechtsinhalt“ sei (Nipperdey/*Landé*, Grundrechte III, S. 4).

128 Nipperdey/*Landé*, Grundrechte III, S. 19.

tuellen Zusammenhang zu sehen. So stellt Art. 149 II WRV ein Freiheitsgrundrecht dar.[129] Ebenfalls nicht untersucht werden soll das in Art. 120 WRV normierte „Elternrecht" und seine Wechselwirkungen zu den schulrechtlichen Bestimmungen.[130] Dies rührt daher, dass es sich bei den Eltern nicht um Bildungssuchende handelt. Ihnen mag zwar ein Grundrecht im Bildungskontext zugestanden haben, dabei handelte sich jedoch nicht um ein Recht auf Bildung. Des Weiteren nicht in diesem Kapitel untersucht werden sollen die Hochschulen, da der Vierte Abschnitt der Weimarer Reichsverfassung nicht das Hochschulwesen umfasste.[131] Außerdem bildete der Privatunterricht keinen Gegenstand dieses Vierten Abschnitts. Beim Privatunterricht handelt es sich um ein Bildungskonstrukt, das von einer einzelnen Person abhängig ist. Schulen hingegen sind von dem Wechsel der Lehrenden und Lernenden unabhängige, auf Dauer ausgerichtete Organismen.[132] Da es sich bei Privatunterricht um eine landesrechtliche Materie handelte, war dieser in der Weimarer Reichsverfassung gar nicht geregelt.[133]

Die Entstehungsgeschichte der Schulartikel lässt sich grundsätzlich in drei Phasen einteilen: Die Phase der Entwürfe, die Arbeiten im Verfassungsausschuss (genauer: dem 8. Ausschuss der Nationalversammlung) sowie die beiden „Weimarer Schulkompromisse".[134] Die Entwürfe haben gemeinsam, dass sie den Bereich „Schule" nur knapp behandelten. So war im Entwurf von Preuß nur ein Satz hierfür vorgesehen. Die zweite Phase war gekennzeichnet durch das Bestreben, das Schulwesen ausführlicher zu normieren.[135] Gleichzeitig nahmen die politischen Auseinandersetzungen über Themen wie Bekenntnisschule, Privatschule und Religionsunterricht zu.[136] Die dritte Phase schließlich war insgesamt gekennzeichnet „durch die plötzliche Verquickung der Schulfrage mit der großen Politik"[137]. Zwischen der Deutschen Zentrumspartei und den Sozialdemokraten konnte zunächst ein Kompromiss gefunden werden („erster Weimarer Schulkompromiss"). Diesem standen jedoch alle weiteren Parteien gegenüber, so dass der „zweite Weimarer Schulkompromiss" gefunden werden musste.[138] Insgesamt betrachtet handelte es sich bei dieser Auseinandersetzung um die zentrale bildungspolitische Frage der frühen Jahre der Weimarer Republik. „Um kein anderes Problem wurde so hart gerungen, keines rief so starke Emotionen wach [...]"[139].

2. Bildung der Jugend durch öffentliche Anstalten (Art. 143 I 1 WRV)

Gemäß Art. 143 I 1 WRV war für die Bildung der Jugend durch öffentliche Anstalten zu sorgen. Dieser Aussage lag unter anderem die langjährige Auffassung zugrunde, dass

129 Nipperdey/*Landé*, Grundrechte III, S. 4.
130 Im Einzelnen hierzu Nipperdey/*Landé*, Grundrechte III, S. 18f.
131 Nipperdey/*Landé*, Grundrechte III, S. 41.
132 Nipperdey/*Landé*, Grundrechte III, S. 66.
133 Nipperdey/*Landé*, Grundrechte III, S. 66.
134 Nipperdey/*Landé*, Grundrechte III, S. 7.
135 Nipperdey/*Landé*, Grundrechte III, S. 9.
136 Nipperdey/*Landé*, Grundrechte III, S. 10.
137 Nipperdey/*Landé*, Grundrechte III, S. 12.
138 Nipperdey/*Landé*, Grundrechte III, S. 13f.
139 Becker/Kluchert/*Kluchert*, Bildung der Nation, S. 159.

das Bildungsbedürfnis durch den Staat zu befriedigen sei. Über die Staatlichkeit des Schulwesens bestand also „grundsätzlich kein Streit“[140]; „(e)inen manifesten Schulkampf zwischen ‚staatlichem Schulmonopol‘ und ‚Unterrichtsfreiheit‘ gab es nicht.“[141]

Inhalt der Norm war die gemeinsame Verpflichtung von Reich, Ländern und Gemeinden, für eine ausreichende Anzahl an Schulen und deren hinreichende Ausstattung zu sorgen. Dies geschah vor allem, damit dem Bedürfnis nach Bildung der Jugend entsprochen werden konnte.[142] Unter Bildung war hierbei primär die geistige Bildung durch Unterricht zu verstehen. Sie umfasste aber auch die körperliche Ausbildung durch z. B. Turnen und in beschränktem Maße die nicht-unterrichtsmäßige Fortbildung der Jugend.[143]

Die Norm hatte unmittelbare rechtliche Wirkung. Sie bedurfte keiner Umsetzung oder Ausführung durch Reichs- oder Landesgesetz.[144] Bei der Norm handelte es sich nach einer Auffassung nur um ein Staatsziel.[145] Nach anderer Auffassung hingegen wies sie grundrechtliche Elemente auf. Sie habe nicht nur objektiv die Grundelemente der staatlichen Fürsorge festgelegt, sondern dem Staatsbürger auch eine „Mindestgarantie“, eine verfassungsrechtliche Zusicherung geboten.[146] Eingeschränkt wird dies allerdings durch die Aussage, dass diese Auslegung schon der „äußerste Versuch grundrechtlicher Konstruktion“[147] sei.

3. Unentgeltlichkeit von Unterricht und Lernmitteln in den Volksschulen und Fortbildungsschulen (Art. 145 S. 3 WRV)

Art. 145 S. 3 WRV regelte: „Der Unterricht und die Lernmittel in den Volksschulen und Fortbildungsschulen sind unentgeltlich.“ Von der Norm umfasst waren die Volksschulen und Fortbildungsschulen, also die Pflichtschulen. Hinsichtlich der weiterführenden Schulen wurde ebenfalls eine allgemeine Unentgeltlichkeit diskutiert. Sie wurde letztlich jedoch im Hinblick auf die Kosten verworfen.[148] Stattdessen wurde in Art. 146 III WRV eine Förderung von Schülerinnen und Schülern im Einzelfall geregelt.

Die Unentgeltlichkeit des Schulbesuchs bedeutete ein Verbot der Gebührenerhebung an den Pflichtschulen.[149] Die Unentgeltlichkeit der Lernmittel stellte ein reichsrechtliches Verbot gegenüber den öffentlichen Pflichtschulen, von den Erziehungsberechtigten die Beschaffung der Lernmittel auf eigene Kosten zu verlangen, dar.[150]

140 Nipperdey/*Landé*, Grundrechte III, S. 61.
141 Nipperdey/*Landé*, Grundrechte III, S. 62.
142 *Gebhard*, Handkommentar, S. 521.
143 *Gebhard*, Handkommentar, S. 521.
144 Nipperdey/*Landé*, Grundrechte III, S. 65.
145 Dürig/Herzog/Scholz/*Badura*, GG, 105. EL, Art. 7 Rn. 39.
146 Nipperdey/*Landé*, Grundrechte III, S. 6.
147 Nipperdey/*Landé*, Grundrechte III, S. 6.
148 Nipperdey/*Landé*, Grundrechte III, S. 71.
149 Nipperdey/*Landé*, Grundrechte III, S. 71.
150 Nipperdey/*Landé*, Grundrechte III, S. 71 f.

Die Norm war eine Konkretisierung des allgemeinen Gleichheitsgrundrechts aus Art. 109 I, die einen Schul- und Bildungsbezug aufweist.[151] Umstritten war, ob es sich bei ihr nur um einen „programmatischen Ausspruch“ oder um unmittelbar geltendes Recht handelte. Die wohl herrschende Meinung betrachtete sie als unverbindliches Programm.[152] Der Wortlaut der Norm („ist unentgeltlich“) legt jedoch eher eine unmittelbare Wirksamkeit nahe. Allerdings ließ sich aus der Norm nicht der Anspruch auf die Bereitstellung bestimmter Lernmittel ableiten. Vielmehr stellte sie nur ein Verbot für den Staat dar, die eingesetzten Lernmittel gegen Gebühr an die Schüler bzw. an deren Erziehungsberechtigte abzugeben.

4. Mittel für minderbemittelte Schüler (Art. 146 III WRV)

Gemäß Art. 146 III WRV waren minderbemittelten Schülern öffentliche Mittel bereitzustellen, um auch ihnen den Besuch mittlerer und höherer Schulen zu ermöglichen. Der Besuch dieser Bildungseinrichtungen war im Gegensatz zu den in Art. 145 S. 3 WRV genannten Volksschulen und Fortbildungsschulen gerade nicht kraft Verfassung kostenlos.

Diese Norm bedurfte offenbar keines besonderen Gesetzes. Vielmehr soll sie unmittelbar vollziehbar gewesen sein.[153] Da der Bereitstellung von Mitteln aber jeweils die Entscheidung des Haushaltsgesetzgebers zugrunde lag, dürfte diese Ansicht fragwürdig sein. Dies rührt daher, dass der Haushaltsgesetzgeber die Mittel ja erst im Haushaltsgesetz einzustellen hatte, bevor sie letztlich verfügbar waren. Jedenfalls enthielt die Norm keinen Anspruch für alle minderbemittelten Schülerinnen und Schüler auf Förderung. Dieser Anspruch sollte einem einzelnen Kind selbst dann nicht zugestanden haben, wenn dieses geeignet für die Ausbildung in mittleren und höheren Schulen war.[154] Denn letztlich hätte ein solcher individueller Anspruch zu einer Unentgeltlichkeit des Besuchs dieser Schulen geführt, welche von der Weimarer Reichsverfassung jedoch gerade nicht vorgesehen war.

5. Spezieller Gleichheitssatz (Art. 146 I 3 WRV)

Art. 146 I 3 WRV war eine schul- und damit bildungsbezogene Konkretisierung des allgemeinen Gleichheitsgrundrechts aus Art. 109 I WRV.[155] Die Norm setzte bestimmte Kriterien für die Auswahl bei der Aufnahme in mittlere und höhere Schulen fest. Diese normierte sie sowohl im positiven wie im negativen Sinne. Im positiven Sinne waren Kriterien „Anlage und Neigung“ des Kindes. Diese Kriterien sollten also maßgeblich für die Zulassung zu Schulen sein. Keine zulässigen Kriterien waren die wirtschaftliche oder die gesellschaftliche Stellung der Eltern.[156] Die Weimarer Reichsverfassung lehnte damit das „Hineingeborenwerden[.] in Schulen höheren Grades“[157] ab.

---

151 Nipperdey/*Landé*, Grundrechte III, S. 5 f.

152 Nipperdey/*Landé*, Grundrechte III, S. 71.

153 *Gebhard*, Handkommentar, S. 529.

154 *Gebhard*, Handkommentar, S. 529.

155 Nipperdey/*Landé*, Grundrechte III, S. 5 f.

156 Nipperdey/*Landé*, Grundrechte III, S. 71.

157 Nipperdey/*Landé*, Grundrechte III, S. 71

Art. 146 I 3 WRV setzte ein maßgebliches Prinzip fest. Die Konkretisierung dieses Prinzips war jedoch durch (unterverfassungsrechtliches) Reichs- und Landesrecht vorzunehmen.[158] Bei der Norm handelte es sich somit nicht um ein unmittelbar geltendes subjektives Grundrecht.

6. Antragsschulen (Art. 146 II WRV)

Art. 146 WRV kannte drei Formen von Grundschulen: Die Gemeinschaftsschulen nach Art. 146 I WRV, die Bekenntnisschulen nach Art. 146 II WRV sowie die Weltanschauungsschulen. Während die als erstes genannte Schule Kindern aller religiösen Bekenntnisse offenstand, dienten Bekenntnisschulen der Aufnahme von Kindern lediglich eines bestimmten Bekenntnisses.[159]

Die in Art. 146 II WRV genannten Antragsschulen stellten eine Ausnahme zu der Regel der Gemeinschaftsschule dar. Dies rührte daher, dass dem religiös-weltanschaulichen Erziehungsrecht durch konfessionell gebundene Schulen Genüge getan werden sollte.[160] Die Antragsschulen bedurften gemäß Art. 146 II 3 WRV der „doppelten Konkretisierung" durch den Gesetzgeber. Zuständig hierfür waren die Landesgesetzgeber, die sich allerdings im Rahmen eines Reichsgesetzes zu bewegen hatten. Bereits dieses Reichsgesetz wurde jedoch trotz mehrerer Entwürfe nie erlassen, so dass diese Konkretisierung nicht erfolgte. Mithin bestand die alte Rechtslage fort (Art. 174 WRV).[161] Dieses Bedürfnis der „doppelten Konkretisierung" lässt es fraglich erscheinen, ob die Norm ein subjektives Recht darstellte. Landé spricht von einem „positiven Gestaltungsrecht"[162], das allerdings unter „bestimmten Voraussetzungen"[163] stehe.

7. Genehmigung von Privatschulen (Art. 147 I 2 WRV)

Gemäß Art. 147 I 2 WRV hatte die zuständige Behörde die Genehmigung zur Errichtung einer Privatschule zu erteilen, wenn die entsprechenden Voraussetzungen hierzu vorlagen. Es stand ihr also nicht frei, die Genehmigung zu verweigern. Auch durfte durch die Genehmigungsbehörde keine Bedürfnisprüfung durchgeführt werden.[164] Insofern wies die Norm einen großen Bezug zu subjektiven Rechten auf.

Allerdings schützte sie nicht die Lernsubjekte. Diese sind zwar auch darauf angewiesen, dass der Staat die für den Betrieb der Bildungseinrichtung erforderlichen Genehmigungen erteilt. Jedoch wurden sie nur mittelbar durch Art. 147 I 2 WRV begünstigt. In erster Linie Begünstigte hingegen waren die um die Genehmigung nachsuchenden Personen, also die Betreiber der (geplanten) Privatschule. Art. 147 I 2 WRV war damit eher mit ge-

158 Nipperdey/*Landé*, Grundrechte III, S. 37.

159 *Gebhard*, Handkommentar, S. 527.

160 Dürig/Herzog/Scholz/*Badura*, GG, 105. EL, Art. 7 Rn. 40.

161 Dürig/Herzog/Scholz/*Badura*, GG, 105. EL, Art. 7 Rn. 40.

162 Nipperdey/*Landé*, Grundrechte III, S. 5.

163 Nipperdey/*Landé*, Grundrechte III, S. 5.

164 *Vorbrodt/Herrmann*, Handwörterbuch Schulrecht, S. 528.

werberechtlichen Normen zu vergleichen[165] und somit kein bildungsbezogenes (Grund-)recht. Dennoch bestanden sehr wohl mittelbare Auswirkungen auf das Bildungswesen. Denn die Norm war eine schul- und damit bildungsbezogene Konkretisierung des allgemeinen Gleichheitsgrundrechts aus Art. 109 I.[166] Allerdings verpflichtete Art. 147 I 2 WRV die privaten Schulen nicht, jede Schülerin bzw. jeden Schüler aufzunehmen (wozu aber die öffentlichen Schulen verpflichtet waren). Gewisse Spielräume behielten sich die Privatschulen vor. Unzulässig waren aber die wirtschaftlichen Verhältnisse der Eltern als Differenzierungskriterium.[167] Aus den Privatschulen sollten „keine Standes- oder Kastenschulen"[168] werden.

8. Volksbildungswesen (Art. 148 IV WRV)

Art. 148 IV WRV beinhaltete das Volksbildungswesen. Diese Norm hat verfassungsgeschichtlich keine Vorgänger. Dennoch war nicht nur die Bildung der Jugend, sondern auch die des gesamten Volkes bereits früh Gegenstand der Gesetzgebungsberatungen.[169] Dies zeigt, dass das Thema von den Parteien als wichtig empfunden wurde.

Inhaltlich sind unter dem „Volksbildungswesen" die Institutionen zu verstehen, die nicht solche des Schulwesens sind.[170] Hierbei ist nicht auf das Alter der Bildung suchenden Personen abzustellen, sondern auf das Bildungsziel. Einrichtungen gehörten nur dann zum Volksbildungswesen, wenn sie nicht Schulbildung im engeren Sinne vermitteln wollten.[171]

Gemäß Art. 148 IV WRV war das Volksbildungswesen zu fördern. Dies umfasste positive Maßnahmen von Reich, Ländern und Kommunen.[172] Als Beispiele zu nennen sind geldliche Unterstützung aus öffentlichen Mitteln, Bereitstellung von Sachmitteln wie etwa Räumlichkeiten, aber auch die Bereitstellung von Personalmitteln (wie etwa die Beurlaubung von Beamten). Ebenfalls umfasst waren mittelbar wirkende positive Maßnahmen wie die Gewährung steuerlicher Erleichterungen.[173] Die Norm regelte nicht, dass das Volksbildungswesen nur durch den Staat gewährleistet werden durfte. Somit konnten auch private Akteurinnen und Akteure (wie etwa Gewerkschaften oder Parteien) Angebote der Volksbildung bereitstellen. Eine andere Frage war, ob und wie in erster Linie staatliche Akteure und weniger die privaten Akteure staatlich gefördert wurden.

165 Nipperdey/*Landé*, Grundrechte III, S. 67.
166 Nipperdey/*Landé*, Grundrechte III, S. 5 f.
167 Nipperdey/*Landé*, Grundrechte III, S. 67.
168 *Meißner*, Staatsrecht, S. 315.
169 Nipperdey/*Landé*, Grundrechte III, S. 43.
170 Nipperdey/*Landé*, Grundrechte III, S. 43.
171 Nipperdey/*Landé*, Grundrechte III, S. 43.
172 Nipperdey/*Landé*, Grundrechte III, S. 43.
173 Nipperdey/*Landé*, Grundrechte III, S. 44.

9. Schulische Wirklichkeit

Die oben genannten durch die Weimarer Reichsverfassung beabsichtigten Veränderungen im Schulwesen konnten nur ansatzweise umgesetzt werden. Eine durchgreifende Reformierung des Schulwesens in der Weimarer Republik erfolgte nicht.[174] Die dem Reich gemäß Art. 10 Nr. 2 WRV zustehende Rahmengesetzgebungskompetenz konnte nur in einem einzigen Fall genutzt werden[175]: dem Reichsgrundschulgesetz[176]. Das Vorhaben eines Reichsschulgesetzes hingegen scheiterte nach mehreren Jahren.[177] Ein Grund hierfür waren die nur begrenzten finanziellen Mittel.[178] Sparzwänge verhinderten eine bessere Besoldung und Weiterbildung von Lehrerinnen und Lehrern. Die durch die Verfassung in Aussicht gestellte Lernmittel- und Lehrgeldfreiheit (Art. 145 S. 3 WRV) ließ sich ebenso wenig vollständig realisieren.

VI. Akademische Bildung

1. Explizit normiertes Recht auf Bildung

Auch ein explizit geregeltes Recht auf akademische Bildung enthielt die Weimarer Reichsverfassung nicht. Die Hochschulen waren in ihr weder als Bestandteil des öffentlichen Bildungswesens noch als besondere staatliche öffentliche Institutionen geregelt.[179] Zwar stand dem Reich eine Grundsatzkompetenz im Hochschulwesen zu (Art. 10 Nr. 2 WRV), doch machte es davon keinen Gebrauch. Das Hochschulwesen verblieb also bei den einzelnen Ländern.[180]

2. Recht auf Bildung aus der Wissenschaftsfreiheit

Zentrale Norm im Hinblick auf das Hochschulwesen war die Wissenschaftsfreiheit aus Art. 142 WRV. Insofern könnten aus ihr grundrechtliche Positionen bezüglich der akademischen Bildung abgeleitet werden.

Allerdings handelte es sich bei dem Grundrecht „um eine Verbürgung einer angemessenen Stellung einer öffentlichen Institution als um ein Grundrecht der deutschen Universität."[181] Die Wissenschaftsfreiheit aus Art. 142 WRV war daher lex specialis zur Meinungsfreiheit aus Art. 118 WRV.[182] Daraus wird erkennbar, dass die wissenschaftliche Meinungsäußerung von Art. 142 geschützt war, nicht aber die wissenschaftliche Bildung.

---

174 Krause-Vilmar/*Worster-Roßbach/Gühne*, Lehrerschaft, S. 214.

175 *Roemheld*, Demokratie ohne Chancen, S. 26.

176 Isensee/Kirchhof/*Schneider*, Staatsrechts-Handbuch I, § 5 Rn. 42.

177 *Huber*, Deutsche Verfassungsgeschichte VI, S. 950 ff.

178 *Gusy*, Weimarer Reichsverfassung, S. 337.

179 Nipperdey/*Landé*, Grundrechte III, S. 41.

180 *Huber*, Deutsche Verfassungsgeschichte VI, S. 976.

181 *Gusy*, Weimarer Reichsverfassung, S. 339.

182 Nipperdey/*Kitzinger*, Grundrechte II, S. 457.

Auch aus der institutionellen Garantie, die Art. 142 WRV vermittelte[183], lässt sich somit kein Grundrecht auf Bildung des Einzelnen ableiten.

3. Recht auf Bildung aus den Grundrechten zum Wirtschaftsleben

Ein Recht auf Bildung könnte ferner aus den Artikeln der Weimarer Reichsverfassung hergeleitet werden, die im Zusammenhang mit der Arbeitskraft i. S.d. Art. 157 WRV und Berufsausübung gemäß Art. 162 WRV standen.

Art. 157 WRV regelte den Schutz der Arbeitskraft. Die Arbeitskraft war dabei an gewisse Voraussetzungen geknüpft. Teil der Arbeitskraft war auch die Berufsfähigkeit.[184] „Die Berufsfähigkeit sind die seelischen und körperlichen Dispositionen des Arbeitnehmers"[185], also seine konkreten subjektiven Eigenschaften. Diese wurden durch die Berufsausbildung erst entwickelt bzw. gefördert. Dies erkannte auch Radbruch an.[186] Im Zusammenhang mit dem Arbeitskraftschutz ist laut Radbruch zu beachten, ob ein Anspruch auf Beschäftigung bestehen könnte, weil in Folge der Nichtbeschäftigung erlernte Fähigkeiten wieder verlernt werden.[187] Darin könnte dann ein Eingriff in die Berufsfähigkeit zu erkennen sein und somit auch in die Arbeitskraft.[188] Aus dem Besagten wird erkennbar, dass ein Zusammenhang zwischen Arbeitskraft, Arbeit und Bildung bestehen könnte.

Führt man diesen Gedanken von Radbruch weiter aus, gilt Folgendes: Die Erhaltung der Berufsfähigkeit ist Teil des Schutzbereichs der Arbeitskraft.[189] Wenn man diesen Gedanken konsequent weiterführt, müsste aber auch die Schaffung der Berufsfähigkeit vom Schutzbereich des Art. 157 WRV umfasst sein. Gerade die Herstellung der Berufsfähigkeit weist einen engen Bildungsbezug auf. Diesen Zusammenhang stellt Radbruch jedoch nicht mehr her. Auch nach diesen vielversprechenden Ansätzen von Radbruch lässt sich kein Bildungsbezug aus den Arbeitsgrundrechten der Weimarer Reichsverfassung herleiten. Außerdem war die Bestimmung des Art. 157 WRV ein reiner Programmsatz,[190] es ließen sich aus ihr also keine subjektiven Ansprüche herleiten.

Art. 157 II WRV regelte, dass das Reich ein einheitliches Arbeitsrecht schafft. Der Begriff des Arbeitsrechts war hierbei zwar umstritten.[191] Anders als beim Arbeitskraftbegriff ist aber nicht ersichtlich, dass der des Arbeitsrechts bildungsrechtliche Bezüge hatte.

Art. 163 II WRV regelte, dass jedem Deutschen die Möglichkeit gegeben werden soll durch wirtschaftliche Arbeit seinen Unterhalt zu erwerben. Soweit ihm angemessene Arbeitsgelegenheiten nicht nachgewiesen werden konnten, sollte für seinen notwendigen Unterhalt gesorgt sein. Fraglich ist, ob zu diesem Unterhalt auch Maßnahmen der Bil-

183 *Huber*, Deutsche Verfassungsgeschichte VI, S. 981.
184 Nipperdey/*Radbruch*, Grundrechte III, S. 351.
185 Nipperdey/*Radbruch*, Grundrechte III, S. 351.
186 Nipperdey/*Radbruch*, Grundrechte III, S. 351.
187 Nipperdey/*Radbruch*, Grundrechte III, S. 353.
188 Nipperdey/*Radbruch*, Grundrechte III, S. 353.
189 Nipperdey/*Radbruch*, Grundrechte III, S. 351.
190 Nipperdey/*Radbruch*, Grundrechte III, S. 349.
191 Nipperdey/*Rastel*, Grundrechte III, S. 359.

dungsförderung zählen (z. B. Kostenübernahme zur Weiterbildung). Dies ist allerdings abzulehnen, da Unterhalt im wesentlichen Arbeitslosenfürsorge bedeutete.[192] Arbeitslosenfürsorge beschreibt dabei Leistungen, die der laufenden Erhaltung einer Person dienen.[193] Des Weiteren stellte Art. 163 II WRV kein subjektives Recht des Einzelnen dar.[194]

4. Gleichberechtigung von Frauen in der akademischen Bildung

Wie dargelegt ordnete die Weimarer Reichsverfassung einen Allgemeinen Gleichheitsgrundsatz an. Gleichwohl bestand rein faktisch eine Diskriminierung von Frauen fort. Zwar nahm die Zahl der Abiturientinnen stetig zu. Auch die absolute Anzahl der weiblichen Studenten stieg. Aber nur 70 % der Frauen (im Gegensatz zu 84 % der Männer) konnten nach dem Abitur studieren. Und noch weniger Akademikerinnen konnten anschließend in dem erlernten Beruf arbeiten.[195]

VII. Berufliche Bildung

Die berufliche Bildung war in der Weimarer Reichsverfassung in Grundzügen in folgenden Artikeln genannt: In Art. 145 S. 2, der die Schulpflicht anordnet, in Art. 146 I, der das höhere Schulwesen regelt, und in Art. 148 III 1, der den Arbeitsunterricht zum Gegenstand hatte.

1. Fortbildungsschulen (Art. 145 S. 2 WRV)

Fortbildungsschulen dienten der Weiterbildung derjenigen Schülerinnen und Schüler, die von der Volksschule entlassen wurden.[196] Es handelte sich um einen Schultypen, bei dem der Verfassungsgesetzgeber nur auf wenig zurückgreifen konnte. Das Verdienst der Weimarer Reichsverfassung war es also, diesen Schultypen überhaupt einzuführen und ihn gleichzeitig zum Bestandteil der allgemeinen Schulpflicht zu machen[197], wodurch die schulische Berufsausbildung insgesamt aufgewertet wurde[198]. Das erklärt, warum die Weimarer Reichsverfassung inhaltlich-organisatorisch wenig bezüglich dieser Schulform regelte. Vielmehr überließ sie dies dem Gesetzgeber.[199]

Die Norm wies zwar insofern Verbindlichkeit auf, jedoch ließen sich aus ihr keine unmittelbaren subjektiven Rechte des Einzelnen bezüglich seiner beruflichen Bildung ableiten. Zu ergänzen ist, dass das Berufsschulwesen, wie andere bildungsbezogene Institutio-

---

192 *Anschütz*, WRV, S. 741.

193 Umkehrschluss, Nipperdey/*Weigert*, Grundrechte III, S. 508.

194 *Anschütz*, WRV, S. 740.

195 *Büttner*, Weimar, S. 255.

196 *Gebhardt*, Handkommentar, S. 525.

197 Nipperdey/*Landé*, Grundrechte III, S. 37.

198 *Schütte*, Berufserziehung, S. 34.

199 Nipperdey/*Landé*, Grundrechte III, S. 37.

nen der Weimarer Reichsverfassung auch, unter dem „Primat der Finanzierung"[200] stand. So hatte z. B. der preußische Finanzminister bereits zu Beginn der Weimarer Republik mitgeteilt, dass die Einführung der allgemeinen Berufsschulpflicht nicht zu finanzieren sei.[201]

2. Aufbau der weiterführenden Schulen (Art. 146 I WRV)

Unter weiterführenden Schulen waren die öffentlichen Schulen zu verstehen, die auf der Grundschule aufbauten.[202] Einen Bezug der weiterführenden Schulen zur beruflichen Bildung stellte Art. 146 I 3 Hs. 1 WRV her. Nach dieser Norm richtete sich der inhaltlich-organisatorische Aufbau des weiterführenden Schulwesens nach der „Mannigfaltigkeit der Lebensberufe". Die Weimarer Reichsverfassung entschied sich damit in dem schulpolitisch-pädagogischen Streit zwischen allgemeinbildender und beruflich orientierter Schule für eine berufliche Ausrichtung.[203] Art. 146 I 3 WRV konkretisierte Satz 1, so dass beide Sätze zusammen zu lesen sind. Adressat von Satz 1 war der Gesetzgeber; sowohl der Reichstag als „Rahmengesetzgeber" als auch die Landtage als Landesgesetzgeber.[204] Bei der Norm handelte es sich somit um einen verbindlichen Rahmen für die gesetzgebenden Körperschaften, nicht jedoch um eine Vorschrift, die subjektive Rechte vermittelt.

3. Arbeitsunterricht als Lehrfach (Art. 148 III 1 WRV)

Gemäß Art. 148 III 1 WRV war Arbeitsunterricht verpflichtendes Lehrfach an den Schulen. Das Ziel des Arbeitsunterrichts wurde erst während des ersten Weimarer Schulkompromisses in den Entwurf der Verfassung eingefügt,[205] war also zumindest zunächst nicht unumstritten.

Durch die Norm wurden Erziehungs- und Bildungsziele des Schulwesens festgelegt. Hierbei war der Begriff des Schulwesens weit zu verstehen: Es umfasste sowohl öffentliche als auch private Schulen, Volksschulen wie auch Fach- und Berufsschulen.[206] Unter Arbeitsunterricht waren nicht so sehr (allgemeinbildende) theoretische Unterweisungen zu verstehen. Vielmehr handelte es sich um Lehrgegenstände, die besonders in den Fortbildungsschulen sich mit genau dem Arbeitskreis befassten, der seiner Art nach für die jeweiligen Schüler hauptsächlich in Betracht kam.[207] Als Beispiel zu nennen ist der Arbeitskreis des Landwirts in den ländlichen Schulen. Die Form des Unterrichts konnte lehrend, aber auch selbsttätig (z. B. in Form von Werkunterricht) sein.[208] Interessanterweise sollte der Arbeitsunterricht nicht nur Lehrgegenstand, sondern Lehrfach sein. Der Unterschied zwischen den beiden Begriffen ist, dass das Lehrfach eine stärkere Stellung als der bloße

---

200 *Schütte*, Berufserziehung, S. 40.
201 *Schütte*, Berufserziehung, S. 40.
202 Nipperdey/*Landé*, Grundrechte III, S. 37.
203 Nipperdey/*Landé*, Grundrechte III, S. 38.
204 *Gebhard*, Handkommentar, S. 526.
205 Nipperdey/*Landé*, Grundrechte III, S. 76.
206 Nipperdey/*Landé*, Grundrechte III, S. 77.
207 *Gebhard*, Handkommentar, S. 533.
208 Nipperdey/*Landé*, Grundrechte III, S. 78.

Lehrgegenstand hat: Es trägt eine eigene Bezeichnung im Lehrplan und es erscheint gesondert im Zeugnis.[209] Landé drückte diesen Unterschied wie folgt aus: „Erst die Erhebung zum Lehrfach sichert vor Verschwinden in der Fülle des Stoffes, vor Vernachlässigung. Diese Sicherung ist hier gemeint […].“[210] Die Norm wirkte unmittelbar verpflichtend für die Unterrichtsverwaltungen[211] und Lehrkräfte[212]. Subjektiv-rechtliche Positionen des Einzelnen (z. B. auf konkrete Ausgestaltung des Unterrichts) dürften sich aus ihr aber nicht hergeleitet haben lassen.

VIII. Erwachsenenbildung (Art. 148 IV WRV)

1. Volksbildungsklausel als Grundrecht

Für die Erwachsenenbildung war während der Weimarer Republik die so genannte Volksbildungsklausel (Art. 148 IV WRV) maßgeblich. Bei dem Volksbildungswesen handelte es sich um den Inbegriff der Einrichtungen, welche der Weiterbildung derjenigen dienen, die aus der Volksschule entlassen wurden, ohne eine höhere Schule zu besuchen.[213] Im Hinblick auf ihr Wahlrecht sollten dabei gerade den Personengruppen Bildungsmöglichkeiten eingeräumt werden, die nicht mehr schulpflichtig waren. Durch die Volksbildung sollte damals die junge Demokratie gestärkt werden, denn sie war geeignet, „schädliche Gegensätze in der menschlichen Gesellschaft zu überbrücken und ausgleichend zu wirken.“[214]

Zunächst zu untersuchen ist die Natur der Volksbildungsklausel. Grundidee des Gesetzgebers war es, dass die Volksbildungsklausel über die Ziele und Inhalt der Bildung von Kindern und Jugendlichen hinaus weiteren Regelungsgehalt hat: Mit Hilfe der Volksbildungsklausel sollten Personen sich fortbilden können, die nicht mehr schulpflichtig waren und auch insgesamt keine höhere Schulbildung besaßen.[215] Im Gegensatz zur schulischen Bildung war die Teilnahme am Volksbildungswesen freiwillig.[216]

Die Notwendigkeit der Volksbildungsklausel konnte in vielerlei Hinsicht begründet werden. Einen Grund stellt das aufgetretene Bedürfnis nach Erweiterung und Vertiefung der Bildung in allen Volkskreisen dar.[217] Ein weiterer wichtiger Grund für die Pflege der Volksbildung war im „Seelen- und Gemeinschaftsleben“[218] zu erkennen. Auch zeichneten sich im Lichte der kostenintensiven Zugeständnisse durch den Versailler Vertrag[219] und der

209 Nipperdey/*Landé*, Grundrechte III, S. 77.

210 Nipperdey/*Landé*, Grundrechte III, S. 77.

211 Nipperdey/*Landé*, Grundrechte III, S. 77.

212 *Gebhard*, Handkommentar, S. 533.

213 *Gebhard*, Handkommentar, S. 533.

214 *Brix* et al., Kommunalwissenschaften IV, S. 382, re. Sp.

215 *Gebhard*, Handkommentar, S. 533.

216 *Giese*, Reichsstaatsrecht, S. 309.

217 *Mausbach*, Kulturfragen, S. 99.

218 *Mausbach*, Kulturfragen, S. 99.

219 Vgl. hierzu das Gesetz über den Friedensschluß zwischen Deutschland und den alliierten und assoziierten Mächten vom 16. Juli 1919 (RGBl. I S. 687).

damit einhergehenden wirtschaftlichen Not eine gewisse Verrohung in der Bevölkerung ab, deren Ausbreitung man durch die Bildung der Bevölkerung entgegenwirken wollte.[220] Schließlich erhoffte man sich auch wirtschaftliche Vorteile. Zwar war die Volksbildung mit gewissen Kosten verbunden, man betrachtete diese Ausgaben aber gewissermaßen als Investitionen und erwartete entsprechend sich auch mittel- bis langfristige wirtschaftliche Vorteile durch die Volksbildung zu erarbeiten.[221] Das Volksbildungswesen hatte somit eine Vielzahl von Funktionen, insbesondere für das Individuum, für die politische Gesellschaft und die Volkswirtschaft.

Im Gesetzgebungsverfahren umstritten war zum Ersten die Verortung der Bestimmung. Eine systematische Einordnung zu den Themenkomplexen Wissenschaft und Kunst, welche zunächst geplant war, wurde später verworfen. Eine Zuordnung erfolgte sodann zu den schulrechtlichen Normen.[222] Darüber hinaus waren im Rahmen des Gesetzgebungsverfahrens zur Weimarer Reichsverfassung mehrere grundlegende inhaltliche Fragen der Norm zu klären. Primär galt es festzulegen, ob es überhaupt eines Grundrechtsteils bedarf.[223] Die Abgeordneten argumentierten dabei mit der Wichtigkeit des Grundrechtsteils „zur Verbreitung staatsbürgerlicher Bildung“[224]. Hierbei kann es sich um einen ersten Ausgangspunkt für eine Verankerung der politischen Volksbildungsklausel in der Weimarer Reichsverfassung handeln. Im weiteren Verlauf der Beratungen war die Volksbildungsklausel hinsichtlich drei wesentlicher Punkte umstritten: Zum Ersten, inwiefern sie unter Bestandsschutz stand. Zum Zweiten, ob sie ein Minimum an Finanzierung garantiere. Und drittens, ob sie dem Bürger einen individuellen Rechtsanspruch auf Fort- und Weiterbildung einräumte.

Die erste Fragestellung knüpfte also daran an, ob das Volksbildungswesen unter Institutsgarantie steht.[225] Eine Institutsgarantie sind Verfassungsvorschriften, die nicht primär auf subjektive Rechte zielen, sondern darauf, ein bestimmtes Institut als solches in der Verfassung zu verankern. Im Falle einer solchen Verankerung wird das geschützte Institut davor bewahrt, völlig abgeschafft oder faktisch ausgehöhlt zu werden.[226]

Dies würde dazu führen, womit die zweite Streitfrage aufgeworfen wird, dass beispielsweise das Reich und die Länder dazu verpflichtet waren, dauerhaft eine ausreichende finanzielle und sachliche Ausstattung des Volksbildungswesens zu gewähren. Eine Institutsgarantie hätte demnach eine Aufwertung und Stärkung der Erwachsenenbildung bewirkt. Insbesondere gerade dann, als beispielsweise das Schulwesen unter andauernder Finanzknappheit litt.[227] Die Gewährleistung der Volksbildung in einer solchen Form wurde nur teilweise bejaht. Nämlich dahingehend, dass „neben der Festlegung der Grundelemente dieser Staatsfürsorge […] auch eine Art Gewährleistung an den Staatsbürger [bestehe], eine verfassungsrechtliche Zusicherung, daß ihm mindestens dieses, so und nicht anders,

220 *Sinzheimer* (SPD), in: Berichte, Nr. 21, S. 183, li. Sp.

221 *Katzenstein* (SPD), in: Berichte, Nr. 21, S. 228, re. Sp.

222 Nipperdey/*Landé*, Grundrechte III, S. 43.

223 *Sinzheimer* (SPD), in: Berichte, Nr. 21, S. 182, re. Sp.; *Meißner*, Das neue Staatsrecht, S. 219.

224 *Düringer* (DNVP), in: Berichte, Nr. 21, S. 370, li. Sp.

225 Verneinend *Klein*, Institutionelle Garantien, passim. Vorsichtig bejahend Nipperdey/*Landé*, Grundrechte III, S. 6.

226 *Gusy*, Weimarer Reichsverfassung, S. 337.

227 *Gusy*, Weimarer Reichsverfassung, S. 337.

an Staatsfürsorge auf dem Schulgebiete zugesichert werde".[228] In Großteilen jedoch wurde die Institutsgarantie dennoch verneint: Überwiegend wurde vertreten, dass es sich bei der Volksbildungsklausel bloß um einen Programmsatz handele, der keine unmittelbar rechtliche Geltung habe. Insbesondere wurde verdeutlicht, dass die Volksbildung lediglich „im Rahmen ihrer (Reich, Länder, Kommunen) finanziellen Möglichkeiten"[229] gelte.

Die Streitfrage nach einem individuellen Rechtsanspruch des einzelnen Bürgers auf Fort- und Weiterbildung wurde wie folgt beantwortet: Wie auch aus anderen Grundrechten lasse sich aus der Volksbildungsklausel kein subjektives Grundrecht ableiten.[230] Demnach konnten Bürgerinnen und Bürger auch keine individuellen und unmittelbaren Ansprüche gegen den Staat im Hinblick auf die Fort- oder Weiterbildung geltend machen, insbesondere nicht nach Abschluss der schulischen oder universitären Ausbildung und erst recht nicht in finanzieller oder sonstiger Weise. Insgesamt ließ sich aus Art. 148 WRV somit auch kein Grundrecht auf Bildung ableiten.

2. Einrichtungen der Erwachsenenbildung

Art. 148 WRV vermittelte zwar keine grundrechtliche Rechtsposition. Dennoch beinhaltete er einen staatlichen Finanzierungsauftrag. Daher sollen kurz einige Einrichtungen der Volksbildung aufgeführt werden. Zu den Einrichtungen der Erwachsenenbildung gehörten die Volkshochschulen, Volksbüchereien, Museen, Kurse der Berufsorganisationen und das freie Bildungswesen der Vereine und Verbände.[231] Der Begriff wurde weit verstanden, so dass auch Theater, wissenschaftliche Zeitschriften und das Radio zu diesen Einrichtungen zu zählen waren.[232] Entgegengesetzt zu dieser Vielfalt der Einrichtungen war der Umfang der staatlichen Förderung der Volksbildung. Selbst fünf Jahre nach Verkündung der Weimarer Reichsverfassung hielten sich die Bundesstaaten „auf diesem Gebiete völlig zurück"[233]; die wesentlichen Akteure waren stattdessen (private) Bildungsvereine.

228 Nipperdey/*Landé*, Grundrechte III, S. 6.

229 *Gebhard*, Handkommentar, S. 533.

230 *Hofacker*, Grundrechte und Grundpflichten, S. 62.

231 *Vorbrodt/Herrmann*, Handwörterbuch Schulrecht, S. 146 f.

232 *Vorbrodt/Herrmann*, Handwörterbuch Schulrecht, S. 146 f.

233 *Brix* et al., Kommunalwissenschaften IV, S. 382, re. Sp.

C. Nationalsozialismus

I. Einführung

1. Fortgeltung der Weimarer Reichsverfassung

Formal galt – nach heutiger Auffassung[1] – die Weimarer Reichsverfassung auch nach der Ernennung von Adolf Hitler zum Reichskanzler fort.[2] Allerdings gab es schon kurz darauf Gesetze und Verordnungen, die die Reichsverfassung einschränkten.

Dazu gehörte zum Ersten die „Verordnung des Reichspräsidenten zum Schutz von Volk und Staat" (sog. Reichstagsbrandverordnung)[3]. Gemäß § 1 wurden die Artikel 114, 115, 117, 118, 123, 124 und 152 der Weimarer Reichsverfassung außer Kraft gesetzt. Daher waren die Beschränkungen der persönlichen Freiheit, des Rechts der freien Meinungsäußerung, einschließlich der Pressefreiheit des Vereins- und Versammlungsrechts, Eingriffe in das Fernsprechgeheimnis, Anordnungen von Hausdurchsuchungen und von Beschlagnahmen sowie Beschränkungen des Eigentums auch außerhalb der sonst hierfür bestimmten gesetzlichen Grenzen zulässig. Aus der hiesigen Verordnung ergeben sich mithin keine offensichtlichen Beschränkungen im Hinblick auf die bildungsbezogenen Grundrechte.

Zum Zweiten das sog. Ermächtigungsgesetz[4]. Nach Artikel 1 dieses Gesetzes konnten Reichsgesetze außer in dem in der Reichverfassung vorgesehenen Verfahren ebenfalls durch die Reichsregierung beschlossen werden. Gemäß Artikel 2 konnten die von der Reichsregierung beschlossenen Gesetze von der Reichsverfassung abweichen, soweit sie nicht die Einrichtung des Reichstags und des Reichsrats[5] als solche zum Gegenstand hatten. Faktisch wurde diese Ermächtigung nicht der Reichsregierung als Kollegialorgan erteilt, sondern dem Reichskanzler.[6] Mithin bestand nach Erlass der beiden Rechtsakte weder eine Bindung an das in der Reichsverfassung normierte Gesetzgebungsverfahren noch an Grundrechte der Weimarer Reichsverfassung. Mit Erlass des Führers[7] wurde das

---

1 Isensee/Kirchhof/*Schneider*, Staatsrechts-Handbuch I, § 5 Rn. 85. Im Nationalsozialismus führende Rechtswissenschaftler bestritten dies; sie waren der Auffassung, dass die Weimarer Reichsverfassung auch formal zu gelten aufgehört hatte (*Huber*, Verfassungsrecht, S. 46 f.).

2 *Hofer*, Rechtsgeschichte, Rn. 362; *Köbler*, Rechtsgeschichte, S. 242; *Freiherr von Schwerin*, Rechtsgeschichte, S. 335. Anderer Auffassung ist *Huber*, der von der „totalen Verfassungsvernichtung" spricht (Deutsche Verfassungsgeschichte VII, S. 1266).

3 Vom 28. Februar 1933 (RGBl. I S. 83).

4 Vom 24. März 1933 (RGBl. I S. 141).

5 Welcher durch § 1 I Gesetz über die Aufhebung des Reichsrats vom 14. Februar 1934 (RGBl. I S. 89) aufgehoben wurde.

6 *Kimminich*, Verfassungsgeschichte, S. 569.

7 Vom 10. Mai 1943 (RGBl. I S. 295).

Ermächtigungsgesetz, das zum 10. Mai 1943 hätte auslaufen sollen, schließlich auf unbestimmte Zeit verlängert.

Neben die Gesetzgebungsorgane Reichstag und Reichsregierung trat der „Führer“ Adolf Hitler, dem eine Rechtsetzungskompetenz in Form von Erlassen zustand.[8] (Objektives) Recht war damit nun, was der „Führer“ wollte[9], das Gesetz trat „als Wille des Führers in die Erscheinung“[10]. Dieser Form des „Rechts“ war es zu eigen, dass es erstens von einer einzelnen Person gesetzt werden konnte und zweitens nicht mehr überprüfbar war.[11]

Eine Verfassung wie sie bisher bestand gab es nun im Nationalsozialismus nicht mehr.[12] Nach Auffassung führender nationalsozialistischer Rechtswissenschaftler galt die Weimarer Reichsverfassung nach der „Machtergreifung“ Hitlers nicht fort.[13] Gerade deren Grundrechtsteil mit seinem Konzept der Garantie der Sicherung des Einzelnen vor der Staatsgewalt war mit Prinzipien des Nationalsozialismus nicht vereinbar.[14] Stattdessen „g(a)lt die Verfassung des Dritten Reichs“[15]. Diese bestand nicht aus einer niedergelegten Verfassungsurkunde (zu der es nie kam). Das Verfassungsrecht setzte sich vielmehr zusammen aus z. B. dem Programm der NSDAP, Reden und Erlassen des Führers und Parteitagsbeschlüssen.[16]

Darüber hinaus wurde das Individuum (und damit seine Rechtsstellung) zurückgedrängt. Der Einzelne wurde „zum bloßen Teil eines Ganzen“ reduziert.[17] Das Recht sollte somit der Allgemeinheit, nicht jedoch dem Individuum dienen.[18] Auch diese Tendenz ließ Grundrechte hinfällig werden.

Dies bedeutet für den weiteren Gang der Untersuchung, dass eine grundrechtlich-juristische Darstellung des Rechts auf Bildung im strengen Sinne gar nicht möglich ist. Denn das Führerprinzip prägte die hier zu untersuchende Verfassungswirklichkeit[19] – nicht jedoch die (geschriebene) Verfassung selbst. Es bestand eine Diskrepanz zwischen der realen, zunehmend auf dem Instrument der Führererlasse beruhenden Herrschaftsausübung und dem geltenden Staatsrecht.[20] Das Gesetz verlor sein Wesen als Schranke der Willkür, entscheidende Richtschnur für das Handeln der Verwaltung wurde stattdessen der Führerbefehl.[21] Daher soll im Folgenden das Bildungswesen in seinem einfach-gesetzlichen Rahmen (sofern vorhanden) und darüber hinaus rein faktisch beschrieben werden. Dies

---

8 *Hofer*, Rechtsgeschichte, Rn. 366.

9 *Senn*, Rechtsgeschichte, S. 420.

10 *Huber*, Verfassungsrecht, S. 56.

11 *Kimminich*, Verfassungsgeschichte, S. 552.

12 Cordes et al./*Stolleis*, HRG, 2. Aufl., Bd. III, Sp. 1810; *Freiherr von Schwerin*, Rechtsgeschichte, S. 335.

13 *Huber*, Verfassungsrecht, S. 46 f., S. 52 ff.

14 Merten/Papier/*Pauly*, Grundrechte-Handbuch I, § 14 Rn. 19 f.

15 *Huber*, Verfassungsrecht, S. 52.

16 *Kloepfer* et al., Kontinuität, S. 47.

17 *Schlinker*, Rechtsgeschichte, § 51 Rn. 15.

18 *Eisenhardt*, Rechtsgeschichte, Rn. 847.

19 *Eisenhardt*, Rechtsgeschichte, Rn. 863b.

20 *Moll*, „Führererlasse“, S. 18.

21 *Hartung*, Verfassungsgeschichte, S. 356.

geschieht anhand der auch in den anderen politischen Systemen verwendeten Struktur der „Bildungsstationen“.

2. Verfassungs- und Grundrechtsverständnis im Nationalsozialismus

Wie bereits ausgeführt gab es nach Auffassung der führenden Rechtswissenschaftler „keine geschriebene Verfassungsurkunde des neuen Reiches“[22]. An einer solchen hatte Hitler auch gar kein Interesse, da das Prinzip der unklaren Organisationsstrukturen wichtig für seine „Führer“stellung war.[23] Außerdem gab es im Nationalsozialismus keine geschlossene Rechtslehre.[24] Die Literatur versuchte zwar die zentralen NS-Gesetze zu einer Verfassung zu harmonisieren.[25] Dieser Versuch lief aber fehl. Auch die faktischen Verhältnisse dürften nicht als „neue Verfassung“ zu interpretieren gewesen sein[26], sondern waren bloße faktische Verhältnisse. Eine Selbstbindung der Machtausübung war mit diesem faktischen normativen Rahmen nicht beabsichtigt.[27] Stattdessen konkurrierten Maßnahmen mit Normen, statt an ihnen ausgerichtet zu werden. In manchen Bereichen schließlich verdrängten die Maßnahmen die Rechtsordnung.[28]

Als Maßstab für die Anwendung von Verwaltungsrecht diente die „nationalsozialistische Weltanschauung“. Es wurde damit zum „Diener des Führerwillens“[29]. Diese Weltanschauung war allerdings – anders als etwa eine Verfassung – nirgends festgelegt.[30] Neben dem Gesetz wurden – zum Teil unveröffentlichte[31] – „Maßnahmen“ und „Führerbefehle“ verbindlicher Rahmen für den Rechtsanwender. Reichsjuristenführer Frank führte dazu wie folgt aus: „Grundlage der Auslegung aller Rechtsquellen ist die Nationalsozialistische Weltanschauung wie sie insbesondere in dem Parteiprogramm und den Äußerungen unseres Führers ihren Ausdruck finden.“[32]

Auch der letzte Anschein einer Bindung des „Führers“ an Gesetze wurde in der Sitzung des Reichstags vom 26. April 1942 beseitigt: Dort „beschloss“ er, dass der Führer in der Lage sein muss, das Erforderliche zu tun „– ohne an bestehende Rechtsvorschriften gebunden zu sein“[33].

Neben diese Loslösung vom (Verfassungs-)Recht trat die Abwertung der individuellen Freiheit und Freiheitsrechte. Goebbels führte in einer Rede am 15. November 1933 aus: „Kein Einzelmensch, er mag hoch oder niedrig stehen, kann das Recht besitzen, von

---

22 *Huber*, Verfassungsrecht, S. 55.

23 *Schlinker*, Rechtsgeschichte, § 51 Rn. 20.

24 *Kroeschell*, Deutsche Rechtsgeschichte III, S. 250.

25 Cordes et al./*Stolleis*, HRG, 2. Aufl., Bd. III, Sp. 1810.

26 *Kroeschell*, Deutsche Rechtsgeschichte III, S. 249.

27 Cordes et al./*Stolleis*, HRG, 2. Aufl., Bd. III, Sp. 1810.

28 *Hoke*, Rechtsgeschichte, S. 493.

29 *Laufs*, Rechtsentwicklungen, S. 408.

30 *Stolleis*, Geschichte des öffentlichen Rechts III, S. 363.

31 Cordes et al./*Stolleis*, HRG, 2. Aufl., Bd. III, Sp. 1810.

32 Leitsätze des Reichsrechtsführers Frank vom 14. Januar 1936 (abgedruckt in: *Hofer*, Nationalsozialismus, S. 101).

33 RGBl. I S. 247.

seiner Freiheit Gebrauch zu machen auf Kosten des nationalen Freiheitsbegriffes. Denn nur die Sicherheit des nationalen Freiheitsbegriffes verbürgt ihm auf die Dauer persönliche Freiheit."[34]

Von einem Verfassungsrecht im „klassischen" Sinne lässt sich daher in der Zeit von 1933 bis 1945 kaum sprechen.[35] Somit gab es keine klassisch-verfassungsrechtliche Grundlage für die Prüfung der Bildungsgrundrechte.

3. Bildungspolitische Konzepte im Nationalsozialismus

a) Einführung

Der Nationalsozialismus verfügte über kein für sich verbindliches, konsistentes ideologisches Erziehungskonzept.[36] Sein Erziehungsgedanke war somit „ein praktisches Konzept ohne eigene Systematik (und) allein von politischen Absichten und Machtsicherungsstrategien bestimmt"[37]. Aussagen wie: „Sie (die nationalsozialistische Erziehungsordnung, R. R.) hat die Aufgabe, im Verein mit anderen Erziehungsmächten des Volkes, aber mit den ihr eigentümlichen Erziehungsmitteln, den nationalsozialistischen Menschen zu formen"[38] deuteten zwar einen Definitionsversuch an, ersetzten aber einen unbestimmten Begriff durch andere. Ein führender Pädagoge im Nationalsozialismus – Ernst Krieck – gestand dies ein: „Mit dem Vordringen (des Nationalsozialismus, R. R.) zum politischen Sieg wird der Zeitpunkt zu einem positiven Neubau der deutschen Kultur fällig, zu deren vordringlichen Aufgaben die völkische Reform der Bildung und der Schule gehört. Man muß sich dabei aber bewusst sein, daß hier nicht mit Hilfe eines Programmes und entsprechender Maßnahmen der Gesetzgebung und Verwaltung eines Tages ein fertiges Gebilde in die Welt gesetzt werden kann. Deutsche Kultur ist mit dem deutschen Volk ewig im Werden [...]"[39]. „Nationalsozialistische Pädagogik" war somit weniger eine in sich geschlossene Theorie, sondern mehr eine „Gemengelage von Programmatik und Praxis"[40].

Gewisse konstante Elemente waren der Rassismus[41], eine „Geschlechterphilosophie"[42] sowie das Primat der körperlichen Ertüchtigung (das der Wehrerziehung dienen sollte)[43]. Teilweise wurde auf Passagen in „Mein Kampf" zurückgegriffen, die als „Grundlage" für

---

34 Goebbels, zitiert nach *Hofer*, Nationalsozialismus, S. 89 (= VB, Berliner Ausgabe, A, 46. Jahrgang Nr. 320 vom 16. November 1933, S. 1 f.).

35 *Korioth*, Deutsche Verfassungsgeschichte, Rn. 840.

36 Keim/*Lingelbach*, Pädagogen im Nationalsozialismus, S. 47. Zurückhaltender *Wasmuth* (Kindertageseinrichtungen, S. 424), der dies nur als „umstritten" bezeichnet.

37 Langewiesche/*Tenorth*, HdB V, S. 139.

38 Neuordnung des höheren Schulwesens vom 29. Januar 1938 (abgedruckt in: *Reble*, Dokumentationsband, S. 582 f.).

39 *Krieck*, Nationalpolitische Erziehung, S. 113.

40 Horn et al./*Miller-Kipp*, Pädagogik im Militarismus, S. 220.

41 *Keim*, Erziehung I, S. 47.

42 Langewiesche/*Tenorth*, HdB V, S. 142 f.

43 *Kirsch*, Bildung im Wandel, S. 261.

Konzepte dienten.[44] Als Beispiel hierfür sei die Mädchenbildung genannt. Die in der Weimarer Republik aufkeimende Gleichberechtigung der Geschlechter (vgl. z. B. das Frauenwahlrecht) war mit dem Frauenbild im Nationalsozialismus nicht zu vereinbaren.[45] Grundlage für dieses Frauenbild waren drei Sätze aus „Mein Kampf", von denen der dritte lautete: „Das Ziel der weiblichen Erziehung hat unverrückbar die kommende Mutter zu sein."[46] Dies wirkte sich nach der Machtübernahme durch die Nationalsozialisten auch praktisch auf die Bildung von Frauen aus. Da Mann und Frau nicht mehr (gleichberechtigte) Doppelverdiener sein, sondern die Frauen „zurück in die Familien" sollten, wurden Frauen insbesondere in besser bezahlten Berufen entlassen.[47] Dann aber war es auch nicht mehr erforderlich, zukünftig Frauen den gleichen Zugang zu Bildungsmöglichkeiten wie Männern zu eröffnen.

Trotz fehlender Konsistenz dieses „Erziehungskonzepts" wurde dieses Konglomerat mit einiger Konsequenz durchgesetzt. Leitlinien hierbei waren, dass nicht dem Lernenden sondern der Politik die Entscheidung über Ziele, Formen und Möglichkeiten der Erziehung zustand.[48] Dies resultierte daraus, dass es im nationalsozialistischen Weltbild für das Einzelwesen und seine Würde keinen Raum gab; es anerkannte keine „individuelle Sinngebung des Lebens"[49]. Auch in der Erziehung wurde der einzelne Mensch nur als Mittel zum Staatszweck angesehen, nicht aber als individuelles (Lern-)Subjekt.[50] Sätze wie „Du bist nichts, dein Volk ist alles" oder „Nicht die Vielseitigkeit macht den […] Nationalsozialisten aus, sondern die Haltung"[51] belegen dies. „Statt Individualismus sollte Gemeinschaftssinn, statt Denkfähigkeit Gefolgschaftstreue, statt Aufklärung und Einsicht sollten Glaube und Hingabe Erziehung und Bildung leiten."[52] Die Selbsterfassung des Menschen als individuelles, selbstbestimmtes Vernunftwesen endete hierdurch.[53]

Eines der wenigen ausdrücklich formulierten Regelwerke im Gewande eines Gesetzes war das Gesetz gegen die Überfüllung deutscher Schulen und Hochschulen[54]. Dieses nahm zahlenmäßige Begrenzungen an Schulen und Hochschulen vor. Gemäß § 1 sollte damit „die gründliche Ausbildung gesichert und dem Bedarf der Berufe" Genüge getan werden. Zu diesem Zweck gab es nicht nur Quotierungen bei der Neuaufnahme zu diesen Bildungseinrichtungen (§ 4), sondern auch Herabsetzungen bereits bestehender Schüler- und Studentenkontingente (§ 3). Ein maßgebliches Kriterium für die Quoten war die „(nicht-)arische Abstammung" der Schüler und Studenten.

---

44 *Wasmuth*, Kindertageseinrichtungen, S. 425; *Kirsch*, Bildung im Wandel, S. 246. Ausführlich hierzu Steinhaus, Hitlers Pädagogische Maximen, S. 35 ff.

45 *Schönthaler*, Badische Mädchenbildung, S. 53.

46 *Hitler*, Mein Kampf, S. 460 = *Hartmann* et al., Mein Kampf, S. 1057.

47 *Herbert*, Das Dritte Reich, S. 47.

48 Langewiesche/*Tenorth*, HdB V, S. 143 f.

49 *Mitteis/Lieberich*, Rechtsgeschichte, Kap. 50, I. 2.

50 *Reble*, Geschichte der Pädagogik, S. 327 f.

51 *Graf zu Rantzau*, Reichsministerium, S. 45 f.

52 *Thamer*, Verführung und Gewalt, S. 401.

53 Benner/Oelkers/*Meyer-Drawe*, Pädagogik-Wörterbuch, S. 480.

54 Vom 25. April 1933 (RGBl. I S. 225).

b) Hitlers „Mein Kampf"

Das Werk „Mein Kampf" wurde bis 1933 nur selten als Ankündigung – sozusagen als politisches Programm – wahrgenommen. Es galt mehr als autobiographisch fundierte Darstellung seiner Weltanschauung. Dies änderte sich nach der Machtübernahme 1933.[55]

Allerdings enthielt es kein ausformuliertes politisches Programm, das in der NS-Zeit hätte systematisch umgesetzt werden können.[56] Dazu war es schon von seiner Struktur her ungeeignet. Im Folgenden soll daher eine kurze Auseinandersetzung mit der Passage in „Mein Kampf" erfolgen, die wohl den größten inhaltlichen Bezug zu den Themen Erziehung und Bildung aufweist.

Nach Auffassung Hitlers war eine wesentliche Voraussetzung für geistige Leistungsfähigkeit die „rassische[.] Qualität des gegebenen Menschenmaterials"[57]. Wesentlich für eine geistige Leistungsfähigkeit sei auch eine körperliche Gesundheit. Deshalb müsse Erziehung diese zuallererst ins Auge fassen.[58] Daher habe der völkische Staat „seine gesamte Erziehungsarbeit in erster Linie nicht auf das Einpumpen bloßen Wissens einzustellen, sondern auf das Heranzüchten kerngesunder Körperbildung der geistigen Fähigkeiten"[59].

Bei der vorliegenden Arbeit handelt es um eine juristische, nicht um eine pädagogische. Dennoch soll kurz erwähnt werden, dass Hitler sich mit der Forderung, die körperliche Erziehung an erste Stelle zu setzen, im Widerspruch zu praktisch allen pädagogischen Traditionen der Neuzeit befand.[60]

Ziel sei die Entwicklung des Charakters mit einer ausgeprägten Willens- und Entschlusskraft sowie Verantwortungsfreudigkeit. Erst an letzter Stelle stehe die wissenschaftliche Schulung.[61] Geistige Bildung zählte daher wenig, wenn sie nicht mit charakterlicher und körperlicher Stärke einherging. In einem Gespräch formulierte Hitler es noch deutlicher: „Eine gewalttätige, herrische, unerschrockene, grausame Jugend will ich."[62] Und: „Ich will eine athletische Jugend."[63] Die insofern vorrangige körperliche Ertüchtigung wiederum sei öffentliche, staatliche Angelegenheit. Diese Erziehung sei also weder Sache des Einzelnen noch der Eltern.[64] Deutlich wird hieran, dass den beiden wesentlichen Akteuren, die an der Erziehung beteiligt sind (Eltern und Kind), keine große Rolle beigemessen wird. Damit die Ziele der so verstandenen Erziehung möglichst gut erreicht werden können, müsse der völkische Staat schon in der „frühesten Kindheit"[65] tätig werden. Als Beispiel nannte er die hygienischen Verhältnisse während der Geburt: Es gehöre zur staat-

55 *Kellerhoff*, Mein Kampf, S. 246.
56 *Kellerhoff*, Mein Kampf, S. 259.
57 *Hitler*, Mein Kampf, S. 451 = *Hartmann* et al., Mein Kampf, S. 1041.
58 *Hitler*, Mein Kampf, S. 451 = *Hartmann* et al., Mein Kampf, S. 1041.
59 *Hitler*, Mein Kampf, S. 452 = *Hartmann* et al., Mein Kampf, S. 1041.
60 *Hartmann* et al., Mein Kampf, S. 1042.
61 *Hitler*, Mein Kampf, S. 452 = *Hartmann* et al., Mein Kampf, S. 1043.
62 *Rauschning*, Hitler-Gespräche, S. 237.
63 *Rauschning*, Hitler-Gespräche, S. 237.
64 *Hitler*, Mein Kampf, S. 453 = *Hartmann* et al., Mein Kampf, S. 1043.
65 *Hitler*, Mein Kampf, S. 453 = *Hartmann* et al., Mein Kampf, S. 1045.

lichen Pflege- und Erziehungsarbeit (zum Wohle des Kindes, nicht zu dem der Mutter!), Rahmenbedingungen zu schaffen, dass Kinder bereits gesund geboren werden können.[66]

Hinsichtlich der schulischen Ausbildung forderte Hitler eine stärkere Berücksichtigung des Sports. Gleichzeitig sei die geistige Ausbildung zu reduzieren.[67] Auch über die Schulzeit hinaus habe der völkische Staat die körperliche Erziehung sicherzustellen.[68] Diese sei Vorerziehung für den Heeresdienst. Eine Sportart, mit der sowohl die charakterliche als auch die körperliche Erziehung möglich sei, sei das Boxen. Dieses sei am besten geeignet, Angriffsgeist und blitzschnelle Entschlusskraft zu fördern. Außerdem lerne der junge Mensch, Schläge zu ertragen.[69] Auch an diesem Beispiel wird deutlich, dass nach Auffassung Hitlers ein wesentliches Ziel der Erziehung die Fähigkeit zum Kampf ist. Die individuelle Entwicklung des Einzelnen und Förderung seiner Neigungen hingegen spielten keine Rolle.

Als historischen „Beleg" für seine Forderungen nannte er die Geschehnisse unmittelbar nach dem Ende des Ersten Weltkriegs. Die Revolution gegen den Staat (gemeint war das Deutsche Kaiserreich) sei nur deshalb erfolgreich gewesen, weil die Repräsentanten des Staates zu geistig erzogen worden waren. Ihnen habe die Wehrhaftigkeit gefehlt.[70] Faktisch wendete er sich gegen akademische Bildung: „Die höhere Schulbildung zog grundsätzlich keine Männer heran, sondern vielmehr Beamte, Ingenieure, Techniker, Chemiker, Juristen, Literaten und […] Professoren."[71] Bildung und Erziehung sei – im Regelfall – nur dann erfolgreich, wenn ihr Ergebnis „Männer" seien; einer wissenschaftlichen Ausbildung wird damit kein Wert beigemessen. In einem Gespräch formulierte Hitler es noch ausdrücklicher: „Ich will keine intellektuelle Erziehung. Mit Wissen verderbe ich mir die Jugend."[72] Selbst dass – um es pointiert zu formulieren – es Ingenieure bedarf, um Panzer zu konstruieren, oder Physiker, um die Atombombe zu konzipieren, wird dabei außer Acht gelassen. Neben der sportlichen Orientierung sei es auch wichtig, bereits den jungen Menschen Selbstvertrauen mitzugeben. Die gesamte Erziehung und Ausbildung müsse hierauf ausgelegt werden.[73] Offen blieb hierbei, ob nur die staatlichen Einrichtungen oder auch die Eltern hierzu berufen sein sollen. „(L)etzte und höchste Schule vaterländischer Erziehung"[74] sollte – für Jungen – das Heer sein. In diesem sollte nicht nur die Waffenausbildung vermittelt werden, der junge Mensch sollte auch geformt werden für das weitere Leben.[75]

An Aussagen wie diesen wird deutlich, dass Hitler der Schule einen (wesentlich) niedrigeren erzieherischen Wert beimaß als Organisationen wie z. B. Hitlerjugend, SA, SS oder Reichsarbeitsdienst.[76]

---

66 *Hitler*, Mein Kampf, S. 454 = *Hartmann* et al., Mein Kampf, S. 1045.

67 *Hitler*, Mein Kampf, S. 454 = *Hartmann* et al., Mein Kampf, S. 1045.

68 *Hitler*, Mein Kampf, S. 458 f. = *Hartmann* et al., Mein Kampf, S. 1053.

69 *Hitler*, Mein Kampf, S. 455 = *Hartmann* et al., Mein Kampf, S. 1047.

70 *Hitler*, Mein Kampf, S. 455 = *Hartmann* et al., Mein Kampf, S. 1047.

71 *Hitler*, Mein Kampf, S. 455 = *Hartmann* et al., Mein Kampf, S. 1049.

72 *Rauschning*, Hitler-Gespräche, S. 237.

73 *Hitler*, Mein Kampf, S. 456 = *Hartmann* et al., Mein Kampf, S. 1049.

74 *Hitler*, Mein Kampf, S. 459 = *Hartmann* et al., Mein Kampf, S. 1055.

75 Der Gedanke, dass das „Heer" eine wichtige Erziehungseinrichtung sei, findet sich nicht nur bei Hitler, sondern auch bei anderen Autoren (vgl. z. B. *Herre*, Politisches Handwörterbuch I, S. 530, li. Sp.).

76 *Keim*, Erziehung I, S. 86.

Die Erziehung von Mädchen könne analog zu der der Jungen betrieben werden. Auch dort sei das Hauptgewicht „auf die körperliche Ausbildung zu legen, erst dann auf die Förderung der seelischen und zuletzt der geistigen Werte.“[77] Unverrückbares Ziel habe jedoch die „kommende Mutter“[78] zu sein.

Sätze wie dieser zeigen, dass Erziehung und Bildung nicht die individuelle Förderung eines Subjekts zum Ziel hatten. Sie dienten vielmehr dazu, quasi austauschbare Menschen auf die ihnen vom Staat zugewiesene Rolle vorzubereiten. Zum Abschluss dieses Abschnittes soll noch ein Zitat Hitlers aus einem Gespräch mit Rauschning aufgeführt werden: „Meine Pädagogik ist hart. Das Schwache muss weggehämmert werden. In meinen Ordensburgen wird eine Jugend heranwachsen, vor der sich die Welt erschrecken wird.“[79]

c) Parteiprogramm der NSDAP

Das Parteiprogramm der NSDAP vom 24. Februar 1920[80] galt auch nach der Neugründung der Partei bis zu deren Auflösung am 10. Oktober 1945.[81] Es war damit eine wichtige theoretische Grundlage der NSDAP; Hitler maß ihm einen hohen Stellenwert zu.[82]

Es enthielt allerdings nur wenige Punkte mit Sachbezug zur Bildung. Und diese „unterscheiden sich [.] kaum von denen anderer Parteien“[83]. Der diesbezüglich zentrale Abschnitt war dessen Nummer 20: „Um jeden fleißigen Deutschen das Erreichen höherer Bildung und damit das Einrücken in führende Stellungen zu ermöglichen, hat der Staat für einen gründlichen Ausbau unseres gesamten Volksbildungswesens Sorge zu tragen. Die Lehrpläne aller Bildungsanstalten sind den Erfordernissen des praktischen Lebens anzupassen. Das Erfassen des Staatsgedankens muss bereits mit dem Beginn des Verständnisses durch die Schule (Staatsbürgerkunde) erzielt werden. Wir fordern die Ausbildung besonders veranlagter Kinder armer Eltern ohne Rücksicht auf deren Stand oder Beruf auf Staatskosten.“

Auf den ersten Blick wollte die NSDAP ein umfangreiches Bildungssystem zur Verfügung stellen („gründlichen Ausbau unseres gesamten Volksbildungswesens“). Allerdings sollte dies gemäß Nummer 4 des Parteiprogramms nur für „Staatsbürger“ gelten. Diese mussten „Deutschen Blutes“ sein, sodass „kein Jude Volksgenosse“ sein können sollte. Bereits dies schränkte den von Punkt 20 propagierten Umfang deutlich ein. Dementsprechend gehörte zu den wesentlichen Forderungen die „restlose Beseitigung des jüdischen Elements in allen Kulturanstalten, Schulen, Hochschulen, Akademien usw.“[84] Dies galt sowohl auf Seite der Lernenden wie auf der der Lehrenden. Ein weiteres Beispiel für den eingeschränkten Gewährleistungsumfang aus Nummer 20 bestand bezüglich der Förderung besonders veranlagter Kinder gemäß Satz 4. Zwar sollten unterste Schichten gefördert

---

77 *Hitler*, Mein Kampf, S. 459 f. = *Hartmann* et al., Mein Kampf, S. 1057.

78 *Hitler*, Mein Kampf, S. 460 = *Hartmann* et al., Mein Kampf, S. 1057.

79 *Rauschning*, Hitler-Gespräche, S. 237.

80 Abgedruckt in: *Feder*, NSDAP-Programm, S. 19 ff.

81 *Kellerhoff*, Mein Kampf, S. 245.

82 *Kellerhoff*, Mein Kampf, S. 245.

83 *Keim*, Erziehung I, S. 9.

84 *Rosenberg*, Parteiprogramm, S. 34.

dert werden, allerdings nur soweit diese „gesund“ waren.[85] Damit fanden die „rassehygienischen“ Vorstellungen der Nationalsozialisten auch im Bildungskontext Niederschlag.

Ebenso wiesen die Inhalte des „gesamten Volksbildungswesens“ Beschränkungen auf: So sollten nicht mehr Inhalte eines „blutleeren Humanismus“[86] vermittelt werden, sondern die „Lebenskräfte[.] der Gegenwart“[87]. Ebenfalls der Bildung nicht zugrunde gelegt werden sollten „wurzellose Menschheitsideale“[88] sondern das praktische Leben (vgl. Nr. 20 Satz 2).

Bereits diese Beispiele zeigen, dass nach Vorstellung der Urheber des Parteiprogramms Bildung weder inhaltlich noch in Bezug auf ihre Nutznießer[89] unbeschränkt durch den Staat ermöglicht werden sollte.

Ein weiterer – in Nummer 21 des Parteiprogramms genannter – Aspekt war die körperliche Ertüchtigung und Ausbildung. Insbesondere Jugendlichen sollte „mittels gesetzlicher Festlegung“[90] eine Turn- und Sportpflicht auferlegt werden. Hiermit war jedoch nicht die (mittelbare) Förderung des Individuums in seiner Entwicklung (im Sinne des „Mens sana in corpore sano“) beabsichtigt. Vielmehr sollten Grundlagen für eine „wehrtüchtige“ Jugend gelegt werden. Der Einfluss des Sports in die schulische und außerschulische Erziehung sollte die Entstehung des „neuen Menschentyps“ begünstigen[91] – nicht aber dem Einzelnen dienen.

d) Staats- und Wirtschaftsprogramm der NSDAP

Das Staats- und Wirtschaftsprogramm der NSDAP[92] wies in seinem sozialpolitischen Abschnitt keine Berührungspunkte zur Bildung bzw. Erziehung auf. Dies ist insofern konsequent, als Sozialpolitik im (vermeintlich) üblichen Sinne durch die Nationalsozialisten abgelehnt wurde: Sie sei in Wirklichkeit „Spezialpolitik“[93] und eben nicht Sozialpolitik. Sie sei eine Ansammlung von Versprechungen, „von deren Unerfüllbarkeit die Versprechenden eigentlich von vorneherein überzeugt sein müssen.“[94] Daher waren im Staats- und Wirtschaftsprogramm der NSDAP – gleichsam „bewusst“ – nur wenige Einzelforderungen auf sozialpolitischem Gebiet enthalten.[95]

Der Abschnitt zur Kulturpolitik nannte die „Blüte aller Wissenschaften und schönen Künste auf der Grundlage eines politisch freien, wirtschaftlich gesunden Staates“[96] als kulturelles Hochziel.

---

85 *Rosenberg*, Parteiprogramm, S. 34.

86 *Rosenberg*, Parteiprogramm, S. 34.

87 *Rosenberg*, Parteiprogramm, S. 34.

88 *Rosenberg*, Parteiprogramm, S. 34.

89 Nr. 9 des NSDAP-Parteiprogramms („Alle Staatsbürger müssen gleiche Rechte und Pflichten besitzen!“) war nicht im Sinne eines rechtlichen Gleichheitssatzes zu verstehen.

90 Nr. 21 des NSDAP Parteiprogramms.

91 *Becker/Schäfer*, Sport und NS, S. 9.

92 Abgedruckt in: *Feder*, NSDAP-Programm, S. 35 ff.

93 *Feder*, NSDAP-Programm, S. 55.

94 *Feder*, NSDAP-Programm, S. 55.

95 *Feder*, NSDAP-Programm, S. 53.

96 *Feder*, NSDAP-Programm, S. 37.

In Punkt 26 wurde die „Erziehung der Jugend zu körperlich gesunden und geistig freien Menschen nach den großen Überlieferungen des deutschen Geisteslebens" gefordert. Was unter einem geistig freien Menschen zu verstehen ist, wurde nicht näher ausgeführt. Jedenfalls war hierunter keine *individuelle* Freiheit zu verstehen. Denn bereits in Ziffer 29 wurde die „Unterdrückung und Fernhaltung von Glaubenslehren, die dem deutschen Sittlichkeitsgefühl zuwiderlaufen und deren Inhalt staats- und volkszerstörenden Charakter trägt" gefordert. Hierdurch wurde dem Staat gleichsam der Auftrag erteilt, nicht-Staatskonforme Ansichten zu unterdrücken. Dies waren somit Ansichten, mit denen sich die „geistig freien Menschen" erst gar nicht auseinandersetzen können sollten.

Punkt 31 wies ebenfalls Bezüge zur Bildung auf. Er nannte hierbei zwei verschiedene, inhaltlich wenig zusammenhängende Aspekte. Im ersten Halbsatz wurde die Freiheit der Lehre auf den deutschen Hochschulen gefordert. Dies wies einen Bezug zur akademischen Bildung auf. Im zweiten Halbsatz wurden die Aufgabe und das Ziel der „Heranbildung einer Führerschicht von charaktervollen Männern" statuiert. Näher ausgeführt wurden diese Forderungen nicht. Die „Erläuterungen" zum kulturpolitischen Abschnitt[97] begründeten dies damit, dass es unmöglich sei, auf kulturellem Gebiet in einer Programmschrift mehr als nur einige Grundsätze aufzustellen. Diese Argumentation muss jedoch kritisch hinterfragt werden. Denn die Ziffern 1 bis 25 wurden zum Teil ausführlich „kommentiert". Insofern widersprechen sich das Wesen einer Programmschrift einerseits und detaillierte Erläuterungen andererseits also nicht. Letztere fanden sich jedoch vor allem im wirtschaftlichen Kontext.

Dies legt es nahe, dass die Bedeutung der kulturpolitischen Forderungen durch die Verfasser als verhältnismäßig gering eingestuft wurde. Dies wiederum bedeutet, dass auch dem hier zu untersuchenden Bereich „Bildung" keine größere Bedeutung beigemessen wurde.

e) Positionen von Alfred Rosenberg

Alfred Rosenberg hat die nationalsozialistische Ideologie maßgeblich mitgeprägt[98], unter anderem durch die Mitwirkung am NSDAP-Parteiprogramm[99]. Daneben hatte er Parteiämter inne. Die im hier zu untersuchenden Kontext wichtigsten dürften das des „Beauftragten des Führers für die Überwachung der gesamten geistigen und weltanschaulichen Schulung und Erziehung in der NSDAP"[100], seine Kompetenzen in Bezug auf die „Hohe Schule der NSDAP"[101] und die des Hauptschriftleiters des „Völkischen Beobachters" gewesen sein.[102] Seine Dienststelle hatte in der Praxis zwar kaum Kompetenzen oder Durchsetzungsmöglichkeiten[103]. So war es nicht ihre offizielle Aufgabe, zu erziehen, sondern nur,

---

97 *Feder*, NSDAP-Programm, S. 61 f.

98 *Koop*, Rosenberg, S. 8.

99 *Pätzold/Weißbecker*, Stufen zum Galgen, S. 150 f.

100 Hierzu ausführlich *Koop*, Rosenberg, S. 121 ff.

101 Die allerdings erst nach Ende des Zweiten Weltkriegs errichtet werden sollte (Verfügung Hitlers V 6/40 vom 29. Januar 1940 (abgedruckt in: *Moll*, „Führererlasse", S. 111)).

102 Sein Staatsamt als Reichsminister für die besetzten Ostgebiete spielt im hiesigen Kontext keine wesentliche Rolle.

103 *Koop*, Rosenberg, S. 145.

die Erziehung zu überwachen.[104] Dennoch dürfte er als „der anerkannte Parteiphilosoph"[105] des Nationalsozialismus (oder „geistiger Brandstifter"[106]) zu bezeichnen sein, weshalb hier seine Position zu Bildung und Erziehung kurz dargestellt werden soll.

Rosenberg hat Funktion und Inhalte der „nationalsozialistischen Erziehung" in seiner Rede vom 15. März 1934[107] ausgeführt. Seiner Meinung nach sei es ein Fehlglaube, dass man durch Erziehung schließlich alles erreichen könne.[108] Denn es sei nicht möglich, mit Erziehung aus bestimmt gearteten Wesen eine ganz anders geartete Gestalt bilden zu können.[109] Erziehung könne nicht ewige Naturgesetze in Frage stellen.[110] Seiner Auffassung nach könne Erziehung somit eine (vermeintlich) biologisch-determinierte „Persönlichkeit" nicht verändern. Die „Wirkmacht" von Erziehung und Bildung sei daher stark beschränkt. Zu diesen eben genannten Naturgesetzen gehöre unter anderem eine Rassenseele, wobei die Deutschen eine eigene Rassenseele haben. Dementsprechend gebe es eine deutsche Erziehung.[111] Diese sei von dem „einheitlichen Menschentypus"[112] zu unterscheiden. Diese deutsche Erziehung sollte nicht formal-ästhetisch sein, sie solle nicht die abstrakte Vernunftgestaltung anstreben, sondern sie solle in erster Linie eine Erziehung des Charakters darstellen.[113] Neben der Erziehung des Charakters sei für die „deutsche Erziehung" wichtig die Erziehung des Körpers.[114] Anzustreben seien dabei nicht einige hochgezüchtete Außenseiter, sondern eine große körperliche Leistungsfähigkeit des Durchschnitts.[115] Ein weiterer wichtiger Aspekt der nationalsozialistischen Erziehungsarbeit sei schließlich das „vorbeugende Wirken [...] das Unbiologische, das dem germanischen Willen Widerstrebende, auszuscheiden"[116].

Über die Rolle des deutschen Erziehers sprach Rosenberg in seiner Rede vom 27. Oktober 1938.[117] Folgende zentrale Aussagen traf er hierbei: Seiner Auffassung nach habe der Lehrer eine revolutionäre Mission, denn von dem Lehrer werde es abhängen, wie vorgebildet die Jugend in die politischen Formationen der Bewegung eintrete.[118] Hierzu nicht genügend sei eine trockene Wissensvermittlung; stattdessen sei es Aufgabe des Lehrers, beim Schüler „ein tiefes inneres Erlebnis"[119] zu bewirken. Der Lehrer habe hierbei nicht auf Millionen sondern auf unmittelbar vor ihm stehende einzelne Menschen einzuwirken.

---

104 *Piper*, Rosenberg, S. 325.

105 So *Nikitchenko* in der Begründung des Urteils des Internationalen Militärgerichtshofs Nürnberg, Band XXII, S. 613.

106 *Koop*, Rosenberg, S. 303.

107 *Rosenberg*, Blut und Ehre II, S. 47 ff.

108 *Rosenberg*, Blut und Ehre II, S. 47.

109 *Rosenberg*, Blut und Ehre II, S. 48.

110 *Rosenberg*, Blut und Ehre II, S. 49.

111 *Rosenberg*, Blut und Ehre II, S. 50.

112 *Rosenberg*, Blut und Ehre II, S. 49.

113 *Rosenberg*, Blut und Ehre II, S. 51.

114 *Rosenberg*, Blut und Ehre II, S. 53.

115 *Rosenberg*, Blut und Ehre II, S. 53.

116 *Rosenberg*, Blut und Ehre II, S. 56.

117 *Rosenberg*, Blut und Ehre IV, S. 164 ff.

118 *Rosenberg*, Blut und Ehre IV, S. 168.

119 *Rosenberg*, Blut und Ehre IV, S. 168.

Es sei seine Aufgabe „diese Einzelpersönlichkeit im Laufe der Jahre zu klären, sie mit pflegender Hand (zu) bilden und mithilfe von Wissen und Gemüt einen gemeinsamen starken Willen im Dienst an Deutschland"[120] vorzubereiten.

Hieran wird deutlich, dass mit einer Pflege der Einzelpersönlichkeit nicht gemeint ist, Subjekte auf ihrem eigenen, *individuellen* Weg und ihrer Persönlichkeitswerdung zu unterstützen. Vielmehr sollen die „Einzelpersönlichkeiten" in ein und dieselbe Richtung gelenkt werden: den „Dienst an Deutschland"[121].

f) Positionen von Oswald Spengler

Oswald Spengler förderte als gnadenloser Kritiker der Weimarer Republik die Machtübernahme der Nationalsozialisten.[122] Daher soll kurz auf seine – quasi stellvertretend für andere demokratiefeindliche Philosophen und Publizisten der Weimarer Republik – Positionen zu Erziehung und Bildung eingegangen werden.

In seiner Schrift „Neubau des Deutschen Reiches"[123] ging Spengler auch auf die „zukünftige Erziehung" ein. Er kritisierte zunächst die klassische Schulbildung. Diese habe sich „in pedantischem Ästhetisieren und frostigem Formalismus"[124] verloren. Im Gymnasium sei die politische Weltfremdheit des 19. Jahrhunderts präsent. Schüler wurden daher nicht über die „Gefahren der Weltlage, die rings um (Deutschland) her auf der Lauer lagen"[125] aufgeklärt. Er resümierte wie folgt: „[...] wir hatten, als Nation, überhaupt keine Zucht und viel zu viel Bildung. Wir wurden vollgestopft mit lebensfremdem Wissen, unermüdlich, zwecklos, ziellos, von Lehrern, die keine andre Aufgabe kannten. Aber das eine ist Gelehrsamkeit, das andere ist Klugheit, Lebenserfahrung, Weltgewandtheit."[126]

Erziehung solle stattdessen wie folgt sein: „das Lernen an den Tatsachen und nach dem lebendigen Vorbild, Bildung und Zucht, Kenntnisse und Takt, wissenschaftliche und gesellschaftliche Erfahrung. Die Art sich zu halten, sich öffentlich zu bewegen, zu urteilen, sich auszudrücken – das ist nicht Nebensache."[127] Alle Fächer sollen praxisorientiert vermittelt werden: Geschichte als politische Erziehung[128], Mathematik und Physik, wie sie praktisch angewandt werden, und Geographie, sofern sie „mit der großen Politik und Wirtschaft verbunden ist"[129]. Dementsprechend bedürfe es auch eines anderen Typus Erzieher: Diese müssen Praxiserfahrung haben[130] und nicht nur über eine theoretisch-akademische Ausbildung verfügen.

---

120 *Rosenberg*, Blut und Ehre IV, S. 172.
121 *Rosenberg*, Blut und Ehre IV, S. 172.
122 *Klee*, Kulturlexikon, S. 578.
123 Abgedruckt in: *Spengler*, Politische Schriften, S. 185 ff.
124 *Spengler*, Politische Schriften, S. 228.
125 *Spengler*, Politische Schriften, S. 228.
126 *Spengler*, Politische Schriften, S. 229.
127 *Spengler*, Politische Schriften, S. 229.
128 *Spengler*, Politische Schriften, S. 235 f.
129 *Spengler*, Politische Schriften, S. 236.
130 *Spengler*, Politische Schriften, S. 229 f.

Ziele der Erziehung sollten folgende Eigenschaften sein: Klugheit, Weitblick, Ausdauer, Disziplin und vor allem persönliche Selbständigkeit.[131] Spengler forderte dementsprechend eine Umgestaltung des Schultages: „Drei bis vier Stunden täglich, streng, konzentriert, mit hohen Forderungen – es braucht nicht jeder dabei gewesen zu sein, der es nachher zu etwas bringt –, und einem freien Studientag wöchentlich, als Auszeichnung: damit muß das Notwendige bewältigt werden. Dazu zwei Stunden Sport und den Rest der Zeit für Selbsterziehung, die überall Sache eines richtig gepflegten Ehrgeizes ist."[132]

In den Mittelpunkt des Unterrichts wollte Spengler das Fach Latein stellen.[133] Im Hinblick darauf, dass die Erziehung praxisorientiert sein soll, ist diese Schwerpunktsetzung auf eine „tote Sprache" durchaus interessant. Insofern besteht eine Parallele zu Hitler. Dieser bezeichnete zwar Französisch als Sprache „ohne Wert und Bedeutung"[134], maß aber dem Erlernen der lateinischen Sprache eine wichtige Bedeutung für das logische Denken bei[135].

4. Das Reichsministerium für Wissenschaft, Erziehung und Volksbildung

a) Gründung

Zur vollständigen Darstellung der rechtlichen Entwicklungen im Bildungsbereich während des Nationalsozialismus soll auch kurz auf das Reichsministerium für Wissenschaft, Erziehung und Volksbildung eingegangen werden. Ursprünglich waren die Bildungsministerien auf Länderebene angesiedelt. Durch das Gesetz über den Neuaufbau des Reiches[136] gingen jedoch die Hoheitsrechte der Länder auf das Reich über (Art. 2 I). Mit Erlass vom 1. Mai 1934[137] wurde sodann das gesamte Erziehungs-, Bildungs- und Unterrichtswesen dem neu gegründeten Reichsministerium für Wissenschaft, Erziehung und Volksbildung unterstellt.[138] Gemäß Erlass[139] gehörten unter anderem folgende Angelegenheiten zum Geschäftsbereich dieses Ministeriums: Hochschulangelegenheiten, Schulangelegenheiten, Privatschulen, Berufsschulen und die Erwachsenenbildung.

b) Probleme

Mit der Bildung eines neuen Ministeriums auf Reichsebene ergaben sich jedoch mehrere Probleme:

131 *Spengler*, Politische Schriften, S. 232.

132 *Spengler*, Politische Schriften, S. 233.

133 *Spengler*, Politische Schriften, S. 234.

134 *Hitler*, Mein Kampf, S. 466 = *Hartmann* et al., Mein Kampf, S. 1067.

135 *Hitler*, Mein Kampf, S. 466 = *Hartmann* et al., Mein Kampf, S. 1069.

136 Vom 30. Januar 1934 (RGBl. I S. 75).

137 RGBl. I S. 365.

138 *Graf zu Rantzau*, Reichsministerium, S. 5.

139 Führererlass vom 11. Mai 1934 (RGBl. I S. 375).

Erstens entstanden aus dem Übergang der Kompetenz von den Ländern auf das Reich Fragen der Finanzangelegenheiten und der Verwaltungsstrukturen.[140]

Zweitens die Abgrenzung zu anderen – bereits bestehenden – Reichsministerien. So wurde nie eine Kompetenzabgrenzung zum Reichsministerium für Volksaufklärung und Propaganda erreicht.[141] Zwischen Rust und Goebbels bestand darüber hinaus persönlich ein zerrüttetes Verhältnis.[142] Auch zum Geschäftsbereich des Beauftragten Rosenberg gab es Überschneidungen, wobei Kooperationen zwischen den beiden Organisationseinheiten selten waren. Häufiger waren „Störmanöver Rosenbergs“[143]. Grund dafür mag in beiden Fällen gewesen sein, dass sowohl Goebbels als auch Rosenberg ursprünglich Aspirationen auf das Amt von Rust hatten.[144]

Ebenso konfliktbehaftet waren – drittens – die Bestrebungen anderer Akteure, ebenfalls ein neues Ministerium zu errichten. Als Beispiel zu nennen ist von Schirach, der ein Reichsjugendministerium konstituieren wollte.[145] Als er erwirken konnte, dass die von ihm geführte Hitlerjugend zur Staatsjugend wird, konnte er seinen Einfluss auf die Jugend vergrößern. Damit einher ging ein Kompetenzverlust des Reichsministeriums für Wissenschaft, Erziehung und Volksbildung im Bereich der Erziehungspolitik.[146] Vergleichbares gilt in Bezug auf Reichsorganisationsleiter Ley, der versuchte, die „Eliten-Ausbildung“ in seinen eigenen Kompetenzbereich zu übernehmen.[147] Zwar konnten zwischen diesen Akteuren (z. B. zwischen der HJ und dem Bildungsministerium) bisweilen Vereinbarungen zur Kompetenzabgrenzung getroffen werden, jedoch vermochten auch diese bestehende Streitigkeiten nicht auf Dauer auszuräumen.[148]

c) Bewertung

Die durch die Schaffung eines Reichsministeriums u. a. intendierte Vereinheitlichung des Bildungswesens konnte nur bedingt erreicht werden. Bezeichnenderweise waren es „Neuschöpfungen“ der Nationalsozialisten selbst, die diese in Frage stellten. So traten als neue Schul-Typen die Nationalpolitischen Erziehungsanstalten, die Adolf-Hitler-Schulen und die NS-Deutsche Oberschule Starnberger See neben die bisherigen Volksschulen. Bereits diese neuen Typen stellten eigentlich einen Widerspruch zur Vereinheitlichung des Schulwesens dar. Hinzu kam, dass z. B. die Adolf-Hitler-Schulen nicht durch das Reichsministerium für Wissenschaft, Erziehung und Volksbildung initiiert wurden, sondern durch den Reichsorganisationsleiter Ley und Reichsjugendführer von Schirach. Sie unterstanden auch nicht dem Ministerium, sondern der NSDAP.[149]

---

140 *Nagel*, Hitlers Bildungsreformer, S. 81.

141 *Eilers*, Schulpolitik, S. 113.

142 *Nagel*, Hitlers Bildungsreformer, S. 81.

143 *Nagel*, Hitlers Bildungsreformer, S. 124. Umgekehrt nahm Rosenberg Rust als „Blockierer“ wahr (*Matthäus/Bajohr*, Rosenberg-Tagebücher, S. 183).

144 *Domarus*, Hitler I.1., S. 381.

145 *Eilers*, Schulpolitik, S. 113.

146 *Thamer*, Verführung und Gewalt, S. 407.

147 *Feller/Feller*, Adolf-Hitler-Schulen, S. 16.

148 *Ortmeyer*, Schicksale, S. 151.

149 *Eilers*, Schulpolitik, S. 46.

Gleichwohl konnte das Ministerium auch Resultate erzielen: Die Einführung des dreigliedrigen Schulsystems, die Verbesserung der allgemeinen Schulbildung und – im Wissenschaftsbereich – die Deutsche Forschungsgemeinschaft.[150]

Hiervon zu unterscheiden war die persönliche Stellung des Ministers Rust. Diese verschlechterte sich zunehmend.[151] Dies war nicht durch den Verlauf seiner Arbeit, sondern durch sein Verhältnis zu Hitler zu erklären.[152]

II. Allgemeines Recht auf Bildung

Es wurde bereits festgestellt, dass es in der Weimarer Republik kein allgemeines Recht auf Bildung gab. Es liegt somit fast schon auf der Hand, dass dies in der Zeit des Nationalsozialismus erst recht nicht der Fall sein konnte. Dies gilt umso mehr, als in dieser Zeit unter Rechtswissenschaftlern in Frage gestellt wurde, ob es individuelle subjektive Rechte des Einzelnen überhaupt geben könne.[153]

III. Bildung und Erziehung in der Familie

Die Kernfunktion der Familie bestand nach dem Modell des Nationalsozialismus in der biologischen Reproduktion, die durch Gemeinschaftserziehung zu ergänzen war.[154] Die Familie gewann zunehmend an Bedeutung für die kindliche Erziehung. Sie wurde ideologisch zur „primäre(n) Sozialisationsinstanz" aufgewertet.[155] Allerdings war die Familie nichts Privates, sondern neben der Ehe „Kernstellung[.] im Aufbau der völkischen Gemeinschaft"[156] und damit quasi etwas Öffentliches. Dadurch wurde Ehe und Familie der Gedanke der Autonomie abgesprochen.[157]

Von dieser ideologischen Rolle zu unterscheiden war die rechtliche Stellung der Familie. Traditionell standen und stehen auch in der heutigen Bundesrepublik Deutschland Erziehung in der Familie und in der staatlichen Schule nebeneinander.

Im Nationalsozialismus existierte neben dem Schulsystem auch die Hitlerjugend. Gegenüber diesen beiden Institutionen gab es seitens der Eltern keine Durchsetzungs- oder Beschwerdemöglichkeiten.[158]

Auch rein faktisch nahm die Bedeutung der Familie als Stätte der Erziehung ab: Zum einen wegen der Beanspruchung der Jugend durch die Hitlerjugend, aber auch wegen der zunehmenden Verpflichtungen der Eltern (zunächst in nationalsozialistischen Organisatio-

---

150 *Nagel*, Hitlers Bildungsreformer, S. 365.

151 *Matthäus/Bajohr*, Rosenberg-Tagebücher, S. 308.

152 *Eilers*, Schulpolitik, S. 114.

153 *Meder*, Rechtsgeschichte, S. 415.

154 Langewiesche/Tenorth/*Gräfin zu Castell Rüdenhausen*, HdB V, S. 72.

155 Langewiesche/Tenorth/*Gräfin zu Castell Rüdenhausen*, HdB V, S. 80.

156 *Huber*, Verfassungsrecht, S. 371.

157 Rottleuthner/*Ramm*, Recht, Rechtsphilosophie und NS, S. 76.

158 Benz et al./*Schörken*, NS-Enzyklopädie, S. 224.

nen, im Kriege durch Wehrdienst und Arbeitsdienst).[159] Im hier zu untersuchenden Kontext des Rechts auf Bildung bedeutet das: Das Bedürfnis des Kindes, ein (Grund-)Recht auf Erziehung und Bildung gegenüber den Eltern geltend zu machen, war im Hinblick auf die staatlichen Alternativen eher gering.

Von größerem Interesse dürfte stattdessen ein Recht des Kindes auf eine durch die Eltern erfolgende „staatsferne Erziehung", das dieses gegenüber dem Staat geltend gemacht hätte, sein. Dieses potentielle Grundrecht auf Erziehung durch die Eltern statt durch Hitlerjugend oder im Rahmen von Kinderlandverschickungen war allerdings rein hypothetisch. Denn die Grundrechte bestanden faktisch nicht mehr – so sie denn nicht bereits kraft Gesetzes („Reichstagsbrandverordnung")[160] außer Kraft gesetzt worden waren.

IV. Vorschulische Bildung

Wie schon in der Weimarer Republik wurden Kindergärten im Nationalsozialismus nicht als Bildungsinstitutionen bewertet, sondern in erster Linie als sozialfürsorgerische Einrichtungen.[161] Ungeachtet der Frage, ob im Nationalsozialismus überhaupt ein (Grund-)recht auf Bildung bestehen konnte, dienten Kindergärten bereits konzeptionell nicht dessen Verwirklichung. Darüber hinaus stand die Institution „Kindergarten" eigentlich im Gegensatz zu den Grundsätzen der nationalsozialistischen Familienideologie.[162]

Faktisch wurde eine unzureichende Familienerziehung durch Kindergärten allerdings umfangreich kompensiert. Für den Ersatz der Familie durch diese Einrichtungen bestanden mehrere Gründe. Zum Ersten bestanden hierfür Gründe (rüstungs)wirtschaftlicher Art, da Frauen für die Kriegswirtschaft freigesetzt werden sollten.[163] Zum Zweiten war auch politisch ein „möglichst lückenloser Erziehungsstaat"[164] beabsichtigt. Dies stand jedoch ideologisch im Gegensatz zum zuvor genannten Vorrang der Familie, so dass ein Zwangskindergarten letztlich nicht durchsetzbar war.[165]

Inhaltlich wurden die Kindergärten weltanschaulich gleichgeschaltet. Sie standen im Dienst nationalsozialistischer Erziehungsideale.[166] Dies galt vor allem für kommunale Einrichtungen[167], später dann auch für konfessionelle Einrichtungen.[168] Eine „Totalübernahme" der konfessionellen Einrichtungen erfolgte jedoch nicht.[169]

---

159 *Keim*, Erziehung II, S. 31.

160 Vom 28. Februar 1933 (RGBl. I S. 83).

161 *Wasmuth*, Kindertageseinrichtungen, S. 430.

162 *Wasmuth*, Kindertageseinrichtungen, S. 416.

163 *Wasmuth*, Kindertageseinrichtungen, S. 416.

164 *Wasmuth*, Kindertageseinrichtungen, S. 416.

165 Langewiesche/Tenorth/*Gräfin zu Castell Rüdenhausen*, HdB V, S. 80.

166 Langewiesche/Tenorth/*Gräfin zu Castell Rüdenhausen*, HdB V, S. 81.

167 *Wasmuth*, Kindertageseinrichtungen, S. 421.

168 *Wasmuth*, Kindertageseinrichtungen, S. 422 f.

169 *Wasmuth*, Kindertageseinrichtungen, S. 424.

V. Schulische Bildung

1. Schulkonzept und sein juristischer Rahmen

Die Nationalsozialisten waren weder in der Lage noch willens, umfassende Konzepte zur Gestaltung des Schulsystems zu planen oder durchzuführen.[170] Sätze wie „Fortan konnte es nur das einzige Ziel geben, den nationalsozialistischen deutschen Menschen zu formen“[171] wirken zwar wie ein Programm, erschöpften sich aber letztlich in unbestimmten Begriffen. Die Schulpolitik war also keine planvolle Verwirklichung eines weltanschaulichen Programms[172], sondern eine „Abfolge von propagandistisch aufgebauschten ad-hoc-Maßnahmen“[173]. Auslöser für solche Maßnahmen waren Veränderungen und Bedürfnisse des Arbeitsmarktes, aber auch der reduzierte Stellenwert des Schulsystems.[174]

Dies zeigt sich u. a. daran, dass die Schule zunächst (also zu Beginn des Nationalsozialismus) die Funktion hatte, die nationalsozialistische Ideologie zu vermitteln – unter Hintanstellung der fachlichen Ausbildungsaufgabe. Mit Beginn des Krieges und des damit einhergehenden Bedarfs an qualifizierten Arbeitskräften für die Rüstungsindustrie wurde jedoch die Bedeutung der Qualifikationsfunktion der Schule deutlich.[175]

Ein weiteres Beispiel ist die Kriegserziehung. Während des Zweiten Weltkriegs wurde diese zum expliziten Inhalt der Schulpläne. In den Oberstufen z. B. sollten die OKW-Berichte so besprochen werden, dass die Schüler „mit Spannung den weiteren Verlauf (der Kampfhandlungen, R. R.) erwarten“[176]. In den Grundschulen sollte u. a. „über die Art und Wirkungsweise ihrer (d. h. der einzelnen Waffengattungen, R. R.) Waffen“[177] unterrichtet werden.

Als drittes Beispiel sei die Verkürzung der Schulzeit an Gymnasien von 13 auf zwölf Schuljahre genannt. Diese erfolgte aus wehr- und wirtschaftspolitischen Gründen[178], nicht aber aus pädagogischen.

Trotz fehlender Konzepte dürften jedoch folgende Ziele als „Leitlinien“ genannt werden können: Die Erziehung zum Rassebewusstsein, zum Nationalbewusstsein, zur Wehrhaftigkeit und zum Dienst am nationalsozialistischen Staat.[179] Zu den schulischen „Gesetzes“vorhaben zählte das Reichsschulpflichtgesetz[180], das gemäß § 4 I eine einheitliche achtjährige Volksschulpflicht statuierte, die der Erziehung im Geiste des Nationalsozialismus dienen sollte (§ 1 I 1). Zudem wurde mit Führerbefehl von 1940 die neue

170 Langewiesche/*Zymek*, HdB V, S. 190.

171 *Graf zu Rantzau*, Reichsministerium, S. 13.

172 *Matthes*, Studienbuch, S. 147.

173 Langewiesche/*Zymek*, HdB V, S. 193.

174 Langewiesche/*Zymek*, HdB V, S. 193.

175 *Schnorbach*, Lehrer und Schule, S. 14.

176 Ministerialabteilung für die Volksschulen, zitiert nach *Schnorbach*, Lehrer und Schule, S. 157.

177 Ministerialabteilung für die Volksschulen, zitiert nach *Schnorbach*, Lehrer und Schule, S. 158.

178 *Rossmeissl*, Ganz Deutschland, S. 43.

179 *Rossmeissl*, Ganz Deutschland, S. 114 ff.

180 Vom 6. Juli 1938 (RGBl. I S. 799).

Schulform der vierjährigen Hauptschule eingeführt. Näheres wurde in einer Verordnung[181] geregelt. Diese Vorhaben dürfen allerdings nicht darüber hinwegtäuschen, dass in der Praxis auch im Schulwesen eine große Rechtsunsicherheit bestand, was sich in einer Vielzahl von widersprüchlichen Erlassen der Bildungsbehörden widerspiegelte.[182]

2. „Parallel-Schulwesen"

a) Hitlerjugend

Dadurch, dass der Reichsjugendführer von Schirach die Kontrolle über den gesamten Erziehungsbereich beanspruchte[183], ergaben sich Konflikte und Kompetenzstreitigkeiten mit dem Reichsministerium für Wissenschaft, Erziehung und Volksbildung.

Die Hitlerjugend hatte den Zweck, die Jugend ideologisch zu indoktrinieren und die körperliche Ertüchtigung sicherzustellen.[184] Sie war somit „sicher die schärfste und im Alltagsbetrieb lästigste Konkurrenz um den Erziehungsauftrag"[185]. Daneben war sie ein wirksames Steuerungselement in Bezug auf die elterliche Erziehung: Das Gesetz über die Hitlerjugend[186] war der rechtliche Angelpunkt, mit dem der Staat – gegebenenfalls mit Zwang – auf die elterliche Erziehung Einfluss nehmen konnte.[187] Das war dadurch möglich, dass die Hitlerjugend durch das Gesetz über die Hitlerjugend nicht mehr nur Parteijugend war, sondern auch Staatsjugend wurde. Gemäß dessen § 2 oblag ihr neben dem Elternhaus und der Schule die körperliche, geistige und sittliche Erziehung der gesamten deutschen Jugend. Später[188] wurde die Mitgliedschaft in dieser Staatsjugend für alle Jugendlichen zwischen zehn und achtzehn Jahren verpflichtend[189], was den Einfluss der Partei auf die Jugend auf Kosten der Schule (und des Elternhauses) nochmals vergrößerte. Gemäß § 2 Jugenddienstverordnung unterstanden die Jugendlichen einer „öffentlich-rechtlichen Erziehungsgewalt". In einer Verfügung von 1944 konnte der Reichsjugendführer der NSDAP durch ihn getroffene Maßnahmen auch im staatlichen – d.h. schulischen – Bereich für verbindlich erklären.[190] Dies bedeutete eine weitere „Entmachtung" des staatlichen Schulsystems.

---

181 Verordnung zur vorläufigen Regelung der Errichtung und Unterhaltung der Hauptschulen vom 31. März 1943 (RGBl. I S. 249).

182 *Rossmeissl*, Ganz Deutschland, S. 46.

183 BpB/*Thamer*, Nationalsozialismus II, S. 10.

184 *Hartmann* et al., Mein Kampf, S. 1044.

185 *Rossmeissl*, Ganz Deutschland, S. 44.

186 Vom 1. Dezember 1936 (RGBl. I S. 993).

187 Rottleuthner/*Ramm*, Recht, Rechtsphilosophie und NS, S. 79.

188 Zuvor war der Beitritt für bestimmte Personengruppen faktisch verpflichtend, vgl. die Anweisung des Stellvertreters des Führers Rudolf Heß vom 24. August 1935 an die Beamten, ihre Kinder in die HJ zu schicken (abgedruckt in: *Jahnke*, Jugend, S. 97).

189 Zweite Durchführungsverordnung zum Gesetz über die Hitler-Jugend (Jugenddienstverordnung) vom 25. März 1939 (RGBl. I S. 710).

190 Verfügung 16/44 vom 9. Dezember 1944 (abgedruckt in: *Moll*, „Führer-Erlasse", S. 468).

b) Parteieigene Schulsysteme

Daneben forderte Reichsorganisationsleiter Ley den Aufbau eines parteieigenen Schulsystems (z. B. in Form der Adolf-Hitler-Schulen). Diese Schulen sollten vom staatlichen Einfluss völlig losgelöst sein[191], also neben die „klassischen" staatlichen Schulen treten.

Bei den Adolf-Hitler-Schulen geschah dies zum Ersten organisatorisch: Nicht nur die Schulträgerschaft dieser Schulen lag bei der NSDAP[192], sondern auch Schulverwaltung und Aufsicht – und nicht beim Reichsministerium[193]. Zum Zweiten erfolgte durch die internatsmäßige Erziehung eine Abkapselung der Schüler von der bestehenden Gesellschaft.[194]

Eine weitere „Neuschöpfung[.] im Bereich der deutschen Erziehung"[195] waren die Nationalpolitischen Erziehungsanstalten. Diese stellten keine „allgemeinen" Schulen dar, sondern waren als Eliteschulen für die künftige Führungsschicht konzipiert.[196] Sie hatten das Ziel, „die Erziehung der Jugend von der Ebene der wissenschaftlichen Bildung auf die einer echten Erziehung zu stellen, d. h. einer möglichst alle menschlichen Kräfte umfassenden Gesamterziehung in einer festgefügten Gemeinschaft, die als politische Erziehung stets typenprägende und mannschaftsformende Erziehung ist."[197] Dadurch, dass es sich um einen neuen Schultyp handelte, mangelte es anfangs an exakten Lehrplänen und Dienstanweisungen.[198] Auch hier zeigte sich gewissermaßen die Konzeptlosigkeit.

Dass diese Bildungseinrichtungen nicht für jedermann gleich zugänglich waren, wie es noch Art. 146 I 3 WRV statuiert hatte, ist offensichtlich. Auch dies ist ein Beispiel dafür, dass im Schulwesen des Nationalsozialismus ein Recht auf Bildung im heutigen Sinne nicht bestand. Für eine Aufnahme in eine Adolf-Hitler-Schule z. B. hatte der Schüler seine „Erbgesundheit" nachzuweisen und musste durch einen Parteifunktionär vorgeschlagen werden.[199] Daneben musste er bereits eine Führernatur erkennen lassen.[200] Bei den Nationalpolitischen Erziehungsanstalten gab es „Freistellen", die bevorzugt an Kinder von bewährten Nationalsozialisten vergeben wurden.[201]

3. Hilfsschulen

Hilfsschulen waren Schulen für Schüler, die dem regulären Unterricht aufgrund „geistiger Schwäche oder körperlicher Mängel"[202] nicht folgen konnten. Ihre wesentliche Aufgabe war es, die Volksschulen zu entlasten.[203]

---

191 *Rossmeissl*, Ganz Deutschland, S. 44.

192 *Feller/Feller*, Adolf-Hitler-Schulen, S. 18.

193 *Eilers*, Schulpolitik, S. 46.

194 *Hülsheger*, Adolf-Hitler-Schulen, S. 16.

195 *Graf zu Rantzau*, Reichsministerium, S. 41.

196 *Eilers*, Schulpolitik, S. 43.

197 *Graf zu Rantzau*, Reichsministerium, S. 42 f.

198 *Schäfer*, Napola, S. 10.

199 Benz et al./*Weiß*, NS-Enzyklopädie, S. 389.

200 *Feller/Feller*, Adolf-Hitler-Schulen, S. 68.

201 *Eilers*, Schulpolitik, S. 45.

202 § 6 Reichsschulpflichtgesetz.

203 Horn/Link/*Kremer*, Erziehungsverhältnisse im NS, S. 169.

Sie dienten nicht der speziellen Förderung förderbedürftiger Schüler[204] und damit etwa der Durchsetzung individueller Rechte (welche faktisch ohnehin nicht mehr bestanden). Denn „weder Bildung noch Fürsorge dürfen sich auswirken zum Schaden des Volkes, indem sie etwa erst die Möglichkeit schaffen, Familien zu gründen, durch Vererbung das Leiden weiterzugeben und zur Entartung der Rasse beizutragen."[205] – so die damalige Argumentation.

Hilfsschulen dienten also vielmehr dazu, die staatlichen „erb- und rassenpflegerischen Maßnahmen" im Rahmen des Gesetzes zur Verhütung erbkranken Nachwuchses[206] zu unterstützen.[207] Sie traten so in den Dienst der „negativen Auslese"[208]. Dies stand in Übereinstimmung mit den Rahmenbestimmungen des Schulwesens, die Hitler in „Mein Kampf" formuliert hatte: einer rassistischen Eugenik.[209] Zu den Aufgaben der Hilfsschul-Lehrer zählte es somit auch, die „erbkranken" Personen zu erfassen und sie auf die Zwangssterilisation vorzubereiten.[210] Hilfsschulen waren damit kein Ort der Solidarität und Rettung mehr, sondern ein solcher der Verstoßung und Vernichtung. Auch hier trat also eine „Pervertierung von Pädagogik und Heilpädagogik"[211] ein.

4. Privatschulwesen

Schon sehr bald – im Jahr 1933 – begannen die einschränkenden Maßnahmen gegenüber Privatschulen.[212] Ab dem Schuljahr 1936/1937 sollten keine Schüler an privaten Schulen mehr aufgenommen werden.[213] 1938 wurde geregelt, dass das Privatschulwesen nunmehr nur noch Ersatzcharakter gegenüber dem öffentlichen Schulwesen habe. Faktisch gab es damit eine Bedürfnisprüfung, die nach Art. 147 I 2 WRV eigentlich unzulässig war.[214] Das Privatschulwesen wurde somit langsam abgeschafft. Dies betraf vor allem kirchliche Schulen.[215]

Hintergrund dessen war, dass diese Schulform – vermeintlich – dazu diente, weltanschauliche Sonderziele zu verfolgen.[216] Dies aber war mit dem einheitlichen Ziel – die Erziehung der Jugend zum Dienst am Volkstum und Staat im nationalsozialistischen Geist als oberste verpflichtende Aufgabe aller Schulen[217] – nicht vereinbar.

---

204 Horn/Link/*Kremer*, Erziehungsverhältnisse im NS, S. 181.

205 *Schumann*, Taubstummenwesen, S. 675.

206 Vom 14. Juli 1933 (RGBl. I S. 529).

207 *Schnorbach*, Lehrer und Schule, S. 167.

208 *Eilers*, Schulpolitik, S. 103.

209 *Steinhaus*, Hitlers Pädagogische Maximen, S. 42.

210 Horn/Link/*Kremer*, Erziehungsverhältnisse im NS, S. 179.

211 *Möckel*, Besondere Grund- und Hauptschule, S. 131.

212 *Eilers*, Schulpolitik, S. 92.

213 Langewiesche/*Zymek*, HdB V, S. 194.

214 *Eilers*, Schulpolitik, S. 94.

215 Langewiesche/*Zymek*, HdB V, S. 200.

216 *Graf zu Rantzau*, Reichsministerium, S. 17.

217 *Graf zu Rantzau*, Reichsministerium, S. 16.

5. Jüdische Schüler und Lehrer

Die Entrechtung und Verdrängung jüdischer Schulkinder und Lehrer war ein fortlaufender Prozess.[218]

Eine der ersten Maßnahmen gegen Schülerinnen und Schüler war das Gesetz gegen die Überfüllung der deutschen Schulen und Hochschulen vom 25. April 1933; dieses richtete sich vor allem gegen jüdische Schüler[219]. Mit einer amtlichen Regelung des Reichserziehungsministeriums vom Juli 1937 begann die „Rassentrennung" im Schulwesen.[220] Am 15. November 1938[221] wurden Jüdinnen und Juden vom allgemeinen Schulbesuch ausgeschlossen.[222] Aber auch gegen die Lehrerinnen und Lehrer richteten sich rassisch motivierte Maßnahmen: Ausschluss von der Lehrerausbildung, Ausschluss von Beförderungen und Entfernung aus dem Dienst (um nur dienstrechtliche, nicht aber physische Handlungen zu nennen).

Ziel dieser Maßnahmen war, den Vorgang der Assimilation wieder rückgängig zu machen und Jüdinnen und Juden zu einer Sondergruppe zu machen. Zudem sollte ihnen nur noch eine Mindestausbildung gewährt werden.[223]

In Reaktion hierzu betrieb die Schulabteilung der Selbsthilfeorganisation „Reichsvertretung der deutschen Juden" den Aufbau eines privat organisierten jüdischen Schulwesens.[224] Sie wurde 1939 offiziell mit der Unterrichtung der jüdischen Schülerinnen und Schüler beauftragt.[225] Mit Beginn der Deportationen im Jahr 1940 wurde das jüdische Schulwesen in Deutschland faktisch beendet.[226] Im Juni 1942 wurden alle noch verbleibenden jüdischen Schulen geschlossen und es wurde ein Unterrichtsverbot für jüdische Schüler verhängt.[227] Die Geschäftsstelle der Reichsvertretung wurde 1943 aufgelöst.[228]

Wie widersprüchlich (auch) die nationalsozialistische Schulpolitik war, wird am Beispiel der jüdischen Schulen deutlich: Diese wurden bis Mitte der 30er Jahre meist von Kindern besucht, die sich zum jüdischen Glauben bekannten. Insofern bestand (in gewisser Weise) eine Trennung zwischen jüdischen und nicht-jüdischen Schülerinnen und Schülern. Reichsminister Rust verlangte bereits 1935 ebenfalls eine Trennung. Allerdings sei die Unterscheidung nach Konfessionen unzulässig. Es sei vielmehr eine Trennung nach der Rasse vorzunehmen.[229] Mit anderen Worten: Eine bestehende faktische Trennung wurde für unzulässig erklärt, obwohl eine Unterscheidung gewollt war.

---

218 *Springborn*, Jüdische Kinder- und Jugendbildung, S. 44.

219 *Schnorbach*, Lehrer und Schule, S. 31.

220 Langewiesche/*Zymek*, HdB V, S. 200.

221 Amtsblatt des Reichsministeriums für Wissenschaft, Erziehung und Volksbildung und der Unterrichtsverwaltungen der Länder, Band 4 (1938), S. 520.

222 *Springborn*, Jüdische Kinder- und Jugendbildung, S. 44.

223 *Eilers*, Schulpolitik, S. 98.

224 *Schnorbach*, Lehrer und Schule, S. 31 f.

225 *Ortmeyer*, Schicksale, S. 138.

226 Langewiesche/*Zymek*, HdB V, S. 200.

227 *Schnorbach*, Lehrer und Schule, S. 168.

228 Benz et al./*Neiss*, NS-Enzyklopädie, S. 761.

229 *Eilers*, Schulpolitik, S. 99.

VI. Akademische Bildung

1. Veränderungen während des Nationalsozialismus

„Im Nationalsozialistischen Staate erfährt die geistige Position der Hochschulen eine grundlegende Änderung, die in der Ablehnung aller liberalen individualistischen Grundtendenzen der bisherigen Universitäten zum Ausdruck kommt."[230] Bereits dieses Zitat zeigt den beabsichtigten Bruch mit der Weimarer Zeit.

Das 1919 zu beobachtende Hinzutreten der Frauen in die Universitäten erfuhr im Nationalsozialismus einen Rückschlag.[231] Zunächst verfolgten die Nationalsozialisten eine umfassend angelegte Strategie zur Verdrängung von Frauen aus den Hochschulen.[232] Erst später in der Kriegszeit nahm das Frauenstudium dann wieder zu. Dies war allerdings durch den Bedarf an hochqualifiziert Ausgebildeten zu erklären.[233] Und selbst wenn es bewusste Bemühungen um eine Besserstellung der Frauen gab, so war hierfür zu keinem Zeitpunkt ein verfassungsrechtliches Gleichheitsgebot die Grundlage.[234]

Eine gewisse Erweiterung im Bereich der Hochschulzugangsberechtigung stellte das so genannte Langemarck-Studium dar. Dieses ermöglichte auch Personen ohne höhere Schulbildung ein Studium. Allerdings umfasste dieses Programm nur wenige hundert Personen.[235] Auch stand es nicht jedermann offen, sondern nur „politisch bewährten" Kandidaten.[236] Insofern kann es nicht als echte, jedermann offenstehende Erweiterung von Bildungschancen bewertet werden.

Die studierten Fächer veränderten sich im Nationalsozialismus merklich. Studiengänge wie Theologie oder Rechtswissenschaften nahmen ab. Das Studium der Medizin hingegen gewann verhältnismäßig an Bedeutung. So war ab 1939 etwa jeder zweite Student Mediziner.[237] Die absolute Anzahl der Hochschüler verringerte sich von 1933 bis 1939 von circa 130.000 auf 70.000.[238]

2. „Volksbiologische" Umdeutung

Bereits nach der traumatischen Erfahrung durch die Währungsinflation fühlten sich die akademischen Schichten durch die wachsenden Studentenzahlen bedroht.[239] Schon

---

230 Volkmar/Elster/Küchenhoff/*Peters*, HdR VIII, S. 268, li. Sp.

231 Langewiesche/*Titze*, HdB V, S. 211.

232 Horn/Link/*Chroust*, Erziehungsverhältnisse im NS, S. 214.

233 BpB/*Thamer*, Nationalsozialismus II, S. 31.

234 Gerhard/*Schubert*, Frauen in Rechtsgeschichte, S. 849.

235 Benz et al./*Schilde*, NS-Enzyklopädie, S. 619.

236 Horn/Link/*Chroust*, Erziehungsverhältnisse im NS, S. 210.

237 Langewiesche/*Titze*, HdB V, S. 212. Gründe hierfür waren u. a. die Vertreibung der jüdischen Ärzte, der kriegsbedingte Bedarf an Ärzten, aber auch die Möglichkeit, sich durch das Medizinstudium zumindest vorübergehend dem Kriegsdienst zu entziehen (Horn/Link/*Chroust*, Erziehungsverhältnisse im NS, S. 218).

238 *Schnorbach*, Lehrer und Schule, S. 147.

239 Langewiesche/*Titze*, HdB V, S. 223.

1932 rechnete man mit 40.000–45.000 Jungakademikern die „zurzeit als überzählig gelten (mussten)"[240]. Im Nationalsozialismus wurde der Anstieg der Studentenzahlen in der Weimarer Republik ideologisiert. Es wurde auf Grundlage einer „biologistischen Begabungstheorie" ein Zusammenhang von relativer Kinderarmut und Bildungsstand der Eltern der Schluss gezogen, dass die kulturelle Entwicklung Deutschlands gefährdet sei. Daran anknüpfend wurde das Bildungsstreben „unterer Schichten" als „Bildungswahn" bezeichnet, der gefährlich für die Gesellschaft sei.[241] Deshalb könne es eine schrankenlose Demokratisierung der Bildung nicht geben. In der Berufspropaganda wurde u. a. daher vom Besuch höherer Schulen und Hochschulen abgeraten. Daneben wurde durch staatliche Maßnahmen versucht, den Studienzugang „drastisch zu drosseln"[242]. Insgesamt wurden somit die Möglichkeiten zum Zugang zur akademischen Bildung verschlechtert.

3. Nationalsozialistischer Deutscher Studentenbund

Bereits im Februar 1926 wurde der Nationalsozialistische Deutsche Studentenbund (NSDStB) gegründet. Durch ihn sollte die Studentenschaft zunächst für die Ideen der Nationalsozialisten gewonnen werden.[243] Bereits im Jahr 1928 konnte der NSDStB erste Positionen in den studentenschaftlichen Vertretungskörpern besetzen.[244] Schon 1932 verfügte er an allen Hochschulen über die absolute Mehrheit in diesen Gremien.[245] Insofern kann er – aus Sicht der Nationalsozialisten – als „ausgesprochene Erfolgsgeschichte"[246] bezeichnet werden. Zudem erlauben diese Ergebnisse einen Rückschluss auf die politische Haltung der Studierendenschaft.

Nach der Machtübernahme durch die Nationalsozialisten wurde der NSDStB zur „Eliteorganisation"[247] umgebaut. Wesentliche Aufgabe war die politische Schulung der Studierenden. Diese blieb jedoch verhältnismäßig wirkungslos, da viele von ihnen kein Interesse an ihr zu haben schienen.[248] Darüber hinaus versuchten sie zunehmend, sich dem NSDStB zu entziehen.[249] Das Verhältnis zwischen der Organisation und den Studierenden hatte sich also innerhalb weniger Jahre spürbar verschlechtert. Nach Ende des Zweiten Weltkriegs wurde der NSDStB durch Kontrollratsgesetz[250] verboten und aufgelöst.

---

240 Langewiesche/*Titze*, HdB V, S. 223.

241 Langewiesche/*Titze*, HdB V, S. 223.

242 *Geißler*, Schulgeschichte I, S. 723.

243 *Rühle*, Das Dritte Reich, S. 129.

244 *Rühle*, Das Dritte Reich, S. 137.

245 *Rühle*, Das Dritte Reich, S. 218.

246 *Grüttner*, Studenten, S. 19.

247 *Grüttner*, Studenten, S. 271.

248 *Grüttner*, Studenten, S. 273.

249 *Grüttner*, Studenten, S. 273.

250 Art. 1 i. V. m. Anhang Nr. 36 Gesetz Nr. 2 vom 10. Oktober 1945 (Amtsblatt des Kontrollrats, Nr. 1, S. 19).

VII. Berufliche Bildung

1. Juristischer Rahmen

Auch in Bezug auf die berufliche Bildung entsprachen sich im Nationalsozialismus juristische und empirische Wirklichkeit nicht.[251] Gesetzliche Regelungen „schlugen" auf den Schulalltag somit kaum „durch".[252]

Aus der Weimarer Republik übernommen wurde das duale System von schulischer und beruflicher Berufsbildung.[253]

Allerdings gab es auch Tendenzen in Abweichung zur Zeit der Weimarer Republik: Erstens die Vereinheitlichung im beruflichen Ausbildungswesen und zweitens die Verlagerung der Ausbildung von staatlichen Schulen in Ausbildungsstätten der Industrie und der NSDAP.[254] Drittens die erzieherische Aufgabe der Berufsschulen. Die Vereinheitlichung betraf die Schulzüge und die Abschlüsse. So wurde der tradierte Kultusföderalismus beseitigt und die reichseinheitlichen Typen Berufsschule, Berufsfachschule und Fachschule geschaffen.[255] In gewissem Gegensatz hierzu stand die zweite Tendenz: Der Ausbau der parteieigenen und betrieblichen Ausbildung, die zu einer Vielfalt der beruflichen Ausbildung führte.[256] Eine weitere Veränderung war – drittens – die Definition der Aufgabe der Berufsschule. Während diese in der Weimarer Republik vor allem in der Vermittlung von Fachkenntnissen lag, sollte diese nach Vorstellung der Nationalsozialisten auch in der Vermittlung der „Haltung" bestehen.[257]

Eine umfassende gesetzliche Neuregelung der Berufserziehung erfolgte während des Nationalsozialismus jedoch trotz dieser Abweichungen zur Weimarer Republik nicht.[258] Zwar veröffentlichte die Akademie für Deutsches Recht 1942 einen „Entwurf eines Gesetzes über die Berufserziehung der deutschen Jugend", jedoch wurde dieser Entwurf kriegsbedingt nicht weiter verfolgt.[259] Als Neuerung ist allerdings zu bewerten, dass die Berufsschule durch das Reichsschulpflichtgesetz in das Schulsystem integriert wurde. Der Abschluss an einer Berufsschule verlieh somit die Berechtigung zu weiterführender Bildung an Technischen Hochschulen auch ohne höheren Schulabschluss.[260] Dies erhöhte zwar formal die Bildungsgerechtigkeit bzw. Gleichverteilung von Bildungschancen. Jedoch muss hierbei berücksichtigt werden, dass die Zulassungspraxis der Hochschulen (z. B. Mitgliedschaft bei „NS-Kampfverbänden" als Voraussetzung[261]) entscheidend dafür war, wer dann auch tatsächlich diese Chance umsetzen konnte.

---

251 *Matthes* et al., Studienbuch, S. 183.

252 *Kipp/Miller-Kipp*, Erkundungen, S. 52.

253 *Rossmeissl*, Ganz Deutschland, S. 44.

254 *Kipp/Miller-Kipp*, Erkundungen, S. 53.

255 Horn/Link/*Wahle*, Erziehungsverhältnisse im NS, S. 241.

256 *Kipp/Miller-Kipp*, Erkundungen, S. 53.

257 *Graf zu Rantzau*, Reichsministerium, S. 20.

258 *Seubert*, Berufserziehung und NS, S. 114.

259 *Schubert*, ADR-Protokolle XI, S. XI.

260 Horn/Link/*Wahle*, Erziehungsverhältnisse im NS, S. 242.

261 *Geißler*, Schulgeschichte I, S. 723.

2. Kompetenzstreitigkeiten und „Parallel-Berufsschulwesen“

Wie bei der schulischen Bildung existierten im Bereich der Berufserziehung Kompetenzstreitigkeiten zwischen staatlichen Stellen und Parteiorganisationen. So bestand eine jahrelange Auseinandersetzung zwischen dem (ursprünglich zuständigen) Reichswirtschaftsministerium und der DAF sowie mittelbar der Industrie, wer für die berufliche Erziehung zuständig sei.[262] Von einer Verlagerung der Berufserziehung von den Industrie- und Handelskammern hin zur DAF versprach sich der Nationalsozialismus stärkere Einwirkungsmöglichkeiten auf die Jugend, um in ihr seine Weltanschauung wirksamer verankern zu können.[263]

Unabhängig von dieser Frage der allgemeinen Kompetenz gab es parteieigene – also nicht-staatliche – Ausbildungsstätten. Als Beispiel hierfür sind die SA-Berufsschulen zu nennen. Diese waren gegründet worden, um arbeitslosen SA-Männern eine Berufsausbildung zu ermöglichen. Inhaltlicher Schwerpunkt dieser Berufsschulen war die Schiffbau-Industrie.[264] Später erfolgte die Zuweisung von Lehrgangsteilnehmern durch das Reichsarbeitsministerium, es waren aber auch freiwillige Meldungen möglich. Die Schulen waren als „Lager“ eingerichtet, so dass die Berufsschüler während der gesamten Lehrzeit der Lagerführung unterstellt waren. Anders als im öffentlichen Schulwesen bestand der Erziehungsauftrag nicht nur in der fachlichen Bildung, sondern auch in der weltanschaulichen Schulung.[265] Bemerkenswert ist, dass diese Form der Berufsschule auf Bedenken bei einem anderen (quasi-)staatlichen Akteur stieß: Die Industrie- und Handelskammern, welche sich zunächst weigerten, den Absolventen der SA-Berufsschulen den Facharbeiterbrief auszustellen.[266] Macht- und beschäftigungspolitische Gründe führten aber schließlich zu einer Anerkennung durch die IHK.[267]

VIII. Erwachsenenbildung

1. Pädagogische Konzepte

In der pädagogischen Literatur ist die Frage aufgeworfen worden, ob es während des Nationalsozialismus Erwachsenenbildung im eigentlichen Sinne überhaupt noch geben konnte.[268] Im Hinblick auf den juristischen Schwerpunkt der vorliegenden Arbeit soll auf diese erziehungswissenschaftliche Frage hier jedoch nicht eingegangen werden.

262 *Seubert*, Berufserziehung und NS, S. 102 ff.
263 *Mason*, Sozialpolitik, S. 198.
264 *Kipp/Miller-Kipp*, Erkundungen, S. 65.
265 *Kipp/Miller-Kipp*, Erkundungen, S. 67.
266 *Kipp/Miller-Kipp*, Erkundungen, S. 69–72, 74–76.
267 *Kipp/Miller-Kipp*, Erkundungen, S. 72.
268 Tippelt/von Hippel/*Feidel-Mertz*, Handbuch I, S. 40.

2. Veränderungen in der Bildungslandschaft

Einschneidend war, dass die Institutionen der Arbeiterkultur zerschlagen und die konfessionelle Erwachsenenbildung eingeschränkt[269] wurden. Beispielhaft zu nennen sind die Gewerkschaften, die ausgeschaltet wurden, und an deren Stelle die Deutsche Arbeitsfront trat. Letztere fasste die Gesamtheit von Arbeitnehmern und Arbeitgebern zusammen;[270] eine Pluralität gab es nicht mehr. Dies wirkte sich auch auf die Vielfalt in der Erwachsenenbildung aus. Wichtige bisher bestehende Einrichtungen der Erwachsenenbildung gab es somit nicht mehr. An deren Stelle traten das Volksbildungswerk, die NSDAP sowie teilweise Großbetriebe.[271]

Erwachsenenbildung im Nationalsozialismus ist somit dadurch gekennzeichnet, dass sie erstens jenseits der klassischen (zum Teil nicht mehr existenten) Bildungseinrichtungen stattfand und zweitens massenhaft wirkte.[272]

Auch die Inhalte der Erwachsenenbildung änderten sich dementsprechend zumindest teilweise. Angeboten wurden die weltanschauliche Schulung, die berufliche (Nach-)Qualifikation, Sprachkurse aber auch Angebote im künstlerisch-musischen Bereich.[273] Während des Zweiten Weltkriegs wurde die Erwachsenenbildung jedoch zunehmend zum Instrument der Kriegsführung umfunktioniert.[274]

3. Jüdische Erwachsenenbildung

Dass die jüdische Erwachsenenbildung ab 1933 (zunächst) einen Aufschwung nahm, ist selbstverständlich nicht staatlicher Bildungspolitik zuzuschreiben. Grund war (u. a.) vielmehr, dass sie eine Möglichkeit war, sich wieder mehr mit Inhalt und Werten des Judentums vertraut zu machen, aber auch, sich in beruflicher Sicht auf eine Auswanderung nach Palästina vorzubereiten.[275]

---

269 Benner/Oelkers/*Schiersmann*, Pädagogik-Wörterbuch, S. 297, re. Sp.

270 *Frotscher/Pieroth*, Verfassungsgeschichte, Rn. 631.

271 *Geißler*, Schulgeschichte I, S. 739.

272 Tippelt/von Hippel/*Feidel-Mertz*, Handbuch I, S. 39.

273 *Geißler*, Schulgeschichte II, S. 811.

274 Tippelt/von Hippel/*Feidel-Mertz*, Handbuch I, S. 51.

275 Tippelt/von Hippel/*Feidel-Mertz*, Handbuch I, S. 49.

D. Phase der fehlenden Souveränität (1945–1949)

I. Einführung

1. Allgemeine politische Situation – Wegfall des deutschen Staats als Grundrechtsverpflichteter

a) Wegfall des deutschen Staates(?)

Nach der militärischen Niederlage übernahmen die Regierungen der vier (Haupt-)Alliierten die gesamte Staatsgewalt in Deutschland.[1] Dies erfolgte nicht nach den Regeln der Haager Landkriegsordnung. Die von den Alliierten ausgeübte Verwaltung Deutschlands war somit vollkommen verschieden von dem klassischen Okkupationsregime.[2] Das Deutsche Reich bestand zwar (nach überwiegender Meinung) fort, das deutsche Volk wurde aber als handlungsunfähig angesehen.[3]

Gemäß der so genannten Berliner Erklärung der Oberbefehlshaber der alliierten Streitkräfte vom 5. Juni 1945 gab es „in Deutschland keine zentrale Regierung oder Behörde, die fähig wäre, die Verantwortung für die Aufrechterhaltung der Ordnung, für die Verwaltung des Landes […] zu übernehmen."[4] Diese Erklärung war das „erste Besatzungsstatut". Anders als beispielsweise noch die Kapitulation der Wehrmacht wurde sie durch die Alliierten aus eigener Macht erlassen. Weder gab es eine Gegenzeichnung durch den deutschen „Vertragspartner" noch bedurfte es ihrer.[5]

Noch funktionierende „Reste" deutscher Verwaltungen wurden den Militärverwaltungen unterstellt[6], agierten also nicht als „deutsche" Behörden. Sie waren vielmehr ausführende Organe der Besatzungsbehörden.[7] Einen deutschen Staat als Verpflichteten von bildungsbezogenen Grundrechten gab es daher nicht mehr.

b) Die Alliierten als (faktische) Träger der Staatsmacht

Jede der vier Zonen unterstand einer Militärregierung. Daneben gab es den Alliierten Kontrollrat als gemeinsames Gremium der Alliierten, das für das gesamte Deutschland zu-

1 *Eisenhardt*, Rechtsgeschichte, Rn. 899.

2 *Kimminich*, Verfassungsgeschichte, S. 592.

3 *Köbler*, Rechtsgeschichte, S. 268; *Eisenhardt*, Rechtsgeschichte, Rn. 931 ff.

4 Amtsblatt des Kontrollrats in Deutschland, Ergänzungsblatt Nr. 1, S. 7.

5 *Henke*, U. S.-Besetzung, S. 969 f.

6 Isensee/Kirchhof/*Stolleis*, Staatsrechts-Handbuch I, § 7 Rn. 34.

7 *von Schmoller*, Besatzungsmächte-Befugnisse, S. 2.

ständig war.[8] Er war die „höchste Regierungsgewalt“[9] und hatte eine völkerrechtliche Doppelstellung: Er war Träger der deutschen Staatsgewalt und zugleich alliierte Regierung in Deutschland.[10] Ihm kam auch die legislative Aufgabe zu, die er in Form des Erlasses von Proklamationen, Gesetzen, Befehlen und Direktiven ausfüllte.[11] In den einzelnen Zonen kam den Zonenbefehlshabern die gesetzgebende Gewalt zu.[12]

Bestandteil der übergegangenen Staatsgewalt war somit auch die Gesetzgebungsgewalt. Entsprechend der eben genannten Zuständigkeit waren die Militärregierungen zuständig für ihre jeweilige „Zone“, für das gesamte Deutschland der Alliierte Kontrollrat.[13] Ungeachtet dessen galt das deutsche Recht, sofern es nicht explizit nationalsozialistisch war, dem Grunde nach fort.[14] Dies war auch in Bezug auf das Bildungsrecht der Fall.[15]

Die völker- wie auch staatsrechtliche Situation in Deutschland nach dem 8. Mai 1945 war damit ein Unikum.[16] Dies macht eine Einordnung und Vergleich mit den anderen vier hier untersuchten politischen Systemen schwer, wenn nicht sogar unmöglich.

2. Rechtliche Situation in Bezug auf das Bildungswesen

Aufgrund des eben beschriebenen Zustands stand auch das Bildungswesen in Deutschland zur Disposition der Alliierten.[17] Für den Bildungsbereich wurde von den vier Mächten das Education Committee (AKEC) eingerichtet. Da es nur einstimmig Entscheidungen treffen konnte, erlangte es aufgrund unterschiedlicher politischer Vorstellungen der Alliierten bis 1947 kaum Bedeutung.[18] Daneben verfügte jede Militärregierung über eine eigene für Bildungs- und Erziehungsangelegenheiten zuständige Abteilung. Letztere konnte für ihre „Zone“ geltende bildungspolitische Entscheidungen treffen.[19] Diese Abteilungen arbeiteten in unterschiedlichem Maße mit den jeweiligen deutschen Zivilverwaltungen zusammen.

Die beschriebenen gemeinsamen Organe dürfen jedoch nicht darüber hinwegtäuschen, dass die Alliierten von Anfang an unterschiedliche eigene Ziele verfolgten.[20] Bereits die Jahre 1946/1947 machten den Bruch der Alliierten deutlich.[21] Der Kontrollrat war daher in seiner Wirksamkeit beschränkt.[22] Auch funktionierten und verliefen die Besatzungsver-

---

8 *Hofer*, Rechtsgeschichte, Rn. 427.

9 *Hartung*, Verfassungsgeschichte, S. 362.

10 *Mai*, Kontrollrat, S. 3.

11 Isensee/Kirchhof/*Stolleis*, Staatsrechts-Handbuch I, § 7 Rn. 49.

12 *von Schmoller*, Besatzungsmächte-Befugnisse, S. 2.

13 *Hofer*, Rechtsgeschichte, Rn. 436.

14 *Willoweit*, Verfassungsgeschichte[5], S. 407.

15 Führ/Furck/*Reuter*, HdB VI/1, S. 34.

16 *Foitzik*, SMAD, S. 347.

17 *Geißler*, Schulgeschichte I, S. 740.

18 *Geißler*, Schulgeschichte II, S. 847.

19 *Geißler*, Schulgeschichte II, S. 847.

20 *Köbler*, Rechtsgeschichte, S. 255.

21 *Schlinker*, Rechtsgeschichte, § 52 Rn. 3.

22 *Gmür/Roth*, Rechtsgeschichte, Rn. 490, 492.

waltungen und die Reorganisation des deutschen Verwaltungsapparates in den „Zonen" unterschiedlich.[23] Insgesamt fehlte ein klares, zukunftsträchtiges Konzept.[24] Dies gilt auch in Bezug auf die Bildungspolitik. Die Alliierten sahen diese zwar als Bestandteil ihrer Besatzungspolitik an. Gleichwohl konnte bezüglich ihrer weder unter den Alliierten noch gegenüber den Deutschen ein Konsens gefunden werden.[25]

Aber nicht nur politische Differenzen erschwerten eine koordinierte Bildungspolitik der vier Alliierten. Auch die „materiellen" Voraussetzungen in den einzelnen Zonen (z. B. Zerstörungsgrad der Infrastruktur) waren verschieden. Gleiches galt in Bezug auf die unterschiedlichen regionalen Traditionen.[26]

Dies alles wirkte sich selbstverständlich auch auf die hier zu untersuchenden bildungspolitischen Fragen aus.

3. Bestehen von aus der deutschen Rechtsordnung abzuleitenden Grundrechten

Mangels Verfassung auf „gesamtdeutscher" Ebene konnte es keine Grundrechte geben. Allerdings gaben sich die meisten (Bundes-)Länder schon vor 1949 Verfassungen. Diese enthielten Grundrechtskataloge, die u. a. soziale Grundrechte umfassten[27], zum Teil auch Bildungskapitel[28]. Diese – bisweilen sehr ausführlichen[29] – Grundrechtsteile sollen in der vorliegenden Arbeit allerdings nicht untersucht werden. Gleiches gilt für die Verfassungsgerichtsbarkeit der Bundesländer, die teilweise Verfassungsbeschwerden an den Verfassungsgerichtshof vorsahen, wie etwa Art. 120 Verfassung von Bayern[30].

Aufgrund der unzureichenden Verwaltungs- und Bildungsinfrastruktur wäre das Geltendmachen von deutschen Bildungsgrundrechten auch eher ein hypothetischer Vorgang gewesen. Zudem gab es aufgrund einer Anordnung der Alliierten vorübergehend keine deutsche Gerichtsbarkeit.[31] Sich als Deutscher auf Rechtspositionen gegenüber den Alliierten zu berufen, kam ohnehin nicht in Betracht. Als die U. S.-Amerikaner z. B. zunächst alle Unterrichts- und Erziehungsanstalten schlossen[32] gab es hiergegen daher keine Rechtsschutzmöglichkeiten. Vergleichbares galt bezüglich der Gesetzgebung der Besatzungsmächte in der ersten Phase der Besetzung: Dieser waren inhaltlich (etwa durch eine Verfassung) keinen Grenzen gezogen.[33] Sie hatte vielmehr Ziele zu verfolgen.

---

23 *Eisenhardt*, Rechtsgeschichte, Rn. 903.

24 *Mitteis/Lieberich*, Rechtsgeschichte, Kap. 51, VI. 3.

25 Benz/*Füssl*, Besatzungs-Deutschland, S. 99.

26 Hearnden/*Hearnden*, British in Germany, S. 12.

27 *Boldt*, Verfassungsgeschichte, S. 296 f.

28 Führ/Furck/*Reuter*, HdB VI/1, S. 35.

29 *Korioth*, Deutsche Verfassungsgeschichte, Rn. 934.

30 Vom 2. Dezember 1946 (BayGVBl. S. 333).

31 III. Satz 1 Proklamation Nr. 1 des Obersten Befehlshabers der Alliierten Streitkräfte vom 11. September 1944 (Amtsblatt der Militärregierung Deutschland, Amerikanische Zone, Issue A vom 1. Juni 1946, S. 1).

32 *Henke*, U. S.-Besetzung, S. 174.

33 *von Schmoller*, Besatzungsmächte-Befugnisse, S. 3.

Allenfalls die Haager Landkriegsordnung könnte als „Schranke“ für das Verhalten der Alliierten gesehen werden[34]; diese hat jedoch für die hier zu erörternden Bildungs(grund)rechte keine Bedeutung.

4. „Rechtspositionen“ aufgrund alliierter Rechtsakte

Zwar gab es – auf Reichs-Ebene – keine Grundrechte. Das wirft jedoch die Frage auf, ob der Einzelne nicht aus Rechtsakten der Alliierten gleichsam subjektive Rechte herleiten konnte.

a) Proklamation Nr. 3 des Alliierten Kontrollrats

Gemäß I. der Proklamation Nr. 3 des Alliierten Kontrollrats[35] galt: „Alle Personen sind vor dem Gesetz gleich. Niemandem, was immer seine Rasse, Staatsangehörigkeit oder Religion sei, dürfen die ihm gesetzlich zustehenden Rechte entzogen werden.“

b) Potsdamer Abkommen

Unabhängig von der rechtlichen Einordnung des Potsdamer Abkommens und der Frage, ob ihm überhaupt irgendeine Verbindlichkeit zukam, soll es im hiesigen Kontext kurz erörtert werden. Die das Bildungswesen betreffende Passage des Abkommens lautete:

> „German education shall be so controlled as completely to eliminate Nazi and militarist doctrines and to make possible the successful development of democratic ideas.“

Bereits seinem Wortlaut nach hatte sie eine überwachende („[...] so controlled [...]“) Tendenz. Diese Tendenz bezog sich sowohl auf die untersagend-negative Facette („to eliminate Nazi and militarist doctrines“) als auch auf die schaffend-positive („to make possible the successful development of democratic ideas“). Die Rolle der Alliierten sollte also nicht sein, ein Bildungswesen gleichsam *selbst* zur Verfügung zu stellen. Vielmehr sollte das deutsche so überwacht werden, dass es den im Abkommen formulierten Vorgaben entsprach.

Das Potsdamer Abkommen hatte somit keine unmittelbare Wirkung für das einzelne Bildungssubjekt. Aus ihm konnten daher keine Rechte abgeleitet werden.

c) Direktive Nr. 54 des Alliierten Kontrollrats

Die Alliierten erließen ein grundlegendes Dokument bezüglich des deutschen Bildungswesens, das man gleichsam als „Magna Charta“ bezeichnen könnte: die Direktive Nr. 54 des Alliierten Kontrollrats[36]. Sie lautete[37]:

---

34 *von Schmoller*, Besatzungsmächte-Befugnisse, S. 8.

35 Vom 20. Oktober 1945 (Amtsblatt des Kontrollrats in Deutschland, Nr. 1, S. 22).

36 Vom 25. Juni 1947 (abgedruckt in: Ruhm von Oppen, Documents, S. 233 f.).

37 Hervorhebungen erfolgten diesseits, R. R.

„The Control Council approves the following *principles* and transmits them to the Zone Commanders and to the Allied Kommandatura, Berlin, *for their guidance*:

1. There *should* be equal educational opportunity for all.
2. Tuition, textbooks and other necessary scholastic material *should* be provided free of charge in all educational institutions fully supported by public funds which cater mainly for pupils of compulsory school age; in addition, maintenance grants *should* be made to those who need aid. In all other educational institutions, including universities, tuition, textbooks, and necessary material *should* be provided free of charge together with maintenance grants for those in need of assistance.
3. Compulsory full-time school attendance *should* be required for all between the ages of six and least fifteen – and thereafter, for those pupils not enrolled in full-time educational institutions, at least part-time compulsory attendance up to the completed age of eighteen years.
4. Schools for the compulsory periods *should* form a comprehensive educational system. The terms ‚elementary education' and ‚secondary education' *should* mean two consecutive levels of instruction, not two types or qualities of instruction which overlap.
5. All schools *should* lay emphasis upon education for civic responsibility and a democratic way of life, by means of the content of the curriculum, textbooks and materials of instruction, and by the organization of the school itself.
6. School curricula *should* aim to promote understanding of and respect for other nations and to this end attention *should* be given to the study of modern languages without prejudice to any.
7. Educational and vocational guidances *should* be provided for all pupils and students.
8. Health supervision and health education *should* be provided for all pupils and students. Instruction *will* also be given in Hygiene.
9. All teacher education *should* take place in a university or in a pedagogical institution of universitary rank.
10. Full provision *should* be made for effective participation of the people in the reform and organization as well as in the administration of the educational system."

Auffallend ist, dass die Direktive zahlreiche positive Aussagen trifft (z. B. gleiche Bildungschancen für alle, Lehrmittelfreiheit) und somit wie ein „Bildungsrecht-Katalog" wirkt.

Hieraus konnten Deutsche jedoch aus mehreren Gründen keine Rechte herleiten: Erstens richtete sich die Direktive an die Besatzungsstreitkräfte („transmits them to the Zone Commanders and to the Allied Kommandatura, Berlin"), nicht an die Bürgerinnen und Bürger selbst. Zweitens gab die Direktive nur Rahmenbedingungen („principles", „for their guidance") vor, setzte aber nicht unmittelbar geltendes Recht. Drittens wird auch aus der konsequenten Verwendung des Wortes „should" deutlich, dass es sich bei der Direktive nicht um unmittelbar geltende Rechtssätze handelte. Auffallend ist die Ausnahme bezüglich der Hygiene-Erziehung. Bezüglich dieser heißt es „*will* [.] be given". Hieraus dürften sich aber im vorliegend zu erörternden Kontext keine Ableitungen treffen lassen.

Die Direktive war nicht nur kein unmittelbar geltendes Recht. In den „Westzonen" scheiterten auch die Umsetzungs-Maßnahmen am deutschen Widerstand, im Osten wurde sie in dieser Form gar nicht umgesetzt.[38] Sie hatte also die „plakative Funktion gehabt, Eintracht noch zu demonstrieren, obwohl man (d. h. die Alliierten, R. R.) längst getrennte Wege ging."[39]

---

38 Benz/*Füssl*, Besatzungs-Deutschland, S. 99.

39 Benz/*Füssl*, Besatzungs-Deutschland, S. 105.

d) Bewertung

Aus den verschiedenen Bildungs-bezogenen Rechtsakten der Alliierten konnten keine subjektiven öffentlich-rechtlichen Rechtspositionen abgeleitet werden.

5. Tatsächliche Situation im unmittelbaren Nachkriegsdeutschland

Jedoch war nicht nur diese Verschiedenheit der Vorstellung, wie die Umerziehung zu geschehen habe, eine Herausforderung. Auch äußerlich bestanden keine guten Voraussetzungen für die geistige Umerziehung eines ganzen Volkes.[40]

Erstens: Geeignetes – das heißt: politisch geeignetes – Personal fehlte. Hintergrund war die nationalsozialistische Belastung eines Großteils der Lehrerschaft. Die unterschiedlichen Herangehensweisen der Alliierten zeigten sich auch an diesem Beispiel.

Zweitens fehlten Lehrmaterialien. So waren z. B. Schulbücher bestimmter Jahrgänge zu 100 % unbrauchbar, da sie nationalsozialistischen Inhalt trugen.[41]

Drittens musste auch die bildungsbezogene Infrastruktur wie Schulen und Kindergärten erst langsam wieder errichtet werden.[42] So fehlten z. B. in Berlin 42,5 % der Schulgebäude für einen geordneten Unterricht.[43] Noch vorhandene Schulen wurden großenteils als Lazarette oder Flüchtlingsunterkünfte verwendet[44], später auch für die Unterbringung der alliierten Soldaten[45].

Viertens war die allgemeine Struktur (Infrastruktur, Energieversorgung) größtenteils zusammengebrochen.[46] So war z. B. die Versorgung mit Kohle schlecht, da Teile der geförderten Kohle als Exporte das Land verließen und dementsprechend nicht in Deutschland zur Verfügung standen.[47] Nicht selten mussten Schulen wegen fehlenden Brennmaterials geschlossen werden.[48]

Hinzu kamen – fünftens – die im Allgemeinen schlechten Lebensverhältnisse (z. B. Nahrungsmittelknappheit, Wohnraummangel, hygienische Verhältnisse)[49]. Bei neun Millionen noch vorhandenen Wohnungen fehlten in der „West-Zone“ ungefähr sechs Millionen.[50] Mit Ende des Krieges brach das landwirtschaftliche Verteilungssystem faktisch zusammen.[51] Auch Schulkinder waren daher oft unterernährt.[52]

40 *Kimminich*, Verfassungsgeschichte, S. 610.

41 *Zink*, U. S. in Germany, S. 198.

42 *Stolleis*, Geschichte des öffentlichen Rechts IV, S. 29.

43 *Günther* et al., Geschichte der Erziehung, S. 697.

44 *Gerhardt*, Stunde Null, S. 101.

45 *Merritt*, Democracy Imposed, S. 271.

46 Luh/*Zimmermann*, Potsdamer Konferenz, S. 99.

47 *Latour/Vogelsang*, Okkupation und Wiederaufbau, S. 154.

48 *Führe*, französische Besatzungspolitik, S. 229.

49 Löhnig/*Wengst*, Zwischenzeit, S. 40 ff.

50 *Wurm*, Wirtschaft und Gesellschaft, S. 269.

51 *Latour/Vogelsang*, Okkupation und Wiederaufbau, S. 151.

52 Badstübner et al./*Thomas*, Werden und Wachsen, S. 69.

Sechstens waren Millionen Deutsche aus den „Ostgebieten“ auf der Flucht, was die ohnehin überlastete Infrastruktur in den vier Besatzungszonen zusätzlich beanspruchte: Ca. 12 Millionen gelangten in die West-Zonen, ca. 4 Millionen in die Sowjetische Besatzungszone.[53] Umgekehrt befanden sich anfangs noch circa elf Millionen Personen in Kriegsgefangenschaft.[54]

Ein weiteres Problem war – siebtens – die Inflation, die auch durch die Militärregierungen nicht gestoppt werden konnte.[55]

Diese gewaltige Größe der durch die Zerstörungen verursachten rein tatsächlichen Probleme und Mängel zeigt, dass ein etwaiges Recht auf Bildung schon rein praktisch durch das Bildungssubjekt nicht geltend gemacht werden konnte. Dies gilt vor allem für die Kinder und Jugendlichen, die nicht nur die „Wiederholung bitterer Erfahrungen mit der Hitlerjugend fürchtete(n)“[56], sondern auch mit Kleidungs-, Transport- und Lebensmittelproblemen konfrontiert waren.

Abschließend muss bei der Untersuchung des bildungsbezogenen Rechtsrahmens der „Besatzungszeit“ auch folgender Aspekt berücksichtigt werden: Die „Übernahme“ und Umgestaltung des gesamten Bildungswesens eines besiegten Staates waren eine vollkommen neuartige Situation – „(h)istory had no advice or example to follow“[57]. Doch nicht nur bei den Alliierten bestanden diesbezüglich große Fragen. Auch die deutschen Pädagogen fragten sich: „An welche Bildungstraditionen sollte, konnte man 1945 anschließen?“[58].

6. Resultate der reeducation und Übergang zur reorientation

a) Resultate der reeducation

Wie dargelegt gab es keinen verfassungsrechtlichen Rahmen für das Bildungswesen auf gesamtdeutscher Ebene in der „Besatzungszeit“. Es wurde auch deutlich, dass die Rahmenbedingungen schlecht waren: „(H)ungernden und frierenden Menschen ohne rechte Zukunftshoffnung (konnte man) keine Demokratie ‚beibringen‘“[59].

In welchem Umfang die reeduction erfolgreich war, ist umstritten. Zeitgenössische Bewertungen waren eher negativ; von „very little impact“[60] war die Rede. Gleichwohl hat die reeducation schon während der Besatzungszeit zur Demokratisierung beigetragen.[61] Denn die Besatzungszeit bot auch Möglichkeiten zur „Begegnung von Mensch zu Mensch und von Land zu Land“[62] und gab damit Anstöße für ein Umdenken der Deutschen. Betrach-

53 Führ/Furck/*Führ*, HdB VI/1, S. 5 f.

54 Luh/*Zimmermann*, Potsdamer Konferenz, S. 99.

55 *Wurm*, Wirtschaft und Gesellschaft, S. 269.

56 Scharf/Schröder/*Ruge-Schatz*, Frankreichs Deutschlandpolitik, S. 106.

57 Hearnden/*Murray*, British in Germany, S. 65.

58 Führ/Furck/*Führ*, HdB VI/1, S. 6.

59 Scharf/Schröder/*Jürgensen*, Britische Deutschlandpolitik, S. 116.

60 Sobe/*Dorn/Puaca*, American Educational Reform, S. 121.

61 *Frotscher/Pieroth*, Verfassungsgeschichte, Rn. 725.

62 Scharf/Schröder/*Jürgensen*, Britische Deutschlandpolitik, S. 117.

tet man darüber hinaus, dass das Bildungssystem der Bundesrepublik Deutschland auch nach 1949 reformiert wurde, was u. a. durch die reeducation in der unmittelbaren Nachkriegszeit ausgelöst wurde, können auch langfristige positive Folgen konstatiert werden.[63]

b) Übergang zur reorientation

Die zunehmenden Spannungen zwischen den West-Alliierten und der Sowjetunion führten dazu, dass die westlichen Besatzungszonen immer weniger ein Feindstaat waren und immer mehr ein zukünftiger Bündnispartner im westlichen Bündnissystem wurden. Außerdem begann das deutsche Bildungssystem wieder zu funktionieren.[64] Aus der strikten reeducation wurde daher zunehmend eine moderate reorientation.[65] Im Besatzungsstatut vom 10. April 1949 erklärten die Alliierten unter (2), sich die Ausübung einiger Befugnisse vorzubehalten. Das Bildungswesen fiel nicht hierunter. Dies führte in den USA zwar zu einem „great outcry which led to formal protests being lodged with the State Department"[66]; letztlich blieben diese Proteste aber erfolglos, so dass die Befugnisse auf Deutschland übergingen.

II. Allgemeines Recht auf Bildung

Mangels Verfassung oder alliierter Rechtsakte, die subjektive Rechte vermittelten, konnte es auf „gesamtstaatlicher" Ebene kein Grundrecht auf Bildung geben.

63 Sobe/*Dorn/Puaca*, American Educational Reform, S. 121.

64 *Tent*, Rhine-Mission, S. 254.

65 *Rosenzweig*, Erziehung zur Demokratie, S. 212.

66 *Zink*, U. S. in Germany, S. 195.

E. Deutsche Demokratische Republik

I. Einführung

1. Verfassungsrechtlicher Rahmen

Die Deutsche Demokratische Republik hatte in ihrer über 40-jährigen Geschichte insgesamt drei Verfassungen: die von 1949[1], 1968[2] sowie die Verfassung von 1974[3].[4]

Die Verfassung von 1949 wurzelte in den liberal-individualistischen Ideen des 19. Jahrhunderts[5] und war damit in gewisser Weise mit dem Grundgesetz vergleichbar. Sie lehnte sich in der Ausgestaltung des Grundrechtsteils zudem an die Weimarer Reichsverfassung an[6], auch wenn sie sich nach Auffassung des Gesetzgebers prinzipiell von ihr unterscheiden sollte[7]. „Die Grundrechte", so Grotewohl, „sind daher sehr viel mehr als bloße ‚Individualrechte', die der Einzelne gegenüber dem Staat hätte. Sie sind die fundamentalen Prinzipien der zukünftigen deutschen Staatspolitik."[8] Im Gegensatz zu anderen osteuropäischen Verfassungen orientierte sie sich somit nicht an der Stalinschen Verfassung von 1936.[9] Eine Verfassungsgerichtsbarkeit sah sie nicht vor.[10] Allerdings war die Verfassung von 1949 nach dem ideologischen Selbstverständnis der SED verhältnismäßig schnell obsolet geworden.[11] Sie wurde daher in großen und wichtigen Teilen nicht gelebt[12] und spiegelte somit die tatsächlichen Verfassungsverhältnisse kaum wider[13].

Den Untersuchungen der hiesigen Arbeit liegt aus diesen Gründen die Verfassung von 1968 zugrunde. Diese Verfassung unterschied sich erheblich sowohl von der DDR-Verfassung von 1949 als auch vom Grundgesetz.[14] Denn sie normierte im Vergleich zu derjenigen aus dem Jahre 1949 zwar nach wie vor Grundrechte. Diese dienten aber nicht in erster Linie der Verwirklichung des Individuums, sondern vorrangig der Verwirklichung des Kom-

---

1 Hierzu: Schröder et al./*Melzer*, DDR-Staatsgeschichte, S. 87 ff.

2 Hierzu: Schröder et al./*Görner*, DDR-Staatsgeschichte, S. 206 ff.

3 Hierzu: Schröder et al./*Görner*, DDR-Staatsgeschichte, S. 240 f.

4 *Hofer*, Rechtsgeschichte, Rn. 444.

5 *Roggemann*, Sozialistische Verfassung, S. 130.

6 Merten/Papier/*Brunner*, Grundrechte-Handbuch I, § 13 Rn. 24.

7 Schröder et al./*Melzer*, DDR-Staatsgeschichte, S. 88, li. Sp.

8 *Grotewohl*, Reden und Aufsätze I, S. 84.

9 Mohnhaupt/*Friedrich/Geisler*, Rechtsgeschichte, S. 696.

10 *Wesel*, Geschichte des Rechts, S. 511.

11 Isensee/Kirchhof/*Brunner*, Staatsrechts-Handbuch I, § 11 Rn. 7.

12 *Amos*, Entstehung der Verfassung, S. 322.

13 *Willoweit*, Verfassungsgeschichte[7], § 42 Rn. 15.

14 *Roggemann*, Sozialistische Verfassung, S. 146.

munismus.[15] Außerdem wurde der unbegrenzte Machtanspruch der SED in der Verfassung verankert.[16] Ausgehend von dieser Grundlage ist ein Vergleich mit dem Grundgesetz der Bundesrepublik aus wissenschaftlicher Sicht am interessantesten.

Die Verfassung von 1974 stellte eine „Totalrevision"[17] derer aus dem Jahr 1968 dar. Mit ihr sollte die Verfassung in Übereinstimmung mit der Wirklichkeit gebracht werden.[18] Im Grundrechtskatalog wurden jedoch keine Änderungen vorgenommen.[19] Auf sie soll im Folgenden nicht weiter eingegangen werden.

2. Grundrechte und Grundpflichten

a) Grundrechte als Freiheitsrechte?

In der Verfassung von 1968 wurde bereits in der Überschrift („Grundrechte und Grundpflichten") verdeutlicht, dass Grundrechte und Grundpflichten miteinander einhergehen.[20] Die Grundrechte wurden nur gewährleistet, wenn der Grundrechtsträger diese zugleich als Pflicht realisierte[21]: „Die Realisierung der Rechte ist daher nicht zu trennen von der Erfüllung der Pflichten durch jeden. Die Erweiterung der Rechte und Freiheiten ist mit einer zunehmenden Verantwortung verbunden, die Rechte zu nutzen und die Pflichten zu erfüllen."[22] Mithin unterschied sich bereits dies maßgeblich vom Grundrechtsverständnis in der heutigen Bundesrepublik.

Grundrechte dienten also nicht dazu, dem Einzelnen einen Freiraum gegenüber dem Staat zu verschaffen.[23] Ihr Zweck war nicht der Schutz der Freiheitssphäre von Individuen[24] oder die Autonomie des Individuums zur Geltung zu bringen[25]. Vielmehr ging die Verfassung davon aus, dass eine Interessenidentität zwischen Bürger und Staat bestand.[26] Im Rahmen einer solchen Interessenidentität konnten Grundrechte nicht in ihrer Abwehrposition wahrgenommen werden[27] und liefen damit praktisch leer. Faktisch konnten daher Grundrechte als Abwehrrechte (im westdeutschen Verständnis) kaum geltend gemacht werden.[28]

Zudem konnten Grundrechte nicht autonom, d. h. frei und eigenverantwortlich durch den Inhaber in Anspruch genommen werden. Sie dienten somit nicht der Entfaltung der

---

15 BpB, erste Verfassung für die DDR.

16 Staatslexikon/*Schroeder*, Band I, Stichwort Deutsche Demokratische Republik, II 1.

17 Isensee/Kirchhof/*Brunner*, Staatsrechts-Handbuch I, § 11 Rn. 11.

18 Kaelble/Kocka/Zwahr/*Friedrich*, DDR-Sozialgeschichte, S. 490.

19 *Dietze*, DDR-Verfassung, S. 363.

20 Bundestag, Fragen zur DDR-Verfassung, S. 6.

21 *Schmid*, Verfassungssysteme, S. 65.

22 *Poppe* et al., Bürger-Grundrechte, S. 82.

23 *Boldt*, Verfassungsgeschichte, S. 308.

24 *Sorgenicht* et al., DDR-Verfassung Band II, S. 12.

25 Merten/Papier/*Brunner*, Grundrechte-Handbuch I, § 13 Rn. 7.

26 Jesse/*Stammen*, BRD und DDR, S. 332.

27 *Hofer*, Rechtsgeschichte, Rn. 447.

28 Isensee/Kirchhof/*Brunner*, Staatsrechts-Handbuch I, § 11 Rn. 82. Kritisch hierzu *Roggemann*, DDR-Verfassungsrecht, S. 293 f.

individuellen Selbstbestimmung.[29] Sie waren vielmehr im Rahmen und nach Vorgaben der von der SED aufgestellten Grundsätze für sozioökonomische und politische Entwicklung auszuüben.[30] Auch insofern konnte Grundrechtsausübung nicht als Ausdruck individueller Gestaltung und Entfaltung verstanden werden. Grundrechte waren zudem keine Rechte, die dem Menschen kraft seines Menschseins zukommen, sondern die durch den Staat gewährt wurden.[31] Die Bedeutung der Grundrechte wurde außerdem dadurch geschmälert, dass ihr Umfang und die Art und Weise ihrer Realisierung durch die Verwaltungsrechtsnormen konkretisiert wurden.[32]

b) Grundrechte als Teilhaberechte

Hiervon zu unterscheiden sind Grundrechte in ihrer Funktion als Teilhaberechte. Die sozialistischen Grundrechte stellten in erster Linie solche Mitwirkungs- und Mitgestaltungsrechte dar.[33] Unter diese Mitwirkungsrechte fiel beispielsweise das „sozialistische Muttergrundrecht"[34] aus Art. 19 I DDR-Verfassung, wonach „allen Bürgern die Ausübung ihrer Rechte und ihre Mitwirkung an der Leitung der gesellschaftlichen Entwicklung" garantiert wird. Die Norm hatte damit „wesentliche Bedeutung für die Grundrechte der Bürger"[35]. Grundsätzlich basierte das Recht auf Bildung auf Teilhaberechten und weniger auf abwehrrechtlicher Ebene. Auf den ersten Blick war damit das sozialistische Grundverständnis als durchaus „bildungsfreundlich" zu bezeichnen.

Den sozialistischen Grundrechten lag das marxistische Menschenbild zugrunde. Gemäß Art. 19 III DDR-Verfassung hatte jeder Bürger die gleichen Rechte und vielfältigen Möglichkeiten, „(s)eine Kräfte aus freiem Entschluß zum Wohle der Gesellschaft und zu seinem eigenen Nutzen in der sozialistischen Gemeinschaft ungehindert zu entfalten." Gemäß Art. 19 III 2 DDR-Verfassung verwirklichte er so die Freiheit und Würde seiner Persönlichkeit.

Allerdings enthielten die Grundrechte keine unmittelbaren „Anspruchsgrundlagen" für den Bürger. Dessen konkrete Rechtsposition ergab sich allenfalls aus unterverfassungsrechtlichen Bestimmungen.[36] Das bedeutet, dass selbst in Bezug auf die Teilhaberechte unmittelbare subjektive Rechte des Einzelnen nicht bestanden.

c) Einheit von Grundrecht und Grundpflicht

Nach dem sozialistischen Grundrechtsverständnis war die gesellschaftliche Ausübung dieser Rechtsposition nicht nur Recht, sondern auch gesellschaftlich-moralische Pflicht

---

29 Eppelmann et al./*Stern*, Lexikon des DDR-Sozialismus, S. 271.

30 Jesse/*Stammen*, BRD und DDR, S. 334.

31 Eppelmann et al./*Stern*, Lexikon des DDR-Sozialismus, S. 270.

32 ASR, Verwaltungsrecht, S. 189.

33 *Roggemann*, Sozialistische Verfassung, S. 135.

34 *Roggemann*, Sozialistische Verfassung, S. 135.

35 *Sorgenicht* et al., DDR-Verfassung Band II, S. 12.

36 Kaelble/Kocka/Zwahr/*Friedrich*, DDR-Sozialgeschichte, S. 491.

des Einzelnen.[37] Somit lässt sich von einer Einheit von Recht und Pflicht reden[38], so genannte „Einheitsthese“[39]. Die Grundrechte im Rahmen der Verfassung wurden insoweit nur gewährleistet, wenn die Grundrechtsträgerin bzw. der Grundrechtsträger die damit einhergehende Pflicht realisierte.[40] Dies bedeutete, dass die Pflicht zur Ausübung eines Grundrechts im Falle des besonderen Interesses der Gesellschaft im Einzelfall auch mit staatlichen Zwangsmitteln erzwungen werden konnte.[41] Ein Recht in dem Sinne, dass es dem Einzelnen die Möglichkeit bot, von ihm *nach seiner Wahl* keinen Gebrauch zu machen, war das Recht auf Bildung somit nicht.

Verständlicher wird dies, wenn man sich die gesellschaftlich-wirtschaftliche Situation vor Augen führt: Für die Deutsche Demokratische Republik war ein leistungsfähiges Bildungswesen eine wichtige Voraussetzung, um den wissenschaftlichen und wissenschaftlich-technischen Fortschritt zu beschleunigen.[42] „Das umfassende Recht auf Bildung bedeutet(e) für jeden Bürger zugleich die Verpflichtung, dieses Recht auch gleich wahrzunehmen“.[43] Es bestand somit – wie bereits erwähnt – eine Pflicht jedes Einzelnen sich eine hohe Bildung anzueignen und das ihm hierdurch vermittelte Wissen und Können für die sozialistische Gesellschaft einzusetzen.[44]

Als Beispiel ist Art. 25 IV 3 der DDR-Verfassung zu nennen. Nach dieser Norm hatten alle Jugendlichen „das Recht und die Pflicht einen Beruf zu erlernen“. Dies rührte daher, dass in der DDR objektive Erfordernisse der Gesellschaftlichen Entwicklung bestanden, welchen durch das Recht und die Pflicht genüge getan werden sollte.[45] Dies bedeutete zum einen, dass jedem Jugendlichen eine Berufsausbildung rechtlich garantiert war.[46] Zum anderen unterlagen die Jugendlichen gleichzeitig der Pflicht einen Beruf zu erlernen.[47] Dies bedeutete letztlich, dass die Ausübung des Rechts auf berufliche Ausbildung allenfalls bedingt in der Entscheidung des Individuums lag. In dem Rechtshandbuch für den Bürger wird dies wie folgt begründet: „Würde jeder nur seinen Traumberuf nachgehen wollen, so würden wir das alle sehr bald spüren.“[48]

Ein weiterer grundsätzlicher grundrechtsdogmatischer Aspekt waren die durch die Verfassung ausgesprochenen Garantien. Diese bedeuteten nach sozialistischem Grundverständnis nicht die formale rechtliche Absicherung der Grundrechte, sondern deren politisch-ökonomische Gewährleistung durch das werktätige Volk. Denn in dessen Händen lag die politische und wirtschaftliche Macht, so dass es den Grundrechtsinhabern die praktischen Voraussetzungen für eine reale Grundrechtsausübung zur Verfügung stellte.[49]

37 *Roggemann*, Sozialistische Verfassung, S. 139.

38 Bundestag, Fragen zur DDR-Verfassung, S. 6.

39 Merten/Papier/*Brunner*, Grundrechte-Handbuch I, § 13 Rn. 59 ff.

40 *Schmidt*, Verfassungssysteme, S. 65.

41 *Roggemann*, Sozialistische Verfassung, S. 138.

42 *Aner* et al., Bildung, Wissenschaft und kulturelles Leben, S. 11.

43 *Sorgenicht* et al., DDR-Verfassung Band II, S. 91.

44 *Sorgenicht* et al., DDR-Verfassung Band II, S. 91.

45 *Sorgenicht* et al., DDR-Verfassung Band II, S. 94.

46 *Aner* et al., Bildung, Wissenschaft du kulturelles Leben, S. 43.

47 Eppelmann et al./*Hille*, Lexikon des DDR-Sozialismus, S. 315.

48 *Mollnau*, Bürger-Rechtshandbuch, S. 267.

49 *Roggemann*, Sozialistische Verfassung, S. 143.

d) Rechtsschutz

In diesem Zusammenhang ist hervorzuheben, dass es in der DDR keine Verfassungsgerichtsbarkeit gab, mithilfe derer Grundrechte gerichtlich geltend gemacht werden konnten.[50] Aus dem Staatsverständnis der Gewalteneinheit ergab sich zudem, dass eine Verwaltungsgerichtsbarkeit, die den Staat kontrolliert, nicht erforderlich war.[51]

e) Bewertung

Somit lässt sich sagen, dass sich das Grundrechts- und Rechtsverständnis der DDR erheblich von dem des Grundgesetzes unterschied.[52] Nicht nur, dass die Grundrechte nicht im Interesse des Einzelnen geltend gemacht werden konnten. Die Verfassung selbst stellte schon keine „Anspruchsgrundlage" für den Bürger dar. Darüber hinaus konnte dieser individuell-subjektive Rechte mangels Gerichtsbarkeit nicht durchsetzen. Konkret auf das Recht auf Bildung bezogen bedeutet das, dass es dem Einzelnen keine Bildungsautonomie gewährleistete.[53] Echte Leistungs- oder Teilhaberechte in Bezug auf Bildung enthielt die Verfassung von 1968 daher nicht.

3. Ausgewählte Gesichtspunkte des Sozialismus

Recht und Bildung weisen immer auch eine gesellschaftspolitische Dimension auf, so dass hier ebenso auf den Sozialismus bzw. den Marxismus-Leninismus einzugehen ist. Die vorliegende Arbeit ist allerdings weder eine politikwissenschaftliche noch soziologische oder geschichtliche. Daher sollen einige Prinzipien des Sozialismus im Folgenden nur knapp skizziert werden. Hierbei muss allerdings betont werden, dass es sich bei diesen Prinzipien lediglich um „Blankette" handelt. Denn jede politische Kursänderung verlangte neue Festlegungen durch die SED, was unter Sozialismus zu verstehen war.[54]

a) Klassencharakter

Erster Gesichtspunkt des Sozialismus ist der Klassencharakter. Die Werte des Sozialismus seien solche der Arbeiterklasse.[55] Im Gegensatz hierzu stehen andere Klassen wie die Bourgeoisie und die Kapitalisten. Dieser Gegensatz müsse überwunden werden, soll eine klassenlose Gesellschaft entstehen. Der Prozess des sozialistischen Aufbaus umfasse somit auch das Zusammenwachsen der verschiedenen Klassen und Schichten zu einer „Gemeinschaft freier und gebildeter Mitgestalter ihres sozialistischen Vaterlands"[56]. Die-

---

50 *Beaucamp*, JA 2015, 725, 728.

51 *Stelkens*, DtZ 1990, 305, 306.

52 *Beaucamp*, JA 2015, 725, 728.

53 Jesse/*Stammen*, BRD und DDR, S. 336.

54 Eppelmann et al./*Goerner/Wilke*, Lexikon des DDR-Sozialismus, S. 541.

55 Akademie für Gesellschaftswissenschaften/*Hahn*, DDR-Sozialismus, S. 42.

56 *Bittighöfer/Schmollack*, Moral und Gesellschaft, S. 14.

ses Zusammenwachsen setze auch die (Um-)Erziehung zu sozialistischen Persönlichkeiten voraus, wodurch Bezüge zum Bildungswesen deutlich werden.

b) Wissenschaftlicher Charakter

Zweiter Gesichtspunkt ist der der Wissenschaftlichkeit. Die Werte des Sozialismus seien Bestandteil einer wissenschaftlichen Weltanschauung. Sie seien damit in objektiven Gesetzmäßigkeiten verankert.[57] Diese Vorstellung hat auch Auswirkungen auf das Recht: Es gibt nur *eine* objektive Wahrheit – welche aus der historischen Gesetzmäßigkeit abzuleiten ist.[58] Das bedeutet, dass rechtspolitische Pragmatik und juristischer Pluralismus hierdurch ausgeschlossen sind.[59] Ebenso ausgeschlossen sind rechtliche Grundentscheidungen, die vom Sozialismus abweichen, da auch diese „objektiv falsch“ wären.

c) Humanistischer Charakter

Alle Werte des Sozialismus „verkörpern in verschiedener Gestalt, für verschiedene Bereiche und mit verschiedenen Ansprüchen die Menschlichkeit“[60] der sozialistischen Gesellschaftsordnung. Hiermit wird – zumindest vordergründig – ein starker Bezug zur Bildung als ebenfalls menschenzentriertem Phänomen deutlich.

4. Sozialistisches Verständnis von Bildung

Die eben nur skizzierten Prinzipien des Sozialismus wirkten sich ebenso auf das Verständnis und Zweck von Bildung aus. Daher gab es auch eine „sozialistische Pädagogik“. Diese wirkte sich, genauso wie die unter a) und b) dargestellten rechtlichen Rahmenbedingungen, auf das Recht auf Bildung aus. Sie soll daher im Folgenden – ebenfalls nur kurz – skizziert werden.

a) Ziele der sozialistischen Pädagogik und des sozialistischen Bildungssystems

aa) Einführung

„Die Verwirklichung des grandiosen Plans des kommunistischen Aufbaus erfordert, daß die gesamte Arbeit zur Erziehung der Sowjetmenschen entscheidend verbessert, ihr kommunistisches Bewußtsein und ihre Aktivität gehoben, sowie neue Menschen herangebildet werden, die im Geiste des Kollektivismus und der Liebe zur Arbeit, in dem Bewußtsein der gesellschaftlichen Pflicht, im Geiste des sozialistischen Internationalismus, im Geiste der Achtung der hohen Moralprinzipien der neuen Gesellschaft erzogen sind.“[61]

---

57 Akademie für Gesellschaftswissenschaften/*Hahn*, DDR-Sozialismus, S. 42.

58 Kaelble/Kocka/Zwahr/*Dilcher*, DDR-Sozialgeschichte, S. 474.

59 Kaelble/Kocka/Zwahr/*Dilcher*, DDR-Sozialgeschichte, S. 474.

60 Akademie für Gesellschaftswissenschaften/*Hahn*, DDR-Sozialismus, S. 43.

61 *Chruschtschow*, Thesen zum Referat auf dem XXI. Parteitag der KPdSU (abgedruckt in: *Lange*, Kulturrevolution I, S. 68).

Bereits dieses Zitat von Chruschtschow lässt erahnen, dass die sozialistische Pädagogik wenig damit zu tun hatte, das Lernsubjekt in seiner individuellen Entwicklung zu fördern. Die Ziele in der sozialistischen Pädagogik wurden vielmehr aus der Philosophie des Marxismus-Leninismus übernommen.[62]

Das Gleiche gilt für das sozialistische Menschenbild, welches ein neues gesellschaftliches Bild vom so genannten sozialistischen Bewusstsein zum Inhalt hatte.[63]

Der Sozialismus wies eigene Bildungsideale und -grundsätze auf. Hierzu gehörte erstens die Abschaffung des „Bildungsmonopol(s) der früher herrschenden Klassen"[64] (d. h. der so genannten Bourgeoisie und Junkertum) und zweitens die Öffnung des akademischen Bildungssystems „für die Kinder der Arbeiter und Bauern"[65].

Die sozialistische Erziehung (und damit aufgrund der Einheit von Bildung und Erziehung (vgl. § 5 I Bildungsgesetz) auch die Bildung) war ausgerichtet auf die Heranbildung aktiver, für den Sozialismus engagierter Persönlichkeiten.[66] Daher war „die gesamte Bildungs- und Erziehungsarbeit darauf zu richten [.], zu helfen, die sozialistische und kommunistische Gesellschaft aufzubauen"[67]. Dementsprechend hatte jede Bildungseinrichtung die Aufgabe, „entsprechend ihrer spezifischen Funktion [...] zur Verwirklichung dieses sozialistischen Bildungs- und Erziehungszieles beizutragen"[68].

Zu den offiziellen Rahmenbedingungen des DDR-Bildungssystems zählten somit unter anderem: Erstens die vollständige Unterordnung aller seiner Bereiche unter das gesetzlich fixierte Ziel, zweitens die Staatlichkeit und drittens die Weltlichkeit.[69]

bb) Die Funktion von Bildung und Erziehung in der Familie im Sozialismus

Die Bedeutung der Familie wandelte sich im Sozialismus von der „vornehmlich *ökonomischen und juristischen* Institution [...] mehr und mehr zu einer sozialistischen sittlichen Gemeinschaft."[70] Auch die Familie sollte damit kein Raum des Privaten bzw. des Individuellen sein. Vielmehr sollten gesellschaftliche und persönliche Interessen „sinnvoll" verbunden werden und übereinstimmen; auch die Familie sollte damit zum Ort „für die Entwicklung der Ehegatten und ihrer Kinder zu sozialistischen Persönlichkeiten"[71] werden.

---

62 *Niermann*, Sozialistische Pädagogik, S. 42.
63 *Niermann*, Sozialistische Pädagogik, S. 43.
64 Akademie für Gesellschaftswissenschaften/*Weidig*, DDR-Sozialismus, S. 81.
65 Akademie für Gesellschaftswissenschaften/*Weidig*, DDR-Sozialismus, S. 81.
66 *Klein*, Bildung in der DDR, S. 28.
67 *Göschel/Zwahr*, DDR-Handbuch, S. 487, li. Sp.
68 Deutsches Institut für Zeitgeschichte, DDR-Handbuch, S. 663.
69 Deutscher Bundestag/*Fischer*, Enquete-Kommission SED-Diktatur III, S. 855.
70 *Bittighöfer/Schmollack*, Moral und Gesellschaft, S. 253.
71 *Bittighöfer/Schmollack*, Moral und Gesellschaft, S. 253.

cc) Die Funktion der vorschulischen Bildung im Sozialismus

Die Funktion der Kindergärten war unter anderem die Erziehung zur „Achtung vor der Arbeit und den arbeitenden Menschen“[72]. Die Kinder sollten somit im Sinne der sozialistischen Moral geformt werden.[73]

dd) Die Funktion der schulischen Bildung im Sozialismus

Der Schule oblag die Aufgabe, „überzeugte Sozialisten zu erziehen, die fähig und bereit sind, das Werk des sozialistischen Aufbaus fortzuführen und zu vollenden.“[74] Der V. Parteitag der SED beschloss daher „den Übergang von der (bisherigen) antifaschistisch-demokratischen Schule zur sozialistischen Schule“[75].

Schulen waren damit ein „Machtinstrument der Arbeiterklasse“[76]. *Alternativen* zum Sozialismus zu vermitteln, war also nicht Bestandteil des sozialistischen Bildungskonzepts.[77] Denn nach sozialistischer Auffassung war der dialektische Materialismus die „einzig wissenschaftliche[.] Weltanschauung“[78].

ee) Die Funktion der akademischen Bildung im Sozialismus

Ziel der akademischen Bildung war die „Heranbildung einer Intelligenz, die hohe Achtung vor der Arbeiterklasse besitzt, [...] und die sich eng mit der sozialistischen Gemeinschaft verbunden fühlt“[79].

ff) Die Funktion der Erwachsenenbildung im Sozialismus

Wesentliches Kriterium der populärwissenschaftlichen Arbeit – also der Erwachsenenbildung – sollte „die gesellschaftliche Nützlichkeit sein“[80]. Außerdem sollte sie dazu beitragen, „die Erkenntnis über die nationale Mission der deutschen Arbeiterklasse bei allen Bürgern zu vertiefen“[81].

---

72 Deutsches Institut für Zeitgeschichte, DDR-Handbuch, S. 661 f.

73 Deutsches Institut für Zeitgeschichte, DDR-Handbuch, S. 664.

74 Schulkonferenz der Sozialistischen Einheitspartei Deutschlands, Vorschläge zur sozialistischen Erziehung der Schuljugend vom 24. und 25. April 1958 (abgedruckt in: *Lange*, Kulturrevolution II, S. 48).

75 Ausschuss für Deutsche Einheit, DDR, S. 173.

76 *Hager*, Theorie und Politik, S. 260.

77 BLPB, DDR-Verfassung, S. 42.

78 Ausschuss für Deutsche Einheit, DDR, S. 174.

79 Ausschuss für Deutsche Einheit, DDR, S. 185.

80 Deutsches Institut für Zeitgeschichte, DDR-Handbuch, S. 710.

81 Deutsches Institut für Zeitgeschichte, DDR-Handbuch, S. 711.

gg) Zwischenfazit

Den Bildungseinrichtungen in der Deutschen Demokratischen Republik fiel damit die Aufgabe der „ideologischen Homogenisierung der Gesellschaft"[82] zu.

Die sozialistischen Grundrechte waren hierzu die juristischen Instrumente. Sie dienten der Gestaltung der entwickelten *sozialistischen* Gesellschaft und der Erziehung *sozialistischer* Persönlichkeiten.[83] Ziel des gesamten Bildungswesens war es, „junge Menschen zu erziehen und auszubilden, [...], deren marxistisch-leninistisch fundiertes Weltbild die persönlichen Überzeugungen und Verhaltensweisen durchdringt [...]"[84].

b) Probleme

Der Anspruch der sozialistischen Bildung, nämlich z. B. wissenschaftliche mit politischen Inhalten zu verbinden, warf aber auch Probleme auf.

So stellte Ulbricht bereits im Jahr 1958 fest: „Das Problem besteht darin, daß die sozialistische Erziehung mit den fachlichen Erfordernissen in Einklang gebracht werden muss."[85] Hieran wird deutlich, dass sich beide „Dimensionen" widersprechen konnten, zumindest aber in der fachlichen Ausbildung Abstriche gemacht werden mussten, um auch die ideologischen Inhalte vermitteln zu können. Ein Beispiel hierfür waren die universitären Curricula.

In derselben Rede warf Ulbricht ein weiteres Problem auf: Das der geeigneten Lehrkörper. Als Beispiel nannte er, dass „bürgerliche" Professoren[86] Studenten nicht zu Sozialisten (bzw. zu sozialistischen Wissenschaftlern) erziehen können. Mit diesen Lehrkörpern, so Ulbricht, müsse man „loyal und freundschaftlich [...] zusammenarbeiten"[87]. Dies sei jedoch nur eine „Übergangslösung". Aber schon von den Assistenten – d. h. den kommenden Professoren – werde erwartet, „daß sie sich ernstlich bemühen und systematisch bestrebt sind, Sozialisten und tüchtige Fachleute zu werden."[88]

c) Sozialistische Persönlichkeit vs. individuelle Entwicklung des Bildungssubjekts

Im Sozialismus galt das Prinzip, dass die gesellschaftliche von der außergesellschaftlichen (d. h. individuellen) Entwicklung nicht zu trennen ist. Gesellschaft und Individuum

---

[82] BM innerdeutsche Beziehungen/*Anweiler*, Vergleich, S. 14.

[83] *Poppe* et al., Bürger-Grundrechte, S. 124.

[84] *Mollnau*, Bürger-Rechtshandbuch, S. 256.

[85] *Ulbricht*, Rede auf dem 36. Plenum des Zentralkomitees der Sozialistischen Einheitspartei Deutschlands vom 10. und 11. Juni 1958 (abgedruckt in: *Lange*, Kulturrevolution I, S. 366).

[86] Also Professoren, die bereits vor 1945 eine Lehrtätigkeit ausgeübt hatten (und natürlich nicht nationalsozialistisch gesinnt waren).

[87] *Ulbricht*, Rede auf dem 36. Plenum des Zentralkomitees der Sozialistischen Einheitspartei Deutschlands vom 10. und 11. Juni 1958 (abgedruckt in: *Lange*, Kulturrevolution I, S. 369).

[88] *Ulbricht*, Rede auf dem 36. Plenum des Zentralkomitees der Sozialistischen Einheitspartei Deutschlands vom 10. und 11. Juni 1958 (abgedruckt in: *Lange*, Kulturrevolution I, S. 369).

stehen „in einem ständigen dialektischen Zusammenhang"[89]. Individuelle Interessen und Individualität seien somit zwar nicht aufzugeben. Erforderlich sei aber auch „die tätige und bewußte Einordnung in das Ganze"[90]. Praktisch bedeutete das, dass persönliche Interessen nur dann zu berücksichtigen waren, wenn die Gesellschaft die „normalen (sic!) persönlichen Erwartungen"[91] überhaupt erfüllen konnte und dass diese Erwartungen „berechtigt[.] und moralisch wertvoll[.]"[92] waren. Individualität wurde damit faktisch unter den Vorbehalt der Konformität gestellt.

Ziel auch von Bildung und Erziehung war damit nicht die Entfaltung des Einzelnen, vielmehr wurden diese Ziele „von den Interessen der Arbeiterklasse, die voll mit den Interessen des Volkes übereinstimmen, bestimmt."[93] Die Bildungsstrategie der SED war daher „unlösbarer Bestandteil der Gesamtstrategie der Entfaltung des geistigen Potentials des ganzen Volks zur weiteren Gestaltung der entwickelten sozialistischen Gesellschaft"[94].

Dieses Ziel war auch quasi alternativlos: Denn das Erziehungsleitbild der sozialistischen Persönlichkeit wurde in mehreren Gesetzen rechtlich niedergelegt: In der Präambel sowie § 3 I Familiengesetzbuch[95], in § 1 Bildungsgesetz, in § 129 II 1 Arbeitsgesetzbuch der DDR und in §§ 1 f. Jugendgesetz der DDR.[96] Es war daher – zumindest theoretisch – gesetzlich verpflichtend für Bildungs-Einrichtungen und -Organisationen.

d) Bewertung

Sich als plurale Gesellschaften verstehende Demokratien weisen als Gemeinsamkeit ein Verbot auf: Das Verbot, den neuen Menschen durch den Staat und das politisch Neue durch Erziehung herbeizuführen.[97] Spätestens durch die gesetzliche Festlegung einer bestimmten Persönlichkeit und die ebenfalls gesetzlich normierte Ausrichtung wesentlicher Teile des Bildungssystems wird dieses Verbot verletzt. Dies gilt umso mehr, wenn der Staat zusätzlich versucht, in den engen familiären Erziehungsraum einzugreifen und damit die Eltern zu ersetzen.

Auch der Zweck der sozialistischen Bildung unterschied sich von dem in der Bundesrepublik Deutschland: Zweck von Bildung war nicht ein individueller oder individuell-allgemeiner, sondern ein gesellschaftlicher.[98] Nicht das Bildungssubjekt stand im Vordergrund, sondern die Gesellschaft.

Die Ausrichtung des gesamten Bildungssystems auf den Sozialismus trug auch zu einer Verengung des Horizonts der Bildungssubjekte bei: Der Marxismus-Leninismus „als relativ geschlossenes Denkgebäude kennt kein relativistisches Abwägen und vor allem kei-

---

89 *Niermann*, Sozialistische Pädagogik, S. 46.

90 *Bittighöfer/Schmollack*, Moral und Gesellschaft, S. 105.

91 *Bittighöfer/Schmollack*, Moral und Gesellschaft, S. 106.

92 *Bittighöfer/Schmollack*, Moral und Gesellschaft, S. 106.

93 *Hager*, Theorie und Politik, S. 260.

94 Akademie für Gesellschaftswissenschaften/*Weidig*, DDR-Sozialismus, S. 86.

95 Vom 20. Dezember 1965 (GBl. I Nr. 1 S. 1).

96 Eppelmann et al./*Hille*, Lexikon des DDR-Sozialismus, S. 314.

97 Benner/Oelkers/*Benner/Hellekamps*, Pädagogik-Wörterbuch, S. 970.

98 Deutscher Bundestag/*Fischer*, Enquete-Kommission SED-Diktatur III, S. 853.

ne erkenntnistheoretischen Unsicherheiten".[99] Die Fähigkeit zur kritischen Distanz zum bestehenden System oder eine Pluralität von Anschauungen wurde damit nicht gefördert.

Ein weiterer wesentlicher Unterschied zum grundsätzlichen Verständnis in der Bundesrepublik Deutschland lag darin, dass ein Großteil der Bildung eng mit der Arbeitskräfteplanung und -politik verzahnt war. Bildung diente also vor allem den Bedürfnissen der staatlichen Planwirtschaft.[100] Eine solche am gesellschaftlichen Bedarf orientierte Bildungsplanung wäre in der Bundesrepublik schon wegen der in Art. 12 GG normierten Freiheit der Wahl von Beruf und Ausbildungsstätte unzulässig.

II. Allgemeines Recht auf Bildung

1. Verfassungsrechtliche Rahmenbedingungen

Kurt Hager formulierte in einem Vortrag: „Das Bildungswesen wird [.] zu einem wichtigen Wachstumsfaktor für den Aufbau der entwickelten sozialistischen Gesellschaft"[101]. Im DDR-Handbuch heißt es: „Das Bildungswesen in der DDR und seine erfolgreiche Entwicklung sind untrennbarer Bestandteil der sozialistischen Revolution."[102] Bereits diese beiden Aussagen deuten zweierlei an: Zum einen die Wichtigkeit von Bildung als solches, zum anderen aber auch deren Ziel. Beides wird bei der Untersuchung der verfassungsrechtlichen Rahmenbedingungen zu berücksichtigen sein.

Gleichzeitig wirft dies die Frage auf, ob in der DDR-Verfassung ein allgemeines Recht auf Bildung – also ein solches ohne Bezug zu konkreten „Bildungsstationen" – geregelt war. Eine wichtige Norm zur Beantwortung dieser Frage war Art. 17 II DDR-Verfassung. Das dort geregelte einheitliche sozialistische Bildungssystem stellte den „roten Faden" aller Bildungsstationen dar.[103] Darunter war „die organisatorische Verbindung von sozialistischer Erziehung, hoher Allgemeinbildung und qualifizierter Spezialbildung"[104] zu verstehen. Es sollte wesentlich dazu beitragen die Bürger zu befähigen die sozialistische Gesellschaft zu gestalten, die technische Revolution zu meistern und an der Entwicklung der sozialistischen Demokratie mitzuwirken. Gleichzeitig sollte es sie in die Lage versetzen, wertvolle Arbeit zu leisten, ständig weiter zu lernen, sich gesellschaftlich zu betätigen und Verantwortung zu übernehmen (§ 1 II Bildungsgesetz). Sein Ziel war die Heranbildung des Einzelnen zu einer sozialistischen Persönlichkeit, die sich für den Sozialismus in der ganzen Welt einsetzt.[105] Gemäß Art. 17 III DDR-Verfassung förderte die Deutsche Demokratische Republik Bildung. Beispiele dafür waren die in Art. 25 V DDR-Verfassung normierten Sonderschulen und in die in Art. 26 II DDR-Verfassung gewährleistete Schulgeldfreiheit, Ausbildungsbeihilfen und Lernmittelfreiheit.

99 Deutscher Bundestag/*Kuppe*, Enquete-Kommission SED-Diktatur III, S. 1382.

100 BM innerdeutsche Beziehungen/*Anweiler*, Vergleich, S. 13.

101 *Hager*, Theorie und Politik, S. 259.

102 *Göschel/Zwahr*, DDR-Handbuch, S. 487, li. Sp.

103 *Sorgenicht* et al., DDR-Verfassung Band I, S. 399.

104 *Sorgenicht* et al., DDR-Verfassung Band I, S. 398.

105 *Sorgenicht* et al., DDR-Verfassung Band II, S. 92.

Weitere zentrale Normen waren Artt. 25 f. DDR-Verfassung. Art. 25 I DDR-Verfassung regelte das Recht auf Bildung. Dieses war neu im deutschen Verfassungsrecht.[106] Maßgeblicher Aspekt in Art. 25 I DDR-Verfassung war die Gleichberechtigung.[107] Auch für Arbeiter- und Bauernkinder sollten keine Hindernisse zu hoher Bildung mehr bestehen.[108] Gemäß Art. 25 VI DDR-Verfassung hatte nicht nur der Staat die in Art. 25 genannten Aufgaben zu erfüllen, sondern auch weitere Akteure wie FDJ, Pionierorganisationen und die Gewerkschaften. Art. 26 DDR-Verfassung regelte weitere Grundlagen. Gemäß Abs. 1 sollte der Übergang zur nächsthöheren Bildungsstufe bis hin zur Universität maßgeblich nach drei Kriterien erfolgen: den gesellschaftlichen Erfordernissen, dem Leistungsprinzip und die sozialen Strukturen der Bevölkerung. Die – erstens – „gesellschaftlichen Erfordernisse" waren vor allem die Entwicklung der Wirtschaft und Gesellschaft.[109] An diesen wurden die staatlichen Zulassungspläne für die einzelnen weiterführenden Bildungsstufen ausgerichtet. Das – zweitens – „Leistungsprinzip" besagt, dass solche Bewerberinnen und Bewerber zum Besuch einer Bildungseinrichtung zugelassen wurden, die über die besten Voraussetzungen verfügten. Zu diesen Voraussetzungen gehörten sehr gute Leistungen der Bewerberin bzw. des Bewerbers, eine positive Leistungstendenz, eine vorbildliche staatsbürgerliche Haltung und eine gesellschaftliche Aktivität.[110] Kriterium waren somit nicht mehr nur die schulischen Leistungen, sondern ausdrücklich auch Maßstäbe des politischen Verhaltens.[111] Das dritte und letzte Kriterium waren die sozialen Strukturen der Bevölkerung. Es entsprach dem Charakter des sozialistischen Staates, dass Arbeiter- und Bauernkinder in dem Maße der sozialen Zusammensetzung der Bevölkerung bei der Zulassung zu vielen Bildungseinrichtungen berücksichtigt wurden.[112]

2. Gleichheit der Bildungschancen

Die vorgenannten Aspekte werfen die Frage auf, ob Art. 17 DDR-Verfassung auch eine Gleichheit von Bildungschancen anordnete und insofern eine Rechtsposition vermittelte. Dies ist im Hinblick auf das zuvor beschriebene „ideologisch-ökonomische Primat"[113] der Bildungspolitik fraglich. Ebenso war die Rolle des Bildungssystems als Allokationsinstrument von sozialen Rollen zur Etablierung und Reproduktion der sozialistischen Gesellschaft nur bedingt vereinbar mit einem „gleichen Recht auf Bildung für alle".[114] So heißt es denn auch im „DDR-Handbuch": „Der Staat sichert die Möglichkeit des Übergangs zur nächsthöheren Bildungsstufe bis zu den Universitäten und Hochschulen entsprechend den gesellschaftlichen Erfordernissen unter Beachtung des Leistungsprinzips und der sozialen Struktur der Bevölkerung."[115] Dass die „gesellschaftlichen Erfordernisse" und die

106 *Roggemann*, Sozialistische Verfassung, S. 148.

107 *Sorgenicht* et al., DDR-Verfassung Band II, S. 87.

108 *Sorgenicht* et al., DDR-Verfassung Band II, S. 86.

109 *Sorgenicht* et al., DDR-Verfassung Band II, S. 99.

110 *Sorgenicht* et al., DDR-Verfassung Band II, S. 99.

111 Häder/Tenorth/*Tenorth*, Bildungsgeschichte einer Diktatur, S. 81.

112 *Sorgenicht* et al., DDR-Verfassung Band II, S. 99 f.

113 Häder/Tenorth/*Solga*, Bildungsgeschichte einer Diktatur, S. 277.

114 Häder/Tenorth/*Solga*, Bildungsgeschichte einer Diktatur, S. 293.

115 *Göschel/Zwahr*, DDR-Handbuch, S. 488, li. Sp.

„soziale Struktur“ objektive Kriterien – das heißt vom Bildungssubjekt losgelöst – waren, ist offensichtlich. Aber auch das „Leistungsprinzip“ war ein unbestimmter Begriff. Auch er ermöglichte es, politisch-ideologische Kriterien dort hineinfließen zu lassen und damit eine Chancengleichheit nur denjenigen zukommen zu lassen, die systemkonform waren.

In der Praxis waren Kriterien für die Zulassung zur erweiterten Oberstufe unter anderem die Herkunft des Schülers, seine politische Loyalität oder seine Entscheidung für eine militärische Laufbahn. Diese Zulassungsregelungen wurden von vielen als undemokratisch und ungerecht kritisiert.[116] Auch dieser Befund lässt es zweifelhaft erscheinen, dass tatsächlich alle eine gleiche Chance auf (höhere) Schulbildung hatten. In der Realität waren die Chancen von Arbeiterkindern in der Deutschen Demokratischen Republik, eine Hochschule besuchen zu können, nicht höher als etwa in der Bundesrepublik.[117]

III. Bildung und Erziehung in der Familie

Vergleicht man den Text der Verfassung von 1968 mit dem der von 1949, so wird in Bezug auf das Verhältnis Kind – Eltern deutlich, dass der Gesetzgeber die Absicht hatte, auch mit Hilfe der Verfassung „sozialistische Menschen“ zu generieren.[118]

Gemäß Art. 38 I DDR-Verfassung stand auch die Familie unter dem besonderen Schutz des Staates. Dies bedeutete unter anderem, dass Familien spezifische Förderung erfuhren, wie etwa materielle und soziale Leistungen des Staates.[119] Die Erziehung der Kinder regelte speziell Art. 38 IV DDR-Verfassung. Sie wurde zugleich als Grundrecht und Grundpflicht ausgestaltet. Grundrecht und Grundpflicht mussten als eine Einheit verstanden und verwirklicht werden.[120] Die Erziehungspflicht umfasste unter anderem die elterliche Verantwortung für die Befolgung der Schul- und Berufsausübungspflicht.[121] Diese Pflicht bestand auch gegenüber den Kindern.[122] Sie beinhaltete elementare Erziehungspflichten, zu denen es gehörte, die Kinder sozialistisch zu erziehen.[123]

Rein faktisch wurde die Rolle der Familie durch das umfangreiche staatliche (Zwangs-) Erziehungsangebot abgewertet.[124] An die Stelle einer privat-individuellen Erziehung durch die Eltern trat im großen Umfang eine öffentliche Erziehung, die einen (frühen) Zugriff von Partei und Staat auf die Kinder ermöglichte. Die Eltern-Kind-Beziehung verlor dadurch an „Privatheit“ und wurde gleichsam zum Drei-Personen-Verhältnis. Als Beispiel hierfür zu nennen ist die Pionierorganisation „Ernst Thälmann“. In einem Bericht[125] hob das Zen-

---

116 *Brenner/Brüggen*, Geschichte der Pädagogik, S. 296.

117 Eppelmann et al./*Margedant*, Lexikon des DDR-Sozialismus, S. 121.

118 *Dietze*, DDR-Verfassung, S. 225.

119 *Sorgenicht* et al., DDR-Verfassung Band II, S. 166.

120 Grandke/*Grandke/Hörz*, Familienrecht, S. 33.

121 *Sorgenicht* et al., DDR-Verfassung Band II, S. 169.

122 *Walther*, Bildung und Erziehung, S. 24.

123 *Walther*, Bildung und Erziehung, S. 24.

124 Häder/Tenorth/*Tenorth*, Bildungsgeschichte einer Diktatur, S. 84.

125 Zentralkomitee, Bericht an den V. Parteitag der Sozialistischen Einheitspartei Deutschlands vom 10. bis 16. Juli 1958 (abgedruckt in: *Lange*, Kulturrevolution II, S. 61).

tralkomitee hervor, dass eine Verstärkung der Beziehungen zwischen ihr, der Schule und dem Elternhaus „zur sozialistischen Erziehung ihrer (d. h. der Eltern, R. R.) Kinder in der Familie (!) bei(trug)".

Unterhalb des Verfassungsrechts wurde der Verfassungsauftrag der Familie im Familiengesetzbuch konkretisiert. Auch dieses Gesetz führte zu einer „Einbeziehung der Familie in die grundlegende Aufgabe der sozialistischen Gesellschaft"[126].

Dass damit „Bildung und Erziehung immer mehr zur Sache der ganzen Gesellschaft"[127] wurden, wurde mit den Interessen der Arbeiterklasse begründet. Da diese identisch seien mit den „objektiv übereinstimmenden Grundinteressen aller anderen Werktätigen"[128] geschah diese „Vergesellschaftlichung" auch der familiären Erziehung im Interesse der Eltern. Zu betonen ist hierbei das Adjektiv „objektiv". Gleichwohl blieben die Eltern/die Familie die grundlegende Beziehung der Kinder und hatten damit den entscheidenden Einfluss auf deren Persönlichkeitsentwicklung.[129]

IV. Vorschulische Bildung

1. Inhalt des Rechts auf vorschulische Bildung

Das auf lebenslanges Lernen ausgerichtete Bildungssystem der Deutschen Demokratischen Republik (vgl. Artt. 17 II, 25 DDR-Verfassung) begann in den Vorschuleinrichtungen.[130] Zu diesen zählten die Krippen und die Kindergärten. Kindern im Alter von bis zu drei Jahren wurden Krippen bereitgestellt, drei- bis sechsjährigen Kindern Kindergärtenplätze.[131]

Träger dieser Einrichtungen war der Staat, wenn auch viele Einrichtungen von Betrieben unterhalten wurden.[132] Kirchliche Kindergärten gab es zwar, diese waren jedoch alle vor 1945 eröffnet worden, da spätere Neugründungen nicht mehr zulässig waren.[133] Bemerkenswert ist, dass die Krippen dem für Gesundheit zuständigen Ministerium unterstanden[134], die Kindergärten hingegen dem für Bildung zuständigen Ministerium[135]. Der Grund hierfür dürften die unterschiedlichen Aufgaben dieser beiden Einrichtungen gewesen sein.

In den Krippen sollte die gesunde und harmonische körperliche und geistige Entwicklung gesichert werden.[136] Entsprechend wurde eine umfassende gesundheitliche Betreuung der Kleinkinder angestrebt; zu diesem Zweck besuchte ein Krippenarzt ein- oder zweimal

---

126 Grandke/*Grandke/Hörz*, Familienrecht, S. 32.

127 *Hager*, Theorie und Politik, S. 262.

128 *Hager*, Theorie und Politik, S. 262.

129 Heuer/*Grandke*, DDR-Rechtsordnung, S. 188.

130 Friedrich-Ebert-Stiftung, Bildung und Erziehung, S. 16.

131 *Klein*, Bildung in der DDR, S. 103.

132 *Klein*, Bildung in der DDR, S. 103 f.

133 Friedrich-Ebert-Stiftung, Bildung und Erziehung, S. 17.

134 *Aner* et al., Bildung, Wissenschaft und kulturelles Leben, S. 16.

135 *Göschel/Zwahr*, DDR-Handbuch, S. 492, li. Sp.

136 *Klein*, Bildung in der DDR, S. 105.

wöchentlich die Krippe.[137] Bildung und Erziehung in den Kindergärten hingegen waren auf „die Förderung der Sprachbeherrschung, auf die Entwicklung des Denkens, der Phantasie und Wißbegier sowie auf die Herausbildung sozialistischer Verhaltensweisen und Charaktereigenschaften“[138] gerichtet. Zudem begann die im gesamten sozialistischen Bildungssystem präsente Wehrerziehung[139] im Kindergarten[140].

Die Vorschulerziehung erfüllte vor allem drei Funktionen: Die Entlastung der (berufstätigen) Eltern, die Vorbereitung auf die Schule sowie die Anerziehung bestimmter „sozialistischer“ Eigenschaften bei den Kindern.[141] Gerade der zuletzt genannte Aspekt war aus politischer Sicht wichtig. Denn die Betreuung von Kindern schon im jungen Alter eröffnete dem Staat Möglichkeiten, seinen Einfluss auf sie auszuüben. Chruschtschow formulierte es wie folgt: „Je schneller wir alle Kinder in Kinderkrippen, Kindergärten und Internatsschulen erfassen, um so schneller und erfolgreicher lösen wir die Aufgabe der kommunistischen Erziehung der heranwachsenden Generation.“[142]

Die Kapazitäten der vorschulischen Bildung wurden ständig ausgebaut: 1973 standen ca. 744 Plätze für 1.000 Kinder zur Verfügung[143], im Jahr 1980 konnte jedem Kind ein Kindergartenplatz angeboten werden[144].

2. Keine Pflicht zur vorschulischen Bildung

Rechtlich war der Besuch von Kindergärten nicht verpflichtend.[145] Kinder, die keinen Kindergarten besuchten, mussten jedoch im Jahr vor ihrer Einschulung an obligatorischen Spiel- und Lernnachmittagen teilnehmen.[146] Diese wurden von den Schulen veranstaltet und sollten die zukünftigen Schüler an das Leben und Lernen in der Gemeinschaft vorbereiten.[147]

Wie stark die einzelnen „Bildungsstationen“ teilweise miteinander verknüpft waren, zeigt sich z. B. daran, dass die Spiel- und Lernnachmittage wenn möglich von dem zukünftigen Klassenleiter geleitet werden sollten.[148] Rein faktisch bestand allerdings ein absoluter Vorrang der öffentlichen Kindererziehung (d. h. in Kinderkrippen und Kindergärten) gegenüber der Familienerziehung.[149]

---

137 Friedrich-Ebert-Stiftung, Bildung und Erziehung, S. 17.

138 *Aner* et al., Bildung, Wissenschaft und kulturelles Leben, S. 16.

139 Gemäß § 5 II 1 Bildungsgesetz sollten Schüler, Lehrlinge und Studenten auch dazu erzogen werden, dass diese bereit waren, die Deutsche Demokratische Republik zu verteidigen.

140 Jesse/*Nawrocki*, BRD und DDR, S. 265.

141 Jesse/*Anweiler*, BRD und DDR, S. 233.

142 *Chruschtschow*, Thesen zum Referat auf dem XXI. Parteitag der KPdSU (abgedruckt in: *Lange*, Kulturrevolution I, S. 69).

143 *Klein*, Bildung in der DDR, S. 105.

144 *Aner* et al., Bildung, Wissenschaft und kulturelles Leben, S. 16.

145 Jesse/*Anweiler*, BRD und DDR, S. 233.

146 Friedrich-Ebert-Stiftung, Bildung und Erziehung, S. 17.

147 *Aner* et al., Bildung, Wissenschaft und kulturelles Leben, S. 16.

148 *Klein*, Bildung in der DDR, S. 107.

149 Kirchhöfer et al./*Neumann*, Bewahranstalt, S. 59 f.

3. Verhältnis von staatlichem Bildungssystem zur Familie

Nach § 7 I Bildungsgesetz wirkten staatliche und gesellschaftliche Organisationen und die Familie bei der sozialistischen Bildung Erziehung eng zusammen. Nach Abs. 4 Satz 1 hatten die Familien „große Aufgaben und eine hohe Verantwortung bei der Erziehung der Kinder“. Gemäß Satz 2 bestand „zwischen den gesellschaftlichen Bildungs- und Erziehungszielen und den Interessen der Eltern Übereinstimmung“. Diese „enge Zusammenarbeit“ bestand unter anderem in einer umfangreichen ehrenamtlichen Arbeit von Eltern in „Elternaktiven“ der Kindergärten.[150] Versteht man dies als Möglichkeit der Mitbestimmung, ist das als positiver Aspekt zu bewerten. Jedoch wurden in die Elternaktive nur solche Eltern gewählt, „die die sozialistische Bildungs- und Erziehungsarbeit des Kindergartens […] aktiv unterstütz(t)en.“[151] Der Meinungs- oder pädagogischen Methodenpluralität dienten diese Organe also nicht.

Allerdings wird auch deutlich, dass den Eltern ein wesentlich geringerer Spielraum zustand, ihre Kinder nach ihren eigenen Vorstellungen zu erziehen. Dieser – zumindest rechtliche – Spielraum dürfte gerade dann eng gewesen sein, wenn die Eltern ihre Nachkommen in Abweichung zum sozialistischen Menschenbild erziehen wollten. Die „Staatsferne der Familie“ dürfte damit zumindest rechtlich gesehen nicht groß gewesen sein. Gleichwohl galt die durch das umfangreiche Krippen- und Kindergartenangebot ermöglichte institutionelle Fremdbetreuung von Säuglingen und kleinen Kindern in der Deutschen Demokratischen Republik als „weitgehend ‚normal‘“[152]. Auch innerhalb der Kindergärten wurde der Spielraum für Eltern und Kinder geringer. Um die sozialistische und allseitige Bildung und Erziehung planmäßig und systematisch zu gestalten, wurden die individuellen Freiheiten beschränkt.[153]

Aus pädagogischer Sicht ist allerdings bezweifelt worden, ob diese frühe außerfamiliale Betreuung von Kindern nicht zu früh erfolgte, da diese keine Bindung zu festen Bezugspersonen – den Eltern – aufbauen konnten.[154]

V. Schulische Bildung

1. Schulpflicht

Eine der zentralen Normen im Zusammenhang mit schulischer Bildung war Art. 25 IV DDR-Verfassung. Dieser regelte die zehnjährige Oberschulpflicht. Die Oberschulpflicht „entspricht dem Grundrecht jedes Bürgers der Deutschen Demokratischen Republik auf eine den ständig steigenden gesellschaftliche Erfordernissen entsprechende hohe Bildung.“[155] Diese sollte die Schüler durch einen wissenschaftlichen, parteilichen und lebensverbundenen Unterricht befähigen in die Entwicklungsprozesse von Natur und Gesell-

150 *Aner* et al., Bildung, Wissenschaft und kulturelles Leben, S. 17.

151 *Mollnau*, Bürger-Rechtshandbuch, S. 258.

152 *Liebsch*, Wochenkinder in der DDR, S. 13.

153 *Zintler*, Politische Sozialisation, S. 117.

154 Friedrich-Ebert-Stiftung, Bildung und Erziehung, S. 18 f.

155 *Sorgenicht* et al., DDR-Verfassung Band II, S. 92.

schaft einzudringen und u. a. ein tiefes Verständnis für die revolutionären Traditionen zu erlangen.[156] Sie war weiterhin Grundlage für die berufliche Ausbildung und die Formung der sozialistischen Persönlichkeit.[157]

Dass die Schulpflicht nicht dem Zweck dienen sollte, das einzelne Bildungssubjekt auf sein Leben vorzubereiten, zeigen die „Schulpolitischen Richtlinien" der SED vom August 1949. In diesen wurde angeordnet, dass die Jugend zu Kämpfern für die politischen Ziele der SED zu erziehen sei.[158] „Die Schule", so Erich Honecker, „muß der jungen Generation in einem wissenschaftlichen und parteilichen (sic!) Unterricht hohe Allgemeinbildung vermitteln und eine hohe Wirksamkeit der sozialistischen Erziehung erreichen."[159]

2. Sonstige Rechte

Eine weitere wichtige Norm stellte Art. 26 II 1 DDR-Verfassung dar. Dort war die Schuldgeldfreiheit bestimmt. Dadurch sollte garantiert werden, dass alle Kinder unabhängig von ihren wirtschaftlichen Voraussetzungen ihr gleiches Recht auf Bildung ausüben konnten.[160]

Gemäß Art. 26 II 2 DDR-Verfassung wurden auch Schülern Ausbildungsbeihilfen und Lernmittelfreiheit nach sozialen Gesichtspunkten gewährt. Die sozialen Gesichtspunkte waren bestimmte Einkommensgrenzen der Eltern.[161] Unter die Lernmittelfreiheit fiel z. B. die kostenlose Bereitstellung von Schulbüchern.[162] Die Ausbildungsbeihilfen waren Unterhaltsbeihilfen, die ab der neunten Klasse gewährt werden konnten.[163]

3. Spezialschulen

Um besondere Begabungen wirksam fördern zu können, gab es in begrenztem Umfang Spezialschulen und -klassen.[164] Ziel waren der Abschluss der Oberschule oder die Hochschulreife.[165]

4. Sonderschulen

Besondere Fürsorge konnte Kindern mit wesentlichen physischen und psychischen Schädigungen in Sonderschulen zuteil werden. Eine Verzahnung mit dem Kindergarten-

---

156 *Aner* et al., Bildung, Wissenschaft und kulturelles Leben, S. 18.

157 *Sorgenicht* et al., DDR-Verfassung Band II, S. 94.

158 *Dietrich*, DDR-Kulturgeschichte I, S. 246.

159 *Honecker*, Reden und Aufsätze I, S. 194.

160 *Sorgenicht* et al., DDR-Verfassung Band II, S. 100.

161 *Sorgenicht* et al., DDR-Verfassung Band II, S. 101.

162 *Sorgenicht* et al., DDR-Verfassung Band II, S. 101.

163 *Sorgenicht* et al., DDR-Verfassung Band II, S. 101.

164 *Göschel/Zwahr*, DDR-Handbuch, S. 502, re. Sp.

165 *Göschel/Zwahr*, DDR-Handbuch, S. 503, li. Sp.

besuch war möglich.[166] Ziel war eine den individuellen Möglichkeiten entsprechende Ausbildung und anschließend ein geeigneter Arbeitsplatz.[167]

5. Privatschulwesen

In der Weimarer Reichsverfassung und im Grundgesetz war bzw. ist auch das Privatschulwesen geregelt. Ein solches existierte in der Deutschen Demokratischen Republik jedoch nicht[168], da private Schulen nach 1945 nicht zugelassen wurden[169].

6. Wehrunterricht

Mit Erlass vom 1. Februar 1978 wurde für alle Jungen und Mädchen der Klassen 9 und 10 das obligatorische Fach „Wehrkunde“ eingeführt. Bestandteil war auch der Besuch eines Wehrausbildungslagers. Das Programm umfasste 130 Unterrichtsstunden für Jungen bzw. 106 für Mädchen.[170]

VI. Akademische Bildung

1. Rahmenbedingungen der akademischen Bildung

a) Ziel der akademischen Bildung

Im Zusammenhang mit der akademischen Bildung regelte Art. 17 I DDR-Verfassung die allseitige Förderung von Wissenschaft und Forschung durch den Staat. Diese „bedingt die Ausbildung einer wachsenden Zahl hochqualifizierter wissenschaftlicher Kader“.[171] Unter Kadern sind Personen, die wegen ihrer politischen und fachlichen Kenntnisse geeignet und auch dazu beauftragt sind, andere in ihrem jeweiligen Arbeitsbereich anzuleiten und zu führen, zu verstehen.[172]

Ziel der akademischen Ausbildung war es also, „die kommunistische Erziehung der Studenten mit hoher politischer und fachlicher Qualifikation zu verbinden.“[173] Akademiker sollten „wissenschaftlich-technische[.] Fachkräfte[.] (sein), die der Arbeiter-und-Bauern-Macht treu ergeben sind und sich in ihrer Arbeit von den großen Ideen des Sozialismus leiten lassen“[174]. Hingegen nicht Ziel war es, die Studierenden dazu zu unterstützen oder zu befähigen, eine vom Sozialismus abweichende Meinung zu entwickeln.

---

166 *Göschel/Zwahr*, DDR-Handbuch, S. 503, li. Sp.

167 *Göschel/Zwahr*, DDR-Handbuch, S. 503, li. Sp.

168 *Klein*, Bildung in der DDR, S. 93.

169 *Honecker*, Zur Volksbildung, S. 56.

170 *Rogg*, Armee des Volkes?, S. 193.

171 *Sorgenicht* et al., DDR-Verfassung Band I, S. 393.

172 Friedrich-Ebert-Stiftung, Bildung und Erziehung, S. 15.

173 Schröder et al./*Görner*, DDR-Staatsgeschichte, S. 189, li. Sp.

174 *Hager*, Referat auf der III. Hochschulkonferenz der SED vom 28. Februar bis 2. März 1958 (abgedruckt in: *Lange*, Kulturrevolution I, S. 282).

b) Zulassung zur akademischen Bildung

Die Zulassung zum Studium erfolgte nach den bereits oben dargestellten Kriterien des Art. 26 I DDR-Verfassung.[175] Jeder, der diese Voraussetzungen erfüllte, hatte das Recht, einen Antrag auf Zulassung zum Studium zu stellen.[176]

Mit diesem Recht korrespondierte aber kein Anspruch auf Chancengleichheit. Vielmehr gab es verschiedene „politische" Kriterien, die sich auf die Zulassung auswirkten, wie z. B. die Mitgliedschaft in der FDJ[177] oder „die Einstellung des Studienbewerbers zum sozialistischen Staat"[178]. Auch bedeutete das Recht, einen Antrag zu stellen, nicht, dass ein Recht auf eine freie Studienwahl bestand.[179] Eine solche wurde von Experten zwar diskutiert, letztlich blieb es aber bei der staatlichen Lenkung.[180] Diese wurde vor allem auf das in Art. 26 I DDR-Verfassung aufgeführte Kriterium der gesellschaftlichen Erfordernisse gestützt.

c) Finanzielle Förderungen

Finanzielle Aspekte des Studiums waren in Art. 26 III DDR-Verfassung geregelt. Hiernach waren Direktstudenten – die Mehrzahl der Studenten – von Studiengebühren befreit, nicht jedoch Fern- und Abendstudenten.[181] Darüber hinaus konnten nach dieser Norm auch Stipendien gewährt werden. Diese bestanden in Form von Stipendien nach sozialen Gesichtspunkten und in Form von Leistungsstipendien. Circa 90 % der Studenten wurden stipendiert.[182]

2. Berufsbegleitende akademische Bildung

Die akademische Weiterbildung und das Recht auf Arbeit waren durch Art. 24 III DDR-Verfassung miteinander verknüpft. Denn dieses Recht umfasste Möglichkeiten, seine bereits vorhandenen Kenntnisse und Fertigkeiten ständig (d. h. auch nach Abschluss der ersten Berufsausbildung) zu vervollkommnen.[183] Beispiele waren Fern- und Abendstudiengänge, die Berufstätigen eine dem Direktstudium gleichwertige Ausbildung möglich machten. Betriebe unterstützten diese z. B. durch Studienurlaube und Büchergeld.[184]

---

175 *Aner* et al., Bildung, Wissenschaft und kulturelles Leben, S. 60.

176 *Aner* et al., Bildung, Wissenschaft und kulturelles Leben, S. 61.

177 Eppelmann et al./*Hille*, Lexikon des DDR-Sozialismus, S. 211.

178 Ausschuss für Deutsche Einheit, DDR, S. 187.

179 Friedrich-Ebert-Stiftung, Bildung und Erziehung, S. 44.

180 Friedrich-Ebert-Stiftung, Bildung und Erziehung, S. 44.

181 *Aner* et al., Bildung, Wissenschaft und kulturelles Leben, S. 69.

182 *Aner* et al., Bildung, Wissenschaft und kulturelles Leben, S. 69; *Sorgenicht* et al., DDR-Verfassung Band II, S. 101.

183 *Aner* et al., Bildung, Wissenschaft und kulturelles Leben, S. 69.

184 *Aner* et al., Bildung, Wissenschaft und kulturelles Leben, S. 69.

VII. Berufliche Bildung

1. Berufsausbildung

Gemäß Art. 25 IV 3 DDR-Verfassung hatten alle Jugendlichen das Recht (aber auch die Pflicht) einen Beruf zu erlernen. Diese Regelung entsprach nach Auffassung des Gesetzgebers objektiven Erfordernissen der gesellschaftlichen Entwicklung in der Deutschen Demokratischen Republik. Begründet wurde dies damit, dass eine moderne berufliche Bildung Voraussetzung für den Berufstätigen sei, mit hohem gesellschaftlichem Nutzeffekt zu arbeiten.[185] Denn die „Vollendung des Sozialismus in der Deutschen Demokratischen Republik und ihre allseitige Stärkung als Beitrag zum weltweiten Kampf gegen den Imperialismus“[186] erfordere die gründliche wissenschaftlich-technische Vorbereitung aller Bürgerinnen und Bürger auf ihre berufliche Tätigkeit.

Diese Norm stellte somit nicht nur ein Grundrecht dar, das das Individuum nach seinem Belieben geltend machen konnte. Vielmehr fand bei ihm die sozialistische Lehre von der Einheit von Grundrechten und Grundpflichten Niederschlag.[187] Die Verfassung war also hier auch ein „Pflichten auferlegendes Instrument der SED“[188].

Ziel der Berufsausbildung war es nicht nur, allseitig qualifizierte Facharbeiter heranzubilden. Diese hatten sich vielmehr auch „durch ein hohes sozialistisches Bewußtsein und sozialistische Verhaltensweisen auszuzeichnen“[189].

Anders als in der Bundesrepublik Deutschland war das Berufsbildungssystem ausschließlich vom Staat geplant und geleitet. Hierdurch konnte auch dieser Bildungsbereich in die Wirtschaftsplanung einbezogen werden.[190]

2. Berufliche Fortbildung

Auch nach Abschluss der Berufsausbildung konnten sich die Werktätigen fortbilden. Gemäß Art. 17 II DDR-Verfassung war bereits Berufstätigen ebenfalls eine hohe wissenschaftliche Bildung zu vermitteln. Diese sollte sie befähigen, den wachsenden Anforderungen im Beruf und bei der Teilnahme an der Leitung von Staat und Gesellschaft gerecht zu werden.[191]

---

185 *Sorgenicht* et al., DDR-Verfassung Band II, S. 94.

186 *Sorgenicht* et al., DDR-Verfassung Band II, S. 94.

187 *Roggemann*, Sozialistische Verfassung, S. 148.

188 BLPB, DDR-Verfassung, S. 53.

189 *Göschel/Zwahr*, DDR-Handbuch, S. 511, re. Sp.

190 BM innerdeutsche Beziehungen/*Anweiler*, Vergleich, S. 13.

191 *Sorgenicht* et al., DDR-Verfassung Band I, S. 393.

3. Aspekte der Gleichberechtigung von Mann und Frau (Art. 20 II DDR-Verfassung)

Die Gleichberechtigung zwischen Mann und Frau war eine der „bedeutendsten sozialistischen Errungenschaften“[192]. Sie sollte – auch – als Beweis der Überlegenheit des sozialistischen Modells gegenüber dem Kapitalismus dienen.[193] Art. 20 II DDR-Verfassung machte die Förderung der Frau in ihrer beruflichen Qualifizierung somit zur staatlichen Aufgabe. Damit ist gemeint, dass die Voraussetzungen für Folgendes geschaffen werden sollten: Frauen sollten entsprechend der Erfordernisse der entwickelten sozialistischen Gesellschaft und der wissenschaftstechnischen Revolution eine hohe berufliche Expertise erwerben.[194] Tatsächlich gab es viele Programme, die der speziellen Förderung von Frauen dienten. Zu nennen sind beispielsweise die Frauensonderklassen, in denen sich Frauen mit einer abgeschlossenen Berufsausbildung zu Fachschulingenieurinnen oder -ökonominnen qualifizieren konnten.[195] Des Weiteren gab es besonders organisierte Direktstudiengänge, bei denen Frauen bis zu 80 % ihres Nettoverdienstes weiter gezahlt bekamen.[196]

Zu hinterfragen ist allerdings, welche Ziele die Gleichberechtigung verfolgte. Hierzu soll folgende Kommentarstelle näher untersucht werden: „Die Gleichberechtigung der Frau im Arbeitsleben bedeutet bei der Wahrnehmung des Grundrechts auf Arbeit, daß die Frau ebenso wie der Mann in der beruflichen Tätigkeit ihre Fähigkeiten einzusetzen vermag.“[197] Das Interessante an dieser Kommentarstelle ist, dass sie die Gleichberechtigung hervorhebt, also die Gleichheit in der Inhaberschaft von Rechten. Allerdings spricht sie nicht von der Pflicht zur Arbeit. Diese Pflicht bereits stellte jedoch eine Art der Gleichberechtigung dar, da sie für alle Geschlechter gleich war; die Einräumung eines Rechtes war insofern gar nicht „erforderlich“, um eine Gleichheit herzustellen. Dieses Beispiel macht deutlich, dass die Gleichberechtigung allenfalls bedingt der bewussten Beseitigung von Diskriminierung diente. Sie war vielmehr die Folge wirtschaftlicher Zwänge.

Abschließend soll ein weiterer Aspekt skizziert werden: In den 80er Jahren wurde die Drei-Kinder-Familie als gesellschaftliche Norm propagiert und bevorzugt gefördert.[198] Damit aber stiegen die „Belastungen“ der Frauen, da – bei aller theoretischen Gleichheit in der Erziehung – Schwangerschaft und nachfolgende Mutterschutz-Zeit alleine von der Frau „erbracht“ werden konnten. Dadurch aber wurden weibliche Beschäftigte im Berufsleben aufgrund potentieller zukünftiger Fehlzeiten gleichsam noch weniger „kalkulierbar“. Faktisch wurden somit Männer zumindest in bestimmten beruflichen Bereichen bevorzugt – was jedoch der intendierten Gleichberechtigung zuwiderlief.

192 *Sorgenicht* et al., DDR-Verfassung Band II, S. 32.
193 Heuer/*Grandke*, DDR-Rechtsordnung, S. 202.
194 *Sorgenicht* et al., DDR-Verfassung Band II, S. 35.
195 *Göschel/Zwahr*, DDR-Handbuch, S. 516, li. Sp.
196 *Göschel/Zwahr*, DDR-Handbuch, S. 516, li. Sp.
197 *Sorgenicht* et al., DDR-Verfassung Band II, S. 35.
198 Eppelmann et al./*Helwig*, Lexikon des DDR-Sozialismus, S. 205.

4. Besondere Förderung der Jugend in der beruflichen Entwicklung (Art. 20 III DDR-Verfassung)

Gemäß Art. 20 III DDR-Verfassung war die Jugend in ihrer beruflichen Entwicklung besonders zu fördern. Ziel dieser Förderung war die „Fortführung und Weiterentwicklung der kontinuierlichen Jugendpolitik der Deutschen Demokratischen Republik mit dem Ziel, die Jugendlichen zu allseitig entwickelten sozialistischen Persönlichkeiten heranzubilden“[199]. Nicht Ziel dieser Förderung war es, den Einzelnen bei seiner Entwicklung hin zu einem Individuum zu unterstützen.

VIII. Erwachsenenbildung

Auch die Angebote in Bezug auf die Erwachsenenbildung mussten im Zusammenhang mit „der ehrenvolle(n) Pflicht jedes Bürgers, sich eine hohe Bildung anzueignen“[200], gesehen werden. Eine solche Pflicht bedeutete u. a., dass entsprechende Weiterbildungsangebote auch tatsächlich zur Verfügung gestellt wurden.[201] Dass es in der Deutschen Demokratischen Republik ein sehr differenziertes System der Erwachsenenbildung gab[202], ist somit u. a. unter diesem Gesichtspunkt zu sehen.

Ein großer Teil der Erwachsenenbildung diente der beruflich-fachlichen Weiterbildung – also nicht der persönlich-„privaten“ Entwicklung. Für den Einzelnen bedeuteten diese Angebote die Möglichkeit zur Erhaltung und Steigerung der beruflichen Tüchtigkeit. Für die Betriebe diente die Erwachsenenqualifizierung in erster Linie der Steigerung der Arbeitsproduktivität.[203] Dementsprechend waren z. B. eigeninitiative Bewerbungen zu beruflichen Weiterbildungsangeboten nicht erwünscht. Vielmehr wurden Werktätige entsprechend der Wirtschafts- und Betriebsplanung zu Lehrgängen delegiert. Betriebliche Erfordernisse überwogen also gegenüber individuellen Bildungswünschen.[204] Im Vordergrund der Erwachsenenbildung stand somit deren ökonomische Funktion[205] – nicht die, dass der Einzelne sich als „privates Individuum“ weiterentwickeln konnte.

Wichtige Akteure waren die von den Volkseigenen Betrieben eingerichteten Betriebsakademien und die Betriebsschulen. Zu ihren Aufgaben gehörten die Aus- und Weiterbildung von Facharbeitern und Meistern, wobei „der lebensnahen Vermittlung des Marxismus-Leninismus große Aufmerksamkeit geschenkt (wurde)“[206]. Im nicht unmittelbar beruflich-fachlichen Bereich waren die Volkshochschulen und die Gesellschaft URANIA wichtige Akteure.[207] Die Volkshochschulen boten z. B. Fremdsprachenkurse und künstle-

---

199 *Sorgenicht* et al., DDR-Verfassung Band II, S. 40.

200 *Sorgenicht* et al., DDR-Verfassung Band II, S. 91.

201 Riemer/*Siebert*, DDR, S. 35.

202 Riemer/*Siebert*, DDR, S. 35.

203 Jesse/*Anweiler*, BRD und DDR, S. 237.

204 Riemer/*Siebert*, DDR, S. 38.

205 Riemer/*Siebert*, DDR, S. 41.

206 *Aner* et al., Bildung, Wissenschaft und kulturelles Leben, S. 79.

207 Jesse/*Anweiler*, BRD und DDR, S. 237.

rische Lehrgänge an.[208] Die URANIA veranstaltete populärwissenschaftliche Kurse und Vorträge.[209] Allerdings waren auch diese nicht frei von politischen Tendenzen[210] und standen somit nicht außerhalb des staatlichen Bildungssystems. In den 80er Jahren kamen zunehmend Angebote der Seniorenbildung hinzu.[211]

208 *Aner* et al., Bildung, Wissenschaft und kulturelles Leben, S. 81.

209 Friedrich-Ebert-Stiftung, Bildung und Erziehung, S. 51.

210 Riemer/*Siebert*, DDR, S. 35.

211 Friedrich-Ebert-Stiftung, Bildung und Erziehung, S. 51.

F. Bundesrepublik Deutschland

I. Einleitung

1. Bildungspolitische Stationen in der Bundesrepublik Deutschland

a) Einführung

Die Bundesrepublik Deutschland, ihre Bundesländer und das Grundgesetz waren in den letzten 75 Jahren rechtlichen und politischen Wandlungen unterworfen. Dies gilt auch für die Bildungspolitik und die die Bildung betreffenden Rechtsnormen, was die folgenden Beispiele belegen: Zunächst waren selbst grundlegende Entscheidungen – wie etwa die Kulturhoheit der Länder[1] – oft eine Reaktion auf die Zeit des Nationalsozialismus. Die Bildungsreformphase der 60er und 70er Jahre hingegen war durch die Beteiligung breiter wissenschaftlicher Expertise und parteipolitische Vorstellungen geprägt[2], war also eher gestaltender Art. Anfang der 2000er Jahre wurde sowohl auf Bundes- wie Landesebene als Reaktion auf die im Dezember 2001 veröffentlichte PISA-Schulleistungsstudie der OECD („PISA-Schock") ein milliardenschweres Investitionsprogramm für die Schulen verabschiedet.[3] Der Umstand, dass die „Kommission von Bundestag und Bundesrat zur Modernisierung der bundesstaatlichen Ordnung" aufgrund bildungspolitischer Divergenzen aufgelöst wurde[4], beweist die Bedeutung bildungspolitischer Themen. Im Folgenden sollen daher bildungspolitische Akzente der „Adenauer-Zeit", der Großen Koalition, der sozialliberalen Koalition, der „Kohl-Zeit" samt der Wiedervereinigung, der „Schröder-Zeit" und der Gegenwart skizziert werden.

b) Kabinette Adenauer (1949–1963)

Nach der Kapitulation stand auch in der Bundesrepublik zunächst die Beseitigung der schwersten unmittelbaren Folgen des Zweiten Weltkriegs an. Ab Mitte der Fünfzigerjahre jedoch konnte das Bildungswesen Schritt für Schritt zum integralen Bestandteil der sozialstaatlichen (Art. 20 I GG) Gesellschafts- und Wirtschaftsordnung gemacht werden.[5]

---

1 Staatslexikon/*Bertram*, Band I, Stichwort Bildungspolitik, 1.

2 *Lenzen*, Chance für Bildung.

3 *Neumann*, ZRP 2003, 200, 200 f.

4 Huber/Voßkuhle/*Oeter/Krönke*, GG, Art. 72 Rn. 47.

5 Führ/Furck/*Führ*, HdB VI/1, S. 14.

c) Große Koalition (1966–1969)

Auf die Wiederherstellung der grundlegenden Infrastruktur folgte eine „Bildungsexpansion“[6]. Hierbei ging es nicht nur um eine Wiederherstellung des Status quo ante. Ab Mitte der Sechzigerjahre wurde von allen politischen Kräften eine durchgreifende Reform des Bildungswesens unterstützt.[7] Als wichtige Beispiele zu nennen sind die Umgestaltung des gesamten Schulwesens von der Grundschule bis zum Gymnasium, des Berufsschulwesens, die Schaffung der (damaligen) Fachhochschulen, aber auch Veränderungen in den Hochschulen.[8] Aufgrund der Kultushoheit der Länder (Artt. 30, 70 I GG) waren hierzu nicht nur die Bundesrepublik bzw. die jeweilige Bundesregierung, sondern auch die Länder berufen. Insofern spielte die Kultusministerkonferenz eine wichtige Rolle. Eine diesbezüglich bedeutsame Veränderung war die große Finanzreform der Großen Koalition unter Bundeskanzler Kiesinger von 1969[9]: Durch diese Grundgesetzänderung wurde der Bund an den Lasten des Hochschulbaus erstmals beteiligt, wodurch eine gewisse Vereinheitlichung im Hochschulwesen erreicht werden konnte. Ebenfalls Auswirkungen auf den Bildungsbereich hatte die Schaffung des Bundesministeriums (!) für Bildung und Wissenschaft durch die sozial-liberale Koalition im Jahre 1969.[10]

d) Sozialliberale Koalition (1969–1982)

Unter der Kanzlerschaft Brandts traten neben diesen „organisatorischen“ Akt zahlreiche bildungspolitisch relevante Gesetzesvorhaben: Das Berufsbildungsgesetz[11], das Hochschulbauförderungsgesetz[12] und das Bundesausbildungsförderungsgesetz[13]. In die Regierung Schmidt fällt der Erlass des Hochschulrahmengesetzes[14]. In der Zeit der Siebziger- bis Neunzigerjahre ist eine „Erhöhung“ des (formalen) Bildungsniveaus festzustellen: So stieg die Zahl der Studenten von ca. 510.000 (im Jahr 1970) auf 1,52 Millionen (im Jahr 1990).[15] Auch die Abiturientenzahlen stiegen, was die Einführung des Numerus clausus erforderlich machte. Die Verteilung knapper werdender Bildungsressourcen wurde damit ein immer wichtiger werdender Aspekt.

---

6 *Schröder/Krüger*, BdW, 2023, 100.

7 Führ/Furck/*Führ*, HdB VI/1, S. 15.

8 Führ/Furck/*Führ*, HdB VI/1, S. 16.

9 Einundzwanzigstes Gesetz zur Änderung des Grundgesetzes vom 12. Mai 1969 (BGBl. I S. 359).

10 Führ/Furck/*Führ*, HdB VI/1, S. 18.

11 Vom 19. August 1969 (BGBl. I S. 1112).

12 Gesetz über die Gemeinschaftsaufgabe „Ausbau und Neubau von wissenschaftlichen Hochschulen“ vom 1. September 1969 (BGBl. I S. 1556).

13 Bundesgesetz über individuelle Förderung der Ausbildung vom 26. August 1971 (BGBl. I S. 1409).

14 Vom 26. Januar 1976 (BGBl. I S. 185).

15 Führ/Furck/*Führ*, HdB VI/1, S. 18.

e) Kabinette Kohl und Wiedervereinigung (1982–1998)

Wesentliches politisches Ereignis während der Regierungszeit Kohls war die Deutsche Einheit. Diese machte auch eine „Wiedervereinigung" im Bildungsbereich erforderlich. Dieses Ziel war nicht einfach zu erreichen. Denn die Bildungssysteme hatten sich seit 1948 vollkommen verschieden entwickelt und wiesen 1990 kaum noch Gemeinsamkeiten auf.[16] Das sozialistische Bildungssystem war zum einen wegen seiner sozialistischen „Zweckgebundenheit" problematisch: Dem Bildungs- und Wissenschaftssystem der Deutschen Demokratischen Republik war auch immer der Aufbau des Sozialismus zugewiesen.[17] Aber auch positive Aspekte konnten nicht unverändert in das vereinigte Deutschland übernommen werden: So waren z. B. das dichte Netz von Kindergärten, die Betreuungsmöglichkeiten für Schüler und das umfangreiche Förder- und Stipendienwesen im akademischen Bereich zu einem finanziellen Problem geworden.[18]

f) Kabinette Schröder (1998–2005)

In die Kanzlerschaft Schröders fiel eine zunehmende „Europäisierung" von Bildungsrecht und Bildungspolitik. So verstärkte sich mit Inkrafttreten des Unionsvertrags von 1992 („Maastricht-Vertrag") der Einfluss des Unionsrechts auf das nationale Bildungswesen der Mitgliedstaaten[19], da die Bildungspolitik erstmals als Aufgabe der Europäischen Union formuliert wurde[20]. Im am 2. Oktober 1997 unterzeichneten Vertrag von Amsterdam wurde die Bedeutung der Bildungspolitik auf europäischer Ebene abermals betont.[21] Weitere europarechtliche „Impulse" sind die Erklärung zum Europäischen Hochschulraum (Bologna-Erklärung) vom 19. Juni 1999, die im Jahr 2000 proklamierte Charta der Grundrechte der Europäischen Union (welche in Art. 14 ein Recht auf Bildung formuliert), sowie die am 30. November 2002 abgegebene Erklärung zur Förderung der europäischen Zusammenarbeit in der beruflichen Bildung (København-Erklärung).

g) Gegenwart

Auch in der Gegenwart von immer größerer Bedeutung ist die internationale und europarechtliche Einbindung des deutschen Bildungswesens. Hinzu tritt der grundsätzliche Vorrang des Europarechts gegenüber nationalem – also deutschem (Bundes- und Landes-) – Recht[22] und der Vorrang der Rechtsprechung des Europäischen Gerichtshofs gegenüber der des Bundesverfassungsgerichts.

---

16 *Köhler/Knauss/Zedler*, bildungspolitischer Einigungsprozess, S. 11.

17 Hoffmann/Neumann/*Hoffmann*, Erziehung und Erziehungswissenschaft 3, S. 16.

18 Führ/Furck/*Führ*, HdB VI/1, S. 21.

19 Streinz/*Niedobitek*, EUV/AEUV, Art. 165 Rn. 10.

20 *Beckedorf/Henze*, NVwZ 1993, 125, 127.

21 Grabitz/Hilf/Nettesheim/*Blanke*, Recht der EU, Art. 165 AEUV Rn. 23.

22 EuGH, Urteil vom 2. März 2021 – C-824/18 (Rn. 150); BVerfG, Urteil vom 21. Juni 2016 – 2 BvR 2728/13, 2 BvR 2729/13, 2 BvR 2730/13, 2 BvR 2731/13, 2 BvE 13/13 (Rn. 118).

Neben den skizzierten inhaltlichen bildungspolitischen Änderungen ist eine weitere Tendenz zu nennen, die bereits in den Fünfzigerjahren begann: Die Verrechtlichung der Bildungspolitik und der Bildungsprozesse.[23]

2. Gegenstand der weiteren Untersuchung

In der Bundesrepublik Deutschland sieht das Prinzip des Föderalismus verteilte Zuständigkeiten für Bund und die Länder vor. Grundsätzlich sind die Länder zur Gesetzgebung befugt (Art. 70 I GG). Gleichwohl ist auch der Bund für bestimmte bildungsbezogene Materien zuständig (Art. 74 I Nr. 33 GG). Außerdem setzt das Grundgesetz selbst einen Rahmen bezüglich der Bildung; sei es durch Instituts-bezogene Normen (z. B. Art. 7 I GG) oder durch grundrechtliche Vorschriften (z. B. Art. 12 oder Artt. 2 I, 1 I GG).

Sofern also manche Landesverfassungen das Recht auf Bildung (in einer Norm) ausdrücklich regeln (z. B. Art. 4 VerfNI), bedeutet dies nicht, dass es sich hierbei um eine abschließende Regelung mit Bildungsbezug handelt. Vielmehr stellt sich die Frage der Abgrenzung zu anderen thematisch verwandten Grundrechten mit Bildungsbezug sowohl auf Bundesebene (z. B. die Berufsfreiheit nach Art. 12 GG oder das Allgemeine Persönlichkeitsrecht (Artt. 2 I, 1 I GG)) als auch auf Landesebene, zu anderen verfassungsrechtlichen Positionen (z. B. das staatliche Schulwesen (Art. 7 I GG)) und natürlich zum einfachgesetzlichen Recht (z. B. die Regelung in § 18 NHG zum Hochschulzugang).

Andere Landesverfassungen (wie z. B. die von Bayern) hingegen normieren das Recht auf Bildung (im Sinne eines lebenslangen Anspruchs) in unterschiedlichen Regelungen. Sie unterscheiden damit die verschiedenen Stationen in der Bildungsbiographie des Einzelnen (Art. 129 ff. VerfBY zur Schule, Art. 128 VerfBY zur beruflichen Bildung, Art. 138 VerfBY zur akademischen Bildung und Art. 139 VerfBY zur Erwachsenen- bzw. Volksbildung).

Im Grundgesetz dagegen findet sich keine explizite Normierung des Rechts auf Bildung. Das bedeutet jedoch nicht, dass – was noch darzulegen sein wird – sich aus der Bundesverfassung nicht ebenfalls grundrechtliche Positionen mit Bildungsbezug herleiten lassen.

In allen drei Konstellationen (keine Normierung, Zusammenfassung des Rechts auf Bildung in einer Norm und Regelung in verschiedenen Vorschriften) ergibt sich folgender Untersuchungsbedarf: Zum Ersten bedarf ein „Grundrecht auf Bildung" – so es denn als solches existiert – einer Ausgestaltung durch einfachgesetzliches Recht. Dies liegt unter anderem daran, dass Bildung ein solch breites Spektrum aufweist, dass eine abschließende Regelung aller Bildungsbereiche (von der frühkindlichen Förderung bis hin zur allgemeinen Erwachsenenbildung) in der Verfassung gar nicht möglich wäre. Zum Zweiten kann ein etwaiges Grundrecht auf Bildung nicht losgelöst von anderen Grundrechten und den übrigen Bestimmungen der jeweiligen Verfassung betrachtet werden. Eine Darstellung des grundrechtlichen Rechts auf Bildung bedarf daher auch der Untersuchung anderer, quasi vergesellschafteter Normen in der Verfassung und einschlägiger Rechtsnormen der einfachgesetzlichen Rechtsordnung.

---

23 Führ/Furck/*Reuter*, HdB VI/1, S. 42 ff.

Eine demnach erforderliche Darstellung des Rechts auf Bildung samt Verfassung und einfachgesetzlichem Recht würde jedoch den Rahmen dieser Arbeit übersteigen. Diese Komplexität kann anhand des folgenden Beispiels eines niedersächsischen Hochschulzugangsberechtigten skizziert werden. Er kann sich in erster Linie auf das hier zu untersuchende Grundrecht auf Bildung (Art. 4 I VerfNI) berufen.[24] Die Verknüpfung zum einfachen Recht wird deutlich, wenn er z. B. Zugang zu einer staatlichen Hochschule (§ 2 Satz 1 NHG) begehrt und sich hierbei auf eine einfachgesetzliche Norm beruft (§ 18 NHG). Daneben steht ihm eine Vielzahl weiterer Grundrechte zur Seite. Zu den wichtigsten gehört hierbei Art. 12 I GG.[25] Dem Hochschulzugangsberechtigten oder auch Studierenden wird – auf den ersten Blick – das Recht gewährt, seinen Beruf frei auszuüben und zu wählen.[26] Wortwörtlich würde dies allerdings bedeuten, dass jeder ab sofort das Recht hat seinen Wunschberuf auszuüben.[27] Einen gerade einmal Volljährigen ohne Ausbildung beispielsweise den Arztberuf ausüben zu lassen erscheint jedoch geradezu gefährlich und nicht im Sinne einer funktionierenden Gesellschaft[28]. Dies wirft die Frage nach Einschränkungen dieses Grundrechts auf. Solche erfolgen auf verfassungsrechtlicher Ebene durch kollidierendes Verfassungsrecht[29] und aufgrund Art. 12 I 2 GG auf einfachgesetzlicher[30] Ebene. Neben den genannten Art. 12 GG, welcher sich primär auf die Prüfungsinhalte bezieht, tritt Art. 3 I GG. Dieser bezieht sich vor allem auf einzelne Prüfungsverfahren.[31] Art. 3 I GG soll sicherstellen, dass alle Studierenden im Rahmen ihrer Ausbildung gleichbehandelt werden.[32] Eine weitere Grundrechtsposition, die während der Corona-Pandemie an großer Bedeutung gewonnen hat, ist das Grundrecht auf Leben und körperliche Unversehrtheit aus Art. 2 II GG.[33] Ebenfalls im Zusammenhang mit der Corona-Pandemie an Relevanz gewonnen hat die Unverletzlichkeit der Wohnung aus Art. 13 GG, namentlich bei so genannten online-Prüfungen.[34] Hieran wird deutlich, dass das Recht auf Bildung zumindest im praktischen Leben eng mit anderen Grundrechten verknüpft ist.

Dass bildungsbezogene Grundrechte mit den Grundrechten anderer abzuwägen sein können, wird daran deutlich, dass nicht nur den Studierenden (die eben genannten) Grundrechte zustehen, sondern auch die Hochschule und die Lehrenden ihrerseits über eigene grundrechtliche Positionen verfügen[35]. So ist für Hochschulen von zentraler Bedeutung

---

24 Butzer et al./*Nolte/Ulrich*, Hannoverscher Kommentar, Art. 4 Rn. 9.

25 BVerfG, NJW 1972, 1561; BeckOK GG/*Ruffert*, 60. Ed., Art. 12 Rn. 25.

26 *Morgenroth*, Hochschulrecht, Rn. 42.

27 *Morgenroth*, Hochschulrecht, Rn. 44.

28 So zu Recht pointiert *Morgenroth*, Hochschulrecht, Rn. 44.

29 BVerwG, NJW 1991, 1766, 1769; BeckOK GG/*Ruffert*, 60. Ed., Art. 12 Rn. 84 f.

30 Speziell zu Berufsausübungsregelungen im Gesundheits- und Medizinrecht Huber/Voßkuhle/*Manssen*, GG, Art. 12 Rn. 186 ff.

31 Fischer/Jeremias/Dieterich/*Jeremias*, Prüfungsrecht, Rn. 128 ff.

32 *Morgenroth*, Hochschulrecht, Rn. 63.

33 Fischer/Jeremias/Dieterich/*Jeremias*, Prüfungsrecht, Rn. 28 f.; Dieterich, NVwZ 2021, 511, 512 f.

34 *Beaucamp*, DÖV 2022, 283 ff. Den Schutzbereich als bereits nicht eröffnet erachtet das OVG Schleswig (ZD 2021, 441, 441 f.).

35 BeckOK GG/*Kempen*, 60. Ed., Art. 5 Rn. 184 f.

Art. 5 III 1 GG.[36] Dieser umfasst die Forschungsfreiheit sowie Freiheit der Lehre.[37] Es gilt dabei zwischen drei grundrechtsberechtigten Personengruppen bzw. Entitäten zu unterscheiden. Zum einen die Hochschule selbst[38], die jeweilige Selbstverwaltungseinheit[39] (z. B. Fakultät) und die einzelnen Hochschullehrenden[40]. Den Universitäten steht auch das Ausgestaltungsrecht der Studienprogramme in Form der Studien- und Prüfungsordnungen zu.[41] Darunter fallen die angebotenen Schwerpunkte, und die Wahlpflicht- bzw. Wahlbereiche. Die Wissenschaftler selbst geben Lehrveranstaltungen infolge ihrer Lehrfreiheit.[42]

Diese – hier nur skizzierte – Komplexität macht eine klare Abgrenzungsformel erforderlich. Denn das in der vorliegenden Arbeit zu untersuchende (Teilhabe)recht auf Bildung soll angemessen und nicht ausufernd dargestellt werden.

In Betracht kommt hierzu eine Abgrenzung anhand von zwei Ebenen. Auf der ersten Ebene stehen alle Normen, welche überhaupt erst den Zugang zu der jeweiligen Bildungseinrichtung regeln. Die zweite Ebene bezieht sich auf Regelungen bezüglich aller Angelegenheiten, die nach dem Zugang und damit quasi innerhalb des initiierten Bildungsprozesses (z. B. Kindergartenbesuch, Studium oder Maßnahme der beruflichen Bildung) auftreten. Im Rahmen dieser Arbeit werden Verfassung und Rechtsordnung nur insoweit dargestellt, als dass sie die erste Ebene, also den Zugang zur Bildungseinrichtung, betreffen.

Als Beispiel für diese im Folgenden vorzunehmende Abgrenzung kann der Abiturient, der nunmehr studieren möchte, angeführt werden. Ihm steht in Niedersachsen nach Art. 4 I VerfNI ein Teilhaberecht auf Bildung zu. Alle Angelegenheiten vor der Zulassung, Fragen rund um die Immatrikulation selbst, das Studienfach oder den Studienort sind der ersten Ebene zuzuordnen. Auf dieser Ebene werden Verfassung und einfachgesetzliches Recht dargestellt. Regelungen bezüglich aller Angelegenheiten nach der Zulassung hingegen, wie beispielsweise das Prüfungsrecht an der Hochschule, gehören zur zweiten Ebene. Auf diese wird im Rahmen dieser Arbeit nicht eingegangen.

II. Völkerrechtliche Grundlagen

Ein „Recht" auf Bildung ist bereits in Art. 26 der Allgemeinen Erklärung der Menschenrechte normiert.[43] Allerdings lassen sich aus ihr keine Rechte ableiten, da es hierbei nur um eine rechtlich nicht bindende Resolution der Generalversammlung der Vereinten Nationen handelt[44].

---

36 *Morgenroth*, Hochschulrecht, Rn. 65.

37 Dreier/*Britz*, GG³, Art. 5 Abs. 3 Rn. 12.

38 BVerfGE 111, 333, 354; Huber/Voßkuhle/*Paulus*, GG, Art. 5 Rn. 486.

39 BVerfGE 139, 148, 170.

40 BVerfGE 139, 148, 170; Dreier/*Britz*, GG³, Art. 5 Abs. 3 Rn. 12.

41 BVerfGE 93, 85, 93.

42 Dürig/Herzog/Scholz/*Gärditz*, GG, 105. EL, Art. 5 Abs. 3 Rn. 116.

43 BVerfG, NJW 2022, 167, 172.

44 Dürig/Herzog/Scholz/*Durner*, GG, 105. EL, Art. 10 Rn. 33.

Aufgrund seiner Ratifizierung für die Bundesrepublik Deutschland verbindlich ist Art. 13 IPwskR. Hiernach anerkennen die Vertragsstaaten ein Recht auf Bildung.[45] Allerdings vermittelt der Pakt keine unmittelbar einklagbaren, individuellen Rechtsansprüche.[46] Das Recht ist zudem nicht schrankenlos. Art. 4 IPwskR sieht eine Eingriffsmöglichkeit vor, wenn diese gesetzlich vorgesehen ist und mit der Natur dieser Rechte vereinbar ist.[47] Zusätzlich muss der Zweck des Eingriffs ausschließlich das Allgemeinwohl in einer demokratischen Gesellschaft fördern.[48]

Speziell ein Recht des Kindes auf Bildung auf Grundlage der Chancengleichheit ergibt sich aus Art. 28 der VN-Kinderrechtskonvention.[49]

Außerdem darf nach Art. 2 S. 1 1. ZP EMRK niemandem das Recht auf Bildung verwehrt werden.[50] Der persönliche Gewährleistungsbereich umfasst alle Menschen, also Kinder, Jugendliche und Erwachsene.[51] Obwohl negativrechtlich formuliert, handelt es sich hierbei um ein Recht auf Bildung in Form eines subjektiven Teilhaberechtes.[52] Dieses bezieht sich auf alle Stufen des Bildungssystems.[53] Nach der Rechtsprechung des Europäischen Gerichtshofs für Menschenrechte gewährt Art. 2 1. ZP EMRK jedoch kein originäres Leistungsrecht auf Schaffung neuer Bildungseinrichtungen.[54] Den Mitgliedstaaten wird vielmehr ein erheblicher Spielraum bei der Ausgestaltung des Rechts auf Bildung eingeräumt.[55] Nur für den Ausnahmefall, dass die vom Staat bereitgestellten Bildungseinrichtungen evident unzureichend sind, werden leistungsrechtliche Ansprüche bejaht.[56] Daneben beinhaltet die Norm eine institutionelle Garantie.[57] Die EMRK und ihre Zusatzprotokolle stehen national Bundesgesetzen gleich[58], sind aber kein Verfassungsrecht[59]. Es handelt sich damit also nicht um Bildungs-Grundrechte.

Unionsrechtlich ist das Recht auf Bildung in Art. 14 I GRCh geregelt. Grundrechtsträger sind alle natürlichen bildungswilligen Personen jeden Alters.[60] Das Recht umfasst die Dimensionen Bildung, Aus- und Weiterbildung.[61] Es enthält in Abs. 2 auch das Recht auf

45 BVerfG, NJW 2022, 167, 172.
46 Hofmann/*Keßler*, Ausländerrecht, Anhang 1 Rn. 1.
47 BVerfG, NJW 2022, 167, 173.
48 BVerfG, NJW 2022, 167, 173.
49 BVerfG, NJW 2022, 167, 172.
50 BVerfG, NJW 2022, 167, 172.
51 Karpenstein/Mayer/*Bitter*, EMRK, ZP I Art. 2 Rn. 9.
52 Grabenwarter/Pabel/*Grabenwarter/Pabel*, EMRK, § 22 Rn. 92.
53 Meyer-Ladewig/Nettesheim/von Raumer/*Hanschmann*, EMRK, ZP zur EMRK Art. 2 Rn. 8.
54 EGMR, BeckRS 1968, 105953 (23. Juli 1968 – 1474/62 u. a.).
55 BVerfG, NJW 2022, 167, 172.
56 BVerfG, NJW 2022, 167, 172.
57 Grabenwarter/Pabel/*Grabenwarter/Pabel*, EMRK, § 22 Rn. 92.
58 BVerfGE 111, 307, 317.
59 BVerfGE 64, 135, 157.
60 Pechstein/Nowak/Häde/*Thiele*, Frankfurter Kommentar, GRC Art. 14 Rn. 8.
61 Calliess/Ruffert/*Kingreen*, EUV/AEUV, EU-GR-Charta Art. 14 Rn. 1.

unentgeltliche Teilnahmemöglichkeit am Pflichtunterricht.[62] Es ist allerdings nicht unbeschränkt.[63]

Art. 22 I des Abkommens über die Rechtsstellung der Flüchtlinge[64] ist das Recht auf Zugang zur Bildung in Volksschulen dahingehend geregelt, dass die vertragsschließenden Staaten den Flüchtlingen dieselbe Behandlung wie ihren Staatsangehörigen zukommen lassen. Hinsichtlich der darüberhinausgehenden Bildung dürfen Flüchtlinge nicht schlechter gestellt werden als (andere) Ausländer im Allgemeinen (Art. 22 II).

Art. 10 CEDAW untersagt jegliche Diskriminierung von Frauen im Bildungsbereich. Dies umfasst auch den Zugang zu Stipendien (lit. d) und zu Weiterbildungsprogrammen (lit. e). Des Weiteren zielt das Übereinkommen gemäß lit. f darauf ab, den Prozentsatz von Frauen, die ihre Ausbildung abbrechen, zu verringern. Durch das CEDAW werden die Unterzeichnerstaaten auch dazu verpflichtet, Diskriminierungen durch Private zu begegnen.[65] Dies kann zum Beispiel bei privaten Bildungseinrichtungen von Relevanz sein.

Art. 24 CRPD gewährleistet ein Recht auf Bildung speziell von behinderten Menschen. Hierzu haben die Vertragsstaaten „ein integratives Bildungssystem auf allen Ebenen und lebenslanges Lernen" zu gewährleisten. Dies umfasst gemäß Abs. 5 Satz 1 den Zugang zur allgemeinen Hochschulbildung, Berufsausbildung, Erwachsenenbildung und zu lebenslangem Lernen.

III. Bundesrecht

1. Einleitung

Im Grundgesetz ist ein Grundrecht auf Bildung im Allgemeinen, anders als in manchen Landesverfassungen[66], nicht ausdrücklich normiert.[67] Dennoch finden sich dort einige Normen, die einen gewissen Bezug zu Bildung aufweisen. Darunter fallen Art. 2, Art. 3, Art. 6 II, Art. 7 und Art. 12 GG.

Ausdrücklich genannt werden in Art. 6 II 1 GG „Pflege und Erziehung der Kinder". Diese beiden Begriffe stellen jedoch nur einen Teilaspekt von Bildung im weiten Sinne dar. Im Übrigen handelt es sich bei Pflege und Erziehung nach dem Grundgedanken des Grundgesetzes zunächst um ein Freiheits- und Abwehr-Recht der Eltern.[68] Diese jedoch sind nicht die Personen, um deren persönliche Entwicklung es geht. Vielmehr geht es um die Kinder der Eltern. Die Verfassung normiert somit im Zusammenhang mit der Erziehung und Pflege ein Grundrecht einer Person (des Elternteils) im Interesse eines Dritten

62 BVerfG, NJW 2022, 167, 173.

63 Meyer/Hölscheidt/*Bernsdorff*, GRCh, GRCh Art. 14 Rn. 12.

64 Ratifiziert durch das Gesetz betreffend das Abkommen vom 28. Juli 1951 über die Rechtsstellung der Flüchtlinge vom 1. September 1953 (BGBl. II S. 559).

65 Däubler/Beck/*Däubler/Beck*, AGG, Einleitung Rn. 164.

66 Z. B. Art. 27 I VerfHB oder Art. 29 III VerfBB.

67 Dürig/Herzog/Scholz/*Badura*, GG, 105. EL, Art. 7 Rn. 2; Huber/Voßkuhle/*Robbers*, GG, Art. 7 Rn. 31; Dörr/Grote/Marauhn/*Langenfeld*, EMRK/GG, Kap. 23 Rn. 14.

68 Hömig/Wolff/*Antoni*, GG, Art. 6 Rn. 13; Jarass/Pieroth/*Jarass*, GG, Art. 6 Rn. 40.

(des Kindes).[69] Im Rahmen der Arbeit sollen lediglich Grundrechte *der* Personen dargestellt werden, die sich im Bildungsprozess befinden. Auf das Elterngrundrecht soll dabei nicht näher eingegangen werden. Allerdings verleiht Art. 6 II 1 GG i. V. m. Art. 2 I GG dem Kind ein Recht auf staatliche Gewährleistung elterlicher Pflege und Erziehung.[70] Daher steht derjenigen Person, die sich im Bildungsprozess befindet, ein Grundrecht aus Art. 6 II zu. Dieser Teilaspekt soll deswegen näher dargestellt werden.

Strittig ist, ob nicht zumindest ein Recht auf Bildung im Allgemeinen besteht. Diese Frage soll zunächst untersucht werden.

2. Allgemeines Recht auf Bildung

Während einige Landesverfassungen ausdrücklich ein allgemeines Recht auf Bildung regeln (unabhängig davon, ob dies tatsächlich ein subjektives Recht ist[71]), ist eine solche ausdrückliche Norm dem Grundgesetz fremd.[72]

Umstritten[73] ist allerdings, ob nicht zumindest ein allgemeines Recht auf Bildung besteht. Anlass zu dieser Annahme könnte folgende Äußerung des Bundesverwaltungsgerichts aus dem Jahr 1975 geben: „Deswegen scheidet insoweit auch eine Verletzung des Rechts auf Bildung aus, das den Kindern der Kläger aus Art. 2 I GG zusteht.“[74] In seiner Entscheidung vom 14. Juli 1978 relativierte das Gericht diese Aussage allerdings. Im Rahmen dieser Entscheidung war nur noch von „Elemente(n) eines Rechts auf Bildung“[75] die Rede. Zu beachten ist zudem die Einschränkung, dass in beiden Fällen die Rechtsposition speziell von Kindern zur Erörterung anstand und nicht etwa von Menschen allgemein.

Das Bundesverfassungsgericht ließ diese Frage zunächst offen.[76] Später sprach es in einer Entscheidung vom „Recht des Schülers auf eine seine Anlagen und Befähigungen möglichst weitgehend berücksichtigende Ausbildung“[77]. Dieses Recht stützte es ohne weitere Begründung auf Art. 2 I GG. In seinem Beschluss vom 19. November 2021 schließlich spricht das Gericht von einem Recht auf schulische Bildung, das aus Art. 2 I i. V. m. Art. 7 I GG herzuleiten sei.[78]

---

69 BVerfGE 103, 89, 107; Herdegen/Masing/Poscher/Gärditz/*Jestedt*, VerfassungsR-HdB, § 22 Rn. 59.

70 BVerfGE 133, 59, 73 (Rn. 41); Schulz/Hauß/*Diwell*, Familienrecht, Art. 6 GG Rn. 54.

71 Oftmals handelt es sich dabei nur um Programmsätze oder objektive Rechtsgehalte, nicht aber subjektive Rechte (Birnbaum/*Lohse*, BildungsR-Corona, § 2 Rn. 11).

72 *Rux*, Schulrecht, § 2 Rn. 187; Huber/Voßkuhle/*Robbers*, GG, Art. 7 Rn. 31; Staatslexikon/*Kruip*, Band I Stichwort Bildung III. 2; Lenzen/*Richter*, Enzyklopädie Erziehungswissenschaft V, S. 231.

73 Stern/Sodan/Möstl/*Sodan*, Staatsrecht *III*, § 66 Rn. 41. Ein solches Grundrecht wohl bejahend: Sachs/*Rixen*, GG, Art. 2 Rn. 111. Ein solches Grundrecht verneinend: Dörr/Grote/Marauhn/*Langenfeld*, EMRK/GG, Kap. 23 Rn. 14; von Münch/Kunig/*Kunig/Kämmerer*, GG, Art. 2 Rn. 30; Dürig/Herzog/Scholz/*Di Fabio*, GG, 105. EL, Art. 2 Abs. 1 Rn. 211.

74 BVerwG, NJW 1975, 1182, 1183.

75 BVerwG, NJW 1979, 229.

76 BVerfGE 45, 400, 417.

77 BVerfG, NJW 1998, 131, 133.

78 NJW 2022, 167.

Alle Entscheidungen haben jedoch gemeinsam, dass in ihnen nur von Schülern die Rede war. Um die verfassungsrechtliche Position *anderer* Menschen, die sich in Bildungsprozessen befinden (z. B. Kleinkinder, Studierende und Personen, die sich in der Erwachsenenbildung befinden) ging es in keinem der Fälle. Bereits deswegen ist fraglich, ob sich aus Art. 2 I GG überhaupt ein allgemeines Recht auf Bildung ableiten lässt.

Eine Ausnahme hierzu stellt die Entscheidung des Hessischen Staatsgerichtshofs vom 30. Dezember 1981 dar: In dieser wird ein Recht auf Bildung „junger Menschen" (also nicht nur von Schülern) bejaht.[79] Zwar sei dieses Recht auf Art. 2 I VerfHE zu stützen, doch sei dieses Grundrecht identisch mit Art. 2 I GG.[80] Ob jedoch ein allgemeines Recht auf Bildung bestehe, wurde auch in dieser Entscheidung offengelassen.[81]

Als Zwischenergebnis lässt sich damit sagen, dass die Rechtsprechung ein allgemeines Recht auf Bildung aus Art. 2 I GG nicht bejaht.

Nach hier vertretener Auffassung überzeugt dies aus mehreren Gründen. Erstens: Art. 2 I GG hat als allgemeines Freiheitsrecht eine „lückenschließende Auffangfunktion".[82] Er ist zu anderen Grundrechten subsidiär. Ist also ein besonderer Lebensbereich durch ein spezielles Grundrecht geschützt, kann sich der Einzelne bei Eingriffen der öffentlichen Gewalt in die freie Entfaltung seiner Persönlichkeit nicht auf das allgemeine Grundrecht nach Art. 2 I GG berufen[83]. Das Grundgesetz regelt aber zumindest in Art. 6 und Art. 7 ausdrücklich bildungsbezogene Lebenssachverhalte, so dass Art. 2 I GG insofern verdrängt werden würde. Zweitens: In der Verfassung von Brandenburg ist in Art. 29 VerfBB ein ausdrückliches „Recht" auf Bildung normiert. Gleichzeitig regelt sie in Art. 10 ein Recht auf freie Entfaltung der Persönlichkeit. Letzteres Recht entspricht im Wesentlichen Art. 2 I GG.[84] Würde sich bereits aus Art. 2 I GG ein „umfangreiches" Recht auf Bildung ergeben, bedürfte es einer Norm wie Art. 29 VerfBB nicht. Drittens: Die Verteilung staatlicher Bildungsressourcen lässt sich durch den allgemeinen Gleichheitssatz gemäß Art. 3 I GG erfassen.[85] Insofern bedarf es Art. 2 I GG als Freiheitsrecht nicht, um gleichberechtigt an staatlichen Leistungen partizipieren zu können. Viertens: Die Rechtsprechung des Bundesverfassungsgerichts alleine zu schulischen Bildungssachverhalten zeigt bereits, wie divers diese sein können. Geht es um Grundlagen für die Planung der schulischen Entwicklung eines Kindes, sei Art. 2 I i. V. m. 20 III GG berührt.[86] Behandele der Schulgesetzgeber verschiedene Schultypen zu Unrecht unterschiedlich oder gleich, so könne Art. 3 I GG tangiert sein.[87] Ein Schulausschluss, so das Bundesverfassungsgericht, könne Art. 12 I GG berühren[88]; eine Nichtversetzung hingegen Art. 2 I GG[89]. Berücksichtigt man diese Vielfalt, die

---

79 HessStGH, NJW 1982, 1381, 1385.

80 HessStGH, NJW 1982, 1381, 1385.

81 HessStGH, NJW 1982, 1381 (Leitsatz 7).

82 Hömig/Wolff/*Antoni*, Art. 2 Rn. 3.

83 BVerfGE 67, 157, 171; Dürig/Herzog/Scholz/*Di Fabio*, GG, 105. EL, Art. 2 Abs. 1 Rn. 21.

84 *Lieber/Iwers/Ernst*, LV Bbg, Art. 10 1.

85 So zu Recht Sachs/*Rixen*, GG, Art. 2 Rn. 111.

86 BVerfG, NVwZ 1997, 781, 782.

87 BVerfGE 53, 185, 204 f.

88 BVerfGE 58, 257, 273.

89 BVerfGE 58, 257, 273 f.

bereits im Rahmen von schulischen Sachverhalten besteht, wird deutlich, dass es kein einheitliches Grundrecht auf Bildung aus Art. 2 I GG geben kann. Fünftens: Die Kompetenz für schulische[90] und akademische Bildung[91] liegt als Teil der sogenannten Kulturhoheit größtenteils bei den Bundesländern.[92] Fraglich ist daher, ob das Grundgesetz als Verfassung für die Bundesrepublik Deutschland der richtige Standort für ein allgemeines Recht auf Bildung wäre oder ob dies nicht die Landesverfassungen wären.[93]

Auch aus Staatszielbestimmungen (wie etwa dem Sozialstaatsprinzip gemäß Art. 20 GG) lassen sich keine individuellen Rechtsansprüche ableiten.[94]

Im Ergebnis vermittelt das Grundgesetz somit kein allgemeines Recht auf Bildung.

3. Bildung und Erziehung in der Familie

Art. 2 I i. V. m. Art. 6 II 1 GG verleiht Kindern ein Recht auf staatliche Gewährleistung elterlicher Pflege und Erziehung.[95] Den Staat trifft damit eine „Kontroll- und Sicherungsverantwortung dafür, dass sich ein Kind in der Obhut seiner Eltern tatsächlich zu einer eigenverantwortlichen Persönlichkeit entwickeln kann“[96] (so genanntes Wächteramt[97]). Gleichzeitig trifft die Eltern nach Art. 6 II 1 GG die Pflicht, ihre Kinder zu pflegen und zu erziehen.

Unter Pflege ist die Sorge um das körperliche Wohl und die physische Existenz zu verstehen.[98] Die Erziehung hingegen bezieht sich auf die wertebezogene Sorge für die seelisch-geistige Entwicklung des Kindes.[99] Sie umfasst somit auch die „Sorge für die Ausbildung und Bildung durch Entfaltung der Fähigkeiten des Kindes“[100]. Gerade die Erziehung weist damit einen Bezug zur Bildung auf, ohne allerdings mit ihr identisch zu sein.

Die Erziehung der Kinder ist nach dem Grundgesetz (Art. 7 GG) in erster Linie den Eltern zugewiesen.[101] Somit sind diese und nicht der Staat hierzu verpflichtet.[102] Pflege und Erziehung durch die Eltern sind insofern nicht nur deren Grundrecht, sondern auch deren Grundpflicht.[103] Das Grundrecht des Kindes auf Pflege und Erziehung korrespondiert damit und richtet sich gegen die Eltern. Es soll unter a) dargestellt werden.

---

90 BVerfGE 98, 218, 248.

91 BVerfGE 108, 1, 14.

92 Dürig/Herzog/Scholz/*Uhle*, GG, 105. EL, Art. 70 Rn. 106.

93 Im Ergebnis ebenso die Gemeinsame Verfassungskommission in BT-Drs. 12/6000, S. 81 f.

94 *Münder/Trenczek/von Boetticher/Tammen*, Kinder- und Jugendhilferecht, 1. Teil 2. Rn. 46.

95 BVerfGE 133, 59, 73 (Rn. 41).

96 BVerfGE 133, 59, 74 (Rn. 42).

97 Hömig/Wolff/*Antoni*, GG, Art. 6 Rn. 13.

98 Huber/Voßkuhle/*Robbers*, GG, Art. 6 Rn. 143.

99 BeckOK GG/*Uhle*, 60. Ed., Art. 6 Rn. 51.

100 Dürig/Herzog/Scholz/*Badura*, GG, 105. EL, Art. 6 Rn. 107.

101 Herdegen/Masing/Poscher/Gärditz/*Jestedt*, VerfassungsR-HdB, § 22 Rn. 61.

102 Herdegen/Masing/Poscher/Gärditz/*Jestedt*, VerfassungsR-HdB, § 22 Rn. 61.

103 BVerfG, NJW 1982, 1375, 1376; Dürig/Herzog/Scholz/*Badura*, GG, 105. EL, Art. 6 Rn. 133.

Dem Staat ist nach Art. 6 II 2 GG gleichzeitig nur die Rolle eines „Ausfallbürgen“ zugewiesen worden. Und zwar für den Fall, dass die Eltern des Kindes ihrer Rolle derart nicht nachkommen, dass sie ihr Kind nachhaltig gefährden.[104] Daher obliegen dem Staat in zweierlei Hinsicht Pflichten gegenüber den Kindern. Diese sind dennoch inhaltlich zu unterscheiden[105]. Zum ersten gibt es die Pflichten, die den elterlichen Erziehungsauftrag unterstützen und ergänzen. Der Staat ist insofern neben den Eltern „Erziehungsträger[.] mit entsprechenden Pflichten“[106]. Die daraus folgenden grundrechtlichen Positionen des Kindes gegenüber dem Staat sollen unter b) dargestellt werden. Zum zweiten ist der Staat verpflichtet, zum Schutze des Kindes einzuschreiten, wenn die Eltern ihrer Verantwortung nicht gerecht werden[107]. Die daraus entstehenden grundrechtlichen Positionen des Kindes gegenüber dem Staat sollen unter c) dargestellt werden.

In diesem Kontext ebenfalls zu nennen ist der Erziehungsauftrag des Staates in der Schule. Dieser ergibt sich aus Art. 7 I GG und ist von Art. 6 GG zu trennen.

Gegenstand der Arbeit ist das Recht auf Bildung. *Nicht* Bestandteil der Arbeit sind (Grund)rechte, die zwar einen Bezug zur Bildung aufweisen, aber im Wesentlichen einen anderen sachlichen Schutzbereich haben. So weist das Recht der Eltern auf Erziehung ihrer Kinder gemäß Art. 6 II 1 GG einen engen Zusammenhang mit Bildungsfragen auf. Dabei wird das bildungsbezogene Grundrecht des Art. 7 GG eingeschränkt, woraus sich Wechselwirkungen ergeben[108]. Jedoch handelt es sich dabei um ein Recht der Eltern. Diese sind in dieser Rolle „Ausbilder“, aber nicht Bildung suchende Personen. Daran ändert nichts, dass das Recht, das sie haben, im Wesentlichen ein Recht im Interesse des Kindes ist[109]. Auf das Elternrecht nach Art. 6 II 1 GG soll daher nur eingegangen werden, soweit dies für grundrechtliche Positionen der Kinder (also die Bildung suchenden Personen) von Bedeutung ist.

a) Recht des Kindes auf Erziehung gegenüber den Eltern

Gemäß Art. 6 II 1 GG ist es Pflicht der Eltern, ihre Kinder zu pflegen und zu erziehen. Unter Erziehung ist dabei die „Sorge für die seelische und geistige Entwicklung und die Vermittlung von Wissen und Wertorientierung“[110] zu verstehen. Die Erziehung umfasst auch Aspekte der Erziehung in der Schule[111].

Diese Pflicht besteht nach Auffassung des Bundesverfassungsgerichts nicht nur gegenüber dem Staat, sondern auch unmittelbar gegenüber dem Kind.[112] Es hat damit ein verfassungs- (und nicht nur einfachgesetzliches) Recht gegenüber seinen Eltern auf Pflege

---

104 BeckOK GG/*Uhle*, 60. Ed., Art. 6 Rn. 47.

105 Dürig/Herzog/Scholz/*Badura*, GG, 105. EL, Art. 6 Rn. 139.

106 BVerfGE 24, 119, 136.

107 BVerfGE 121, 69, 92.

108 *Gernhuber/Coester-Waltjen*, Familienrecht, § 6 Rn. 24.

109 BVerfGE 72, 122, 137.

110 Jarass/Pieroth/*Jarass*, GG, Art. 6 Rn. 42; Sachs/*von Coelln/Fontana*, GG, Art. 6 Rn. 75.

111 BVerfGE 34, 165, 183.

112 BVerfGE 121, 69, 92.

und Erziehung.[113] Eine solche unmittelbare Drittwirkung des Grundrechts des Kindes gegenüber seinen Eltern verneinen Stimmen in der Literatur. Diese sei für das Grundgesetz systemwidrig[114] und eine „absolute grundgesetzliche Anomalie“[115]. Auch eine mittelbare Drittwirkung sei nicht gegeben, weil dann der Sinn des Art. 6 II GG unterlaufen werde: Dieser sei es, einen familiären Schutzraum gegenüber dem Staat zu schaffen. Vom Sinn sei aber nicht umfasst, das Eltern-Kind-Verhältnis auf Ebene der Verfassung zu verrechtlichen.[116] Bejaht man wie das Bundesverfassungsgericht ein grundrechtliches Recht des Kindes auf Pflege und Erziehung durch seine Eltern, so gilt: Wesentlicher Inhalt dieser Pflicht der Eltern ist es, ihrem Kind „Schutz und Hilfe angedeihen zu lassen, damit es sich zu einer solchen eigenverantwortlichen Persönlichkeit innerhalb der sozialen Gemeinschaft entwickeln kann, wie sie dem Menschenbild des Grundgesetzes entspricht“[117]. Sie haben dabei mit zunehmendem Alter des Kindes dessen wachsende Fähigkeit und das wachsende Bedürfnis zu selbstständigem verantwortungsvollem Handeln zu berücksichtigen.[118]

Die Klarheit dieser Leitlinie wird dadurch in Frage gestellt, dass das Grundgesetz keine konkreten Erziehungsziele[119] und keine Erziehungsmethoden[120] der Eltern normiert. Die relativ ungenau formulierte verfassungsrechtliche Pflicht bedarf daher der gesetzlichen Ausgestaltung; insbesondere wie das Recht des Kindes auf Erziehung und Pflege durch seine Eltern im täglichen Leben praktisch und konkret zu seinem Wohl zu wahren ist.[121] Dies bedeutet, dass das Kind aus Art. 6 II 1 GG i. d. R. keine Rechte auf konkrete Maßnahmen oder Unterlassungen durch die Eltern im Rahmen deren Erziehung geltend machen kann. Dies wäre nur ausnahmsweise der Fall[122]. Das aus Art. 6 GG resultierende Recht des Kindes ist somit primär durch den Gesetzgeber auszugestalten.

Eine solche Konkretisierung durch den Gesetzgeber stellt zum Beispiel die elterliche Umgangspflicht gemäß § 1684 I BGB dar.[123] Eine weitere in diesem Zusammenhang zu nennende Norm ist § 1631a I BGB. Nach ihr haben die Eltern im Bereich der Schul- und Berufsausbildung auf die Eignung und Neigung des Kindes Rücksicht zu nehmen.[124] Da an dieser Stelle jedoch nur auf verfassungsrechtliche Aspekte eingegangen werden soll, wird keine vertiefte Darstellung dieser einfachgesetzlich normierten elterlichen Pflichten bzw. Ansprüche von Kindern erfolgen.

Das Grundrecht des Kindes auf Pflege und Erziehung umfasst auch nur den Mindeststandard, der für die Entwicklung zu einer eigenverantwortlichen Persönlichkeit erforder-

---

113 BVerfGE 121, 69, 93.

114 Von Münch/Kunig/*Heiderhoff*, GG, Art. 6 Rn. 24; Herdegen/Masing/Posching/Gärditz/*Jestaedt*, VerfassungsR-HdB, § 22 Rn. 80.

115 Münder/Wiesner/Meysen/*Jestaedt*, Kinder- und Jugendhilferecht, 1.5 Rn. 28.

116 Kirchhof, NJW 2018, 2690, 2691; von Münch/Kunig/*Heiderhoff*, GG, Art. 6 Rn. 24.

117 BVerfG, BeckRS 2009, 34593 (1. b)). Kritisch zu diesem Erziehungsziel Sachs/*von Coelln/Fontana*, GG, Art. 6 Rn. 76.

118 BVerfG, BeckRS 2009, 34593 (1. b)).

119 BVerfGE 107, 104, 117; Schulz/Hauß/*Diwell*, Familienrecht, GG Art. 6 Rn. 55.

120 Sachs/*von Coelln/Fontana*, GG, Art. 6 Rn. 76.

121 BVerfGE 121, 69, 94.

122 Dreier/*Brosius-Gersdorf*, GG[4], Art. 6 Rn. 318.

123 BVerfGE 121, 69, 95.

124 Johannsen/Henrich/Althammer/*Jokisch*, Familienrecht, BGB § 1666 Rn. 62.

lich ist. Es handelt sich damit um eine „Minimumgarantie“[125]. Ein Anspruch auf bestmögliche Erziehung durch die Eltern besteht somit nicht. Plakativ formuliert gehören Eltern insoweit zum Schicksal und Lebensrisiko eines Kindes.[126]

b) Recht des Kindes auf Erziehung gegenüber dem Staat („neben den Eltern“)

Wie unter a) dargelegt kommt „den Eltern gegenüber dem Staat (der) Vorrang als Erziehungsträger“[127] zu. Das in Art. 6 II 2 GG normierte „Wächteramt“ gibt dem Staat nicht die Möglichkeit, das Elternrecht zu schmälern. Er hat also die Freiheit der Eltern in der kindlichen Erziehung zu respektieren, sofern nicht das Kindeswohl gefährdet ist.[128] Er darf sich ohne konkrete Gefahr daher nicht an die Stelle der Eltern setzen.

Nicht Inhalt des staatlichen Wächteramts ist es somit, gegen den Willen der Eltern für eine bestmögliche Förderung der Fähigkeiten des Kindes zu sorgen.[129] Dies bedeutet gleichzeitig, dass der Staat es hinzunehmen hat, wenn durch Entscheidungen der Eltern das Kind wirkliche oder vermeintliche Nachteile erleidet.[130] Bezüglich der Förderung des Kindes heißt dies, dass keine „nach objektiven Maßstäben betriebene[.] Begabtenauslese“[131] stattfindet, sondern im Wesentlichen eine solche nach den Vorstellungen der Eltern. Korrespondierend besteht kein Anspruch des Kindes auf eine solche bestmögliche Erziehung bzw. Förderung.

Vielmehr ist es Aufgabe des Staates, die elterliche Hinwendung zu den Kindern dem Grunde nach zu ermöglichen und zu sichern.[132] Im Rahmen des subjektiven Rechts des Kindes gewährleistet er, dass die Eltern ihre gegenüber dem Kind bestehenden Pflichten tatsächlich wahrnehmen.[133] Wie der Staat dies tut, ist in primär durch den Gesetzgeber zu entscheiden.[134] Ihm kommt bei dieser Frage ein Spielraum zu[135]. Dies rührt daher, dass grundrechtliche Schutzpflichten des Staates im Gegensatz zu grundrechtlichen Abwehrrechten gegenüber dem Staat grundsätzlich unbestimmt sind[136]. Sowohl bei der Aufstellung als auch der Umsetzung eines solchen Schutzkonzepts kommt dem Staat in der Regel ein Einschätzungs-, Wertungs- und Gestaltungsspielraum zu. Dies gilt selbst dann, wenn er dazu verpflichtet ist, Maßnahmen zum Schutz eines Rechtsguts zu ergreifen.[137] Der Umfang dieses Spielraums hängt von verschiedenen Faktoren ab[138] und muss daher im Ein-

---

125 Dreier/*Brosius-Gersdorf*, GG[4], Art. 6 Rn. 318.

126 Schulz/Hauß/*Diwell*, Familienrecht, GG Art. 6 Rn. 59.

127 BVerfGE 24, 119, 120.

128 Gernhuber/Coester-Waltjen, Familienrecht, § 6 Rn. 23.

129 BVerfG, JAmt 2014, 406, 408 (Rn. 18).

130 BVerfG, NZFam 2021, 953, 958 (Rn. 51); JAmt 2014, 406, 408 (Rn. 18).

131 BVerfGE 60, 79, 94.

132 BVerfGE 133, 59, 74 (Rn. 43).

133 BVerfGE 151, 101, 123 (Rn. 53); BeckOK GG/*Uhle*, 60. Ed., Art. 6 Rn. 58.1; Dreier/*Brosius-Gersdorf*, GG[4], Art. 6 Rn. 320.

134 BVerfGE 133, 59, 75 (Rn. 45).

135 BVerfGE 151, 101, 124 (Rn. 54).

136 BVerfGE 133, 59, 76 (Rn. 45); BVerfGE 96, 56, 64.

137 BVerfGE 96, 56, 64.

138 BVerfGE 88, 203, 262.

zelfall bestimmt werden. Zu diesen Faktoren gehören die Eigenart des Sachbereichs, die Möglichkeiten des Gesetzgebers, sich ein hinreichend sicheres Urteil zu bilden, und die Bedeutung der auf dem Spiel stehenden Rechtsgüter.[139] Ein solches Urteil ist hierbei nicht erst dann sicher, wenn legislatorische Maßnahmen durch einen wissenschaftlich-empirischen Nachweis gestützt werden.[140] Die Einschätzungsprärogative des Gesetzgebers gebietet einen solchen Nachweis gerade nicht. Er wird seiner Verpflichtung vielmehr schon dann gerecht, wenn er „seinen Einschätzungsspielraum ‚in vertretbarer Weise' gehandhabt hat"[141]. Konkrete Regelungspflichten lassen sich daher nur selten aus Grundrechten ableiten.[142]

Aus dem Gesagten ergibt sich, dass sich unmittelbare Rechte des Kindes gegenüber dem Staat aus Art. 6 II GG in der Regel nicht ableiten lassen. Das Recht aus Art. 6 II GG wirkt sich vor allem auf das einfachgesetzliche Recht (z. B. die Existenz der Norm des § 1666 III Nr. 2 BGB) und staatliche Einzelmaßnahmen (z. B. eine konkrete gerichtliche Entscheidung nach § 1666 III Nr. 2 BGB) aus. Somit definieren diese beiden staatlichen Handlungsformen die durch die Verfassung vorgegebene Rechtsstellung des Kindes.

c) Recht des Kindes auf Erziehung gegenüber dem Staat („statt der Eltern")

Der Staat hat allerdings bei einem „Versagen" der Eltern tätig zu werden. Er ist dann „nicht nur berechtigt, sondern auch verpflichtet, die Pflege und Erziehung des Kindes sicherzustellen"[143]. Das Kind ist dann in seiner Entwicklung gefährdet und hat als Grundrechtsträger einen Anspruch auf Schutz durch den Staat.[144] Dieser Anspruch ergibt sich aus Art. 2 I, II 1 i. V. m. Art. 6 II 2 GG.[145]

Ob und in welchem Umfang der Staat Maßnahmen ergreifen muss, bestimmt sich nach Art und Ausmaß der Gefahr für das Kind[146]. Eine beliebige Einflussnahme des Staates ist unzulässig[147]. Maßgeblich sind also das Ausmaß des elterlichen Versagens und das Interesse des Kindes.[148] Mögliche staatliche Maßnahmen sind hierbei das Eingreifen in individuellen Fällen (d. h. ein Tätigwerden durch die Verwaltung), sowie die Schaffung einer entsprechenden allgemeinen Rechtsordnung (d. h. vor allem durch den Gesetzgeber).[149]

Eine Gefährdung des Kindeswohls liegt nicht schon bei jedem Versagen oder jeder Nachlässigkeit der Eltern vor.[150] Vielmehr ist erforderlich, dass die Eltern nicht bereit oder

---

139 BVerfGE 88, 203, 262; BVerfGE 83, 130, 141.

140 BVerfGE 83, 130, 140.

141 BVerfGE 88, 203, 262.

142 BVerfGE 96, 56, 64.

143 BVerfGE 24, 119, 144.

144 BVerfG, NJW 2022, 3570, 3572 (Rn. 18); BVerfGE 24, 119, 144.

145 BVerfGE 133, 59, 73 (Rn. 40); Völker/Clausius/*Völker/Clausius*, Sorge- und UmgangsR-HdB, § 1 Rn. 178.

146 BVerfG, NJW 2022, 3570, 3572 (Rn. 19).

147 BeckOK GG/*Uhle*, 60. Ed., Art. 6 Rn. 60.

148 BVerfG, NZFam 2021, 953, 958 (Rn. 52).

149 Huber/Voßkuhle/*Robbers*, GG, Art. 6 Rn. 249.

150 BVerfG, NJW 2003, 2004, 2005.

in der Lage sind, ihre Erziehungsaufgabe wahrzunehmen und sie den für das Kind erforderlichen Schutz und Hilfe nicht bieten können.[151] Im Zusammenhang mit Bildung kann ein solches elterliches Versagen auch dann vorliegen, wenn Eltern ihren Kindern in schulischer Hinsicht zu viel abverlangen (z. B. eine „zu hohe" Schule auswählen, die den Kindesfähigkeiten nicht entspricht). Dadurch schaffen die Eltern nämlich einen permanenten Leistungsdruck bei dem Kind, der Verzweiflung und fehlende Lebenslust bis hin zu Suizidgedanken hervorrufen kann.[152] Umgekehrt kann ein Versagen auch dann zu bejahen sein, wenn Eltern das Potential ihres Kindes grundlegend nicht fördern und damit seine Entwicklung langfristig behindern. So gefährdet z. B. eine dauerhafte Verweigerung der Eltern, ihr Kind zur Schule zu schicken, das Kindeswohl[153]. In diesen Fällen kann das zuständige Gericht gemäß § 1666 III Nr. 2 BGB die Eltern auffordern, für die Einhaltung der Schulpflicht zu sorgen. Dabei stehen ihm eine Vielzahl an Maßnahmen bis hin zum Entzug des Aufenthaltsbestimmungsrechts[154] zu.[155]

Der Anspruch des Kindes gegenüber dem Staat besteht zum einen darin, dass er „helfende, unterstützende, auf Herstellung oder Wiederherstellung eines verantwortungsgerechten Verhaltens der natürlichen Eltern gerichtete Maßnahmen"[156] ergreift. In diesen Fällen tritt er sozusagen neben die Eltern. In besonders schwerwiegenden Fällen kann der Staat den Eltern die Erziehungs- und Pflegerechte entziehen. Er tritt dann vollständig an die Stelle der Eltern. Voraussetzung dafür ist jedoch, dass das elterliche Fehlverhalten ein solches Ausmaß erreicht, dass das Kind in der Familie in seinem körperlichen, geistigen oder seelischen Wohl nachhaltig gefährdet wäre. Für die Feststellung eines solchen Tatbestands ist ein strenger Kontrollmaßstab anzuwenden.[157] Die Annahme einer schweren Gefährdung setzt voraus, dass bereits ein Schaden eingetreten ist oder sich eine erhebliche Schädigung mit ziemlicher Sicherheit voraussehen lässt.[158]

Liegt eine solche schwere Kindeswohlbeeinträchtigung vor, kann die Schutzpflicht des Staates vorschreiben, den Eltern deren Sorgerecht zu entziehen. Eine solche Entziehung der Pflege- und Erziehungsrechte der Eltern je nach Gefährdungslage vorübergehender oder dauernder Natur sein.[159] Trennt der Staat ein Kind von seinen Eltern, dann muss er zugleich die Lebensbedingungen für ein gesundes Aufwachsen des Kindes schaffen.[160] Der grundrechtliche Anspruch des Kindes umfasst daher nicht nur den Schutz vor Schädigung. Vielmehr umfasst er auch eine positive Förderung seiner Entwicklung. Diese Förderung muss ebenfalls nicht auf die beste oder optimale Erziehung gerichtet sein. Anderenfalls müsste die staatliche Erziehung, die der Staat ausnahmsweise „an Stelle der Eltern" erbringt, „besser" sein als die, auf die das Kind ein Recht gegenüber seinen Eltern hat. Das aber widerspräche der Ausnahmesituation die eine staatlich erbrachte Erziehung mit sich

151 BVerfG, NJW 2022, 3570, 3572 (Rn. 19).
152 BVerfG NZFam 2021, 953, 958 (Rn. 57).
153 MüKo BGB/*Volke*, BGB § 1666 Rn. 78.
154 OLG Celle, NZFam 2021, 882, 883.
155 BeckOK BGB/*Veit*, 73. Ed., BGB § 1666 Rn. 150f.
156 BVerfGE 24, 119, 145.
157 BVerfG, JAmt 2016, 280, 281 (Rn. 12).
158 BVerfG, NJW 2015, 223f. (Rn. 23).
159 BVerfG, NJW 2022, 3570, 3572 (Rn. 19).
160 BVerfGE 24, 119, 145.

bringt. In allen Fällen muss staatliche Maßnahme zugunsten des Kindes den Grundsatz der Verhältnismäßigkeit beachten.[161]

Wie bereits dargestellt, vermittelt Art. 6 II GG nur im Ausnahmefall unmittelbare Ansprüche des Kindes gegenüber dem Staat. Prägend für die Rechtspositionen des Kindes sind vielmehr einfachgesetzliche Normen. Durch die Anwendung derer Normen seitens der Gerichte und Behörden soll der Bedeutung der grundrechtlichen Position des Kindes Genüge getan werden. Art. 6 II GG entfaltet darüber hinaus Wirkung bei gerichtlichen Entscheidungen, z. B. bei Sorgerechtsübertragungen[162].

d) Verbot kollektiver Zwangserziehung

Art. 6 II GG enthält neben seinen individualrechtlichen Komponenten auch eine Institutsgarantie.[163] Umstritten ist ihr Gehalt.[164] So wird vertreten, dass sie die elterliche Freiheit bei der Erziehung des Kindes[165] bzw. ein Modell individueller Erziehung des Kindes in seiner Familie[166] schütze. Nach anderer Auffassung müsse der Gesetzgeber es den Eltern ermöglichen, ihre Rechte aus Art. 6 II 1 GG tatsächlich wahrzunehmen.[167] Teilweise wird dem Streit nur „wenig praktische Relevanz“[168] beigemessen. Dem ist nicht zuzustimmen. Die Verfassungsnormen bezüglich des Eltern-Kind-Verhältnisses im Grundgesetz sind „ein klares Signal gegen den totalitär-kollektivistischen Zugriff“[169] im Nationalsozialismus. Staatliche Systeme, die eine kollektive Zwangserziehung vorsehen, sind daher nach der Verfassung unzulässig.[170] Ebenso verbietet die Institutsgarantie staatliche Maßnahmen, die die Kinder gezielt von ihren Eltern entfremden.[171]

4. Vorschulische Bildung

Zu der vorschulischen Bildung zählen Tageseinrichtungen (Kinderkrippen, Kindergärten und Horte[172]) und die Kindertagespflege (vgl. §§ 22 ff. SGB VIII).

Ein Anspruch auf eine entsprechende Förderung ergibt sich zunächst aus dem einfachgesetzlichen Recht, wie z. B. § 24 SGB VIII oder das Niedersächsische Gesetz über Kindertagesstätten und Kindertagespflege.

---

161 BVerfG, NZFam 2021, 953, 958 (Rn. 52).

162 BVerfGE 55, 171, 181.

163 Dürig/Herzog/Scholz/*Badura*, GG, 105. EL, Art. 6 Rn. 97; von Münch/Kunig/*Heiderhoff*, GG, Art. 6 Rn. 104; Sachs/*von Coelln/Fontana*, GG, Art. 6 Rn. 64.

164 Von Münch/Kunig/*Heiderhoff*, GG, Art. 6 Rn. 104.

165 Dreier/*Brosius-Gersdorf*, GG[4], Art. 6 Rn. 386.

166 Huber/Voßkuhle/*Robbers*, GG, Art. 6 Rn. 141.

167 Sachs/*von Coelln/Fontana*, GG, Art. 6 Rn. 64.

168 Von Münch/Kunig/*Heiderhoff*, GG, Art. 6 Rn. 104.

169 Herdegen/Masing/Posching/Gärditz/*Jestaedt*, VerfassungsR-HdB, § 22 Rn. 12.

170 Huber/Voßkuhle/*Robbers*, GG, Art. 6 Rn. 141; BeckOK GG/*Uhle*, 60. Ed., Art. 6 Rn. 49.

171 Huber/Voßkuhle/*Robbers*, GG, Art. 6 Rn. 141.

172 Rolfs et al./*Winkler*, BeckOK Sozialrecht, 75. Ed., SGB VIII § 22 Rn. 10.

Fraglich ist, ob daneben auch ein grundrechtliches Recht speziell[173] auf vorschulische Bildung besteht. Eine diesbezügliche Aussage des Bundesverfassungsgerichts steht noch aus. In seiner Entscheidung, in der das Grundrecht auf schulische Bildung erstmals ausdrücklich formuliert wurde[174], hat das Gericht diese Frage gleichsam offengelassen. Grund hierfür ist, dass es über eine Verfassungsbeschwerde bezüglich der Schließung von Kindertagesstätten aufgrund deren Unzulässigkeit inhaltlich nicht zu entscheiden brauchte[175]. Wertet man einschlägige Gesetzesbegründungen aus, so ist festzustellen, dass auch der Gesetzgeber nicht der Auffassung ist, dass es ein Grundrecht des Kindes auf vorschulische Bildung gibt. Zwar klingen gewisse Positionen von Kleinkindern an[176], jedoch werden diese nicht verfassungsrechtlich unterlegt. Gleichzeitig wird in den Begründungen der Gesetzentwürfe deutlich, dass durch eine vorschulische Bildung nicht nur Interessen der Kinder, sondern auch noch die weiterer Akteure tangiert sind. Zum einen zu nennen sind Eltern, die verbesserte Chancen für die Vereinbarkeit von Beruf und Familie erhalten sollen.[177] Daneben sind aber auch gesamtgesellschaftliche Interessen berührt, wie Entwicklungschancen der Gesellschaft[178] durch Kinderreichtum und Geschlechtergerechtigkeit[179].

In der Literatur wird ein grundrechtlich verankertes subjektives Recht auf Kinderbetreuung verneint.[180] Dieses Zwischenergebnis jedoch ist fraglich. Bildung umfasst schließlich nicht nur die kindliche Bildung mit den Kernelementen der Wissensvermittlung und Lehrpersonal. Vielmehr umfasst die Bildung auch die Persönlichkeitsbildung bzw. Entwicklung. Gerade für den späteren Schulbesuch scheint es wichtig, dass Kinder im Vorschulalter bereits lernen sich in einer Gruppe zu integrieren und als Gemeinschaft zu interagieren. Deshalb könnte sich die Frage stellen, ob Einrichtungen wie Kindergärten nicht ebenso unter den Schulbegriff des Art. 7 I GG fallen. In diesem Falle wäre auch die vorschulische Bildung im Grundgesetz verankert.

Fraglich ist daher was unter den Begriff „Schule" i. S. d. Art. 7 I GG fällt. Zum einen kann man einen formellen Schulbegriff zugrundelegen. Maßgeblich hiernach ist unter anderem der programmatische Aspekt. Dieser umfasst ein strukturiert zusammenhängendes Unterrichtsprogramm in einer Mehrzahl von Fächern.[181] Außerdem ist erforderlich, dass die Einrichtung die Erlangung staatlich anerkannter Abschlüsse und Zeugnisse ermöglicht. Legt man diese Definition zugrunde, fallen die Einrichtungen der vorschulischen Bildung nicht unter den formellen Schulbegriff.[182] Dem gegenüber zu stellen ist das funktionale

---

173 Das heißt neben einem etwaigen „allgemeinen" Recht auf Bildung.

174 BVerfG, NJW 2022, 167 (Ls. 1).

175 BVerfG, NJW 2022, 167, 168 (Rn. 28).

176 „Jedes Kind braucht von Geburt an die realistische Chance auf eine optimale Förderung seiner individuellen und sozialen Entwicklung." (BT-Drs. 16/9299, S. 1 zum Kinderförderungsgesetz); „umfassende[.] Förderung von Kindern und zum Ausgleich individueller Nachteile" (BT-Drs. 15/3676, S. 21 zum Tagesbetreuungsausbaugesetz).

177 BT-Drs. 16/9299, S. 1 (zum Kinderförderungsgesetz).

178 Meysen/Beckmann sprechen sogar von der „Zukunftsfähigkeit der Gesellschaft" (*Meysen/Beckmann*, Rechtsanspruch U3, Rn. 36).

179 BT-Drs. 15/3676, S. 1 (zum Tagesbetreuungsausbaugesetz).

180 BeckOGK SGB VIII/*Etzold*, Stand 01. 06. 2023, § 22 Rn. 31.

181 BeckOK GG/*Uhle*, 60. Ed., Art. 7 Rn. 7.

182 Im Ergebnis ebenso Jarass/Pieroth/*Jarass*, GG, Art. 7 Rn. 2; Hömig/Wolff/*Wolff*, GG, Art. 7 Rn. 2; Huber/Voßkuhle/*Robbers*, GG, Art. 7 Rn. 55. Vorsichtiger Dreier/*Brosius-Gersdorf*, GG[4], Art. 7

Bildungsverständnis. Hiernach könnten alle Institutionen Schule sein, die der Bildung von Kindern dienen.[183] Nach diesem Begriff würden vorschulische Einrichtungen unter den funktionalen Bildungsbegriff fallen und es bestünde ein Grundrecht auf vorschulische Bildung. Gegen diese funktionelle Auffassung spricht jedoch seine Weite. Fraglich ist, ob eine solche der Intention des (historischen) Grundgesetzgebers entspricht. Dies wird dadurch untermauert, dass vorschulische Erziehung im klassischen Sinne in der Familie stattfindet (vgl. Art. 6 GG) und nicht in außer-familiären (staatlichen) Einrichtungen. Denn dadurch ergäben sich zum einen Konflikte des Schutzbereichs von Art. 6 und Art. 7 GG. Außerdem ist davon auszugehen, dass die frühkindliche Erziehung vor allem in der Familie stattfinden sollte. Dies gilt gerade nach den Erfahrungen während des Nationalsozialismus und seinen Erscheinungen wie z. B. der Hitlerjugend. Insgesamt lässt sich daher feststellen, dass der Schulbegriff aus Art. 7 GG im formellen Sinne zu verstehen ist.

5. Schulische Bildung

Das Schulwesen ist im Wesentlichen in Art. 7 GG geregelt; er stellt die „Zentralnorm des grundgesetzlichen Schulverfassungsrechts“[184] dar. Diese Norm umfasst zum ersten organisationsrechtliche Vorschriften (Abs. 1, Abs. 7 und zum Teil auch Abs. 3 Satz 1), Einrichtungsgarantien (Abs. 3, Abs. 4 Satz 1 und Abs. 1 (str.[185])) sowie Auslegungsregeln.[186]

Zum zweiten enthält sie – die in der vorliegenden Arbeit zu untersuchende – Grundrechtsnormen (Abs. 2, Abs. 3 Satz 3, Abs. 4 Satz 1 sowie nach teilweise vertretener Meinung[187] Abs. 3 Satz 1 und Satz 2).[188]

Auch Schulen erfüllen einen wichtigen Bildungsauftrag und gehören damit zum Bildungswesen. Sie sind Einrichtungen der Bildung und Ausbildung.[189] Sie treten in Bezug auf die Förderung der Entwicklung der Kinder ergänzend[190] sowie eigenständig[191] und gleichgeordnet[192] neben die Eltern, denen die Erziehung ihrer Kinder obliegt. Damit ergibt sich ein Beziehungsgeflecht zwischen den Kindern und Jugendlichen, ihren Eltern, den Schulen und dem Staat. „Diese gemeinsame Erziehungsaufgabe von Eltern und Schule, welche die Bildung der einen Persönlichkeit des Kindes zum Ziel hat, läßt sich (dabei) nicht in einzelne Kompetenzen zerlegen. Sie ist einem sinnvoll aufeinander bezogenen Zusammenwirken zu erfüllen.“[193] Die dennoch unvermeidbare Abgrenzung von elterlichem

---

Rn. 106: „sodass sie (d. h. Kindertageseinrichtungen, R. R.) (noch) keine Schule i. S. d. Art. 7 I GG sind“.

183 *Wilke*, LKV 2022, 145, 148.

184 BeckOK GG/*Uhle*, 60. Ed., Art. 7 Vorbemerkung.

185 Eine institutionelle Garantie bejahend z. B.: BeckOK GG/*Uhle*, 60. Ed., Art. 7 Rn. 6. Zustimmend wohl Dürig/Herzog/Scholz/*Badura*, GG, 105. EL., Art. 7 Rn. 34.

186 Sachs/*Thiel*, GG, Art. 7 Rn. 3.

187 Z. B. Hömig/Wolff/*Wolff*, GG, Art. 7 Rn. 10; Huber/Voßkuhle/*Robbers*, GG, Art. 7 Rn. 123.

188 Sachs/*Thiel*, GG, Art. 7 Rn. 3.

189 Dürig/Herzog/Scholz/*Badura*, GG, 105. EL., Art. 7 Rn. 11.

190 BVerfG, NJW 2022, 167, 170 (Rn. 50).

191 Schulz/Hauß/*Diwell*, GG Art. 6 Rn. 69.

192 BVerfGE 98, 218, 244; Dürig/Herzog/Scholz/*Badura*, GG, 105. EL., Art. 6 Rn. 121.

193 BVerfG, NJW 1973, 133, 134.

Erziehungsrecht (Art. 6 GG) und staatlichem Erziehungsauftrag (Art. 7 GG) ist Aufgabe des Gesetzgebers.[194]

Kinder und Jugendliche haben ein eigenes Recht auf freie Entfaltung ihrer Persönlichkeit.[195] Sie bedürfen dabei des Schutzes und der Hilfe Dritter, um sich zu einer eigenverantwortlichen Persönlichkeit in der sozialen Gemeinschaft entwickeln zu können. Diese Dritten sind zum einen die Eltern; diese sind gemäß Art. 6 II GG verfassungsrechtlich (auch) dem Staat gegenüber zur Erziehung ihrer Kinder verpflichtet.[196] Auch der Staat ist ein solcher Dritter, dessen Unterstützung die Kinder und Jugendlichen bedürfen. Denn sie haben ein aus Art. 2 I GG abgeleitetes, gegen den Staat gerichtetes Recht auf Unterstützung und Förderung bei ihrer Entwicklung zu einer eigenverantwortlichen Persönlichkeit in der sozialen Gemeinschaft.[197] Er ist daher gem. Art. 2 I i. V. m. Art. 6 II 1 GG gegenüber dem Kind verpflichtet, Sorge zu tragen, dass es sich in der Obhut seiner Eltern tatsächlich zu einer eigenverantwortlichen Persönlichkeit entwickeln kann.[198] Darüber hinaus können den Staat weitere Pflichten, die Kinder und Jugendlichen in ihrer Entwicklung zu unterstützen, treffen.[199] Dazu zählt das öffentliche Schulwesen, das in Art. 7 I GG als Institut geregelt ist und zu dem das aus Art. 2 I GG resultierende Recht „das subjektiv-rechtliche ‚Gegenstück'"[200] ist.

Ein Grundrecht auf schulische Bildung lässt sich damit aus Art. 2 I GG i. V. m. Art. 7 I GG ableiten.[201] Kinder und Jugendliche haben gegenüber dem Staat ein Recht, ihre Entwicklung zu einer eigenverantwortlichen Persönlichkeit auch in der Gemeinschaft durch schulische Bildung zu unterstützen und zu fördern.[202]

Der persönliche Schutzbereich dieses Grundrechts umfasst Kinder und Jugendliche[203], wobei das Bundesverfassungsgericht den Begriff des Jugendlichen nicht näher definiert. Auch Schüler an Privatschulen können sich auf das Recht auf schulische Bildung aus Art. 2 I GG i. V. m. Art. 7 I GG berufen.[204]

Inhaltlich weist dieses Recht unterschiedliche Dimensionen auf.[205] Erstens kommt ihm i. V. m. Art. 3 I GG eine teilhaberechtliche Gewährleistungsdimension zu.[206] Vor allem sollen chancengleiche Teilhabemöglichkeiten an staatlichen Bildungsleistungen geboten werden.[207] Damit wird ein Recht auf gleichen Zugang zu den staatlichen Bildungseinrichtun-

194 BVerfGE 98, 218, 245.

195 BVerfG, NJW 2022, 167, 169 (Rn. 45).

196 BVerfG, NJW 2022, 167, 169 (Rn. 45).

197 BVerfG, NJW 2022, 167, 169 (Rn. 46).

198 BVerfG, NJW 2022, 167, 169 (Rn. 46).

199 BVerfG, NJW 2022, 167, 170 (Rn. 46).

200 BVerfG, NJW 2022, 167, 170 (Rn. 48).

201 BVerfG, NJW 2022, 167, 169 (Rn. 42 ff.).

202 BVerfG, NJW 2022, 167.

203 BVerfG, NJW 2022, 167.

204 BVerfG, NJW 2022, 167, 172 (Rn. 65).

205 BVerfG, NJW 2022, 167, 172 (Rn. 64).

206 BVerfG, NJW 2022, 167, 171 (Rn. 58 f.).

207 So in Bezug auf das Hochschulstudium bereits BVerfGE 134, 1, 14 (Rn. 40)

gen gewährleistet.[208] Das Recht umfasst allerdings keinen originären Leistungsanspruch der Kinder und Jugendlichen.[209] Es gewährt damit weder einen Anspruch auf Beibehaltung vorhandener schulischer Strukturen[210] noch einen solchen auf ein bestimmtes Schulangebot[211] – sie haben also keine individuellen Ansprüche auf die wunschgemäße Gestaltung von Schule[212]. Grund hierfür ist, dass Art. 7 I GG dem Staat einen weiten inhaltlichen Gestaltungsspielraum einräumt[213] und das Schulwesen unter den Vorbehalt des Möglichen stellt[214]. Zweitens wird vom Recht auf Bildung die Gewährleistung eines „nach allgemeiner Auffassung für [die] Persönlichkeitsentwicklung [der Schüler] unverzichtbare[n] Mindeststandard[s] schulischer Bildung" umfasst.[215] Drittens können sich die Berechtigten auch gegen staatliche Maßnahmen wenden, welche die ihnen an ihrer Schule eröffneten Möglichkeiten zur Wahrnehmung ihres Rechts auf schulische Bildung einschränken, ohne dass diese Maßnahmen das in Ausgestaltung von Art. 7 I GG geschaffene Schulsystem als solches betreffen.[216]

Eine Verletzung des Rechts auf schulische Bildung in seiner teilhaberechtlichen Funktion liegt vor, wenn die Zugangsvoraussetzungen willkürlich oder diskriminierend wirken.[217] Die Rechtfertigung solcher Eingriffe erfolgt am Maßstab des Grundsatzes der Verhältnismäßigkeit.[218] Dies ist der Fall, wenn der Eingriff zum Schutz des Allgemeinwohls erforderlich ist. Das ist dann gegeben, wenn kein gleich wirksames Mittel zur Erreichung des Gemeinwohlziels zur Verfügung steht, das den Grundrechtsträger weniger und Dritte und die Allgemeinheit nicht stärker belastet.[219] Die Angemessenheit und damit die Verhältnismäßigkeit im engeren Sinne erfordern, dass der mit der Maßnahme verfolgte Zweck und die zu erwartende Zweckerreichung nicht außer Verhältnis zu der Schwere des Eingriffs stehen.[220] Auch bei der Prüfung der Angemessenheit besteht grundsätzlich ein Einschätzungsspielraum des Gesetzgebers.[221]

Eine Schranke des Rechts auf schulische Bildung ist auch das elterliche Bestimmungsrecht.[222] Schranken-Schranke des Grundrechts ist die Einhaltung eines nach allgemeiner Auffassung für ihre chancengleiche Entwicklung zu einer eigenverantwortlichen Persönlichkeit unverzichtbaren Mindeststandards von Bildungsangeboten an staatlichen Schulen. Auch der Einhaltung dieses Mindeststandards können zwar „ausnahmsweise überwie-

208 BVerfG, NJW 2022, 167, 171 (Rn. 58 ff.).
209 BVerfG, NJW 2022, 167, 170 (Rn. 52).
210 BVerfG, NJW 2022, 167, 170 (Rn. 52).
211 BVerfG, NJW 2022, 167, 170 (Rn. 53).
212 BVerfG, NJW 2022, 167, 171 (Rn. 55).
213 BVerfG, NJW 2022, 167, 170 (Rn. 53).
214 BVerfG, NJW 2022, 167, 171 (Rn. 56).
215 BVerfG, NJW 2022, 167, 172 (Rn. 61), 184 (Rn. 174).
216 BVerfG, NJW 2022, 167, 172 (Rn. 61).
217 BVerfG, NJW 2022, 167, 171 (Rn. 60).
218 BVerfG, NJW 2022, 167, 169 (Rn. 44).
219 BVerfG, NJW 2022, 167, 177 (Rn. 122).
220 BVerfG, NJW 2022, 167, 178 (Rn. 134).
221 BVerfG, NJW 2022, 167, 179 (Rn. 122).
222 BVerfG, NJW 2022, 167, 171 (Rn. 55).

gende Gründe des Schutzes von Verfassungsrechtsgütern entgegenstehen“[223]. Ihm können jedoch weder das Recht des Staates zur freien Gestaltung von Schule noch die staatliche Entscheidungsfreiheit bei der Verwendung knapper öffentlicher Mittel entgegengehalten werden.[224]

6. Akademische Bildung

Einen bedeutenden Teil des Bildungswesens stellt der akademische Bildungsweg dar. Im Hinblick darauf besteht folgendes Grundrecht auf akademische Bildung: Aus Art. 12 I i.V.m. Art. 3 I GG sowie dem Sozialstaatsprinzip lässt sich ein derivatives Recht auf chancengleiche Teilhabe zum Hochschulbesuch ableiten.[225] Dieses Recht hat der Bürger gegen den Staat inne.[226]

Vom persönlichen Schutzbereich umfasst sind Deutsche, Unionsbürgerinnen und Unionsbürger und juristische Personen des Privatrechts.[227] Der sachliche Schutzbereich ist zunächst für die Bildung an Hochschulen sowie die Referendarausbildung eröffnet.[228] Der Teilhabeanspruch bezieht sich sowohl auf das Erst- als auch auf das Zweitstudium.[229]

Im Rahmen der Zulassung zu den obigen Einrichtungen muss jeder Ausbildungsinteressent die gleiche Chance haben.[230] Dabei müssen die Auswahlkriterien im Rahmen der Zulassung sachgerecht sein.[231] Zulässig sind Kriterien wie die Leistung, Wartezeit und soziale Aspekte.[232] Ebenfalls vom Schutzbereich ist das Ausnutzen der Kapazitäten umfasst (Kapazitäterschöpfungsgebot).[233] Hiervon zu unterscheiden ist die Schaffung entsprechender Kapazitäten; diese kann hingegen nicht verlangt werden[234], da es sich um ein derivates Grundrecht handelt. Dabei wird der Konflikt des Anspruchs auf chancengleiche Teilhabe mit dem sozialen Leistungsanspruch auf Gewährung von Ausbildungskapazitäten deutlich. Geht es in diesem Zusammenhang um die Begründung des Teilhabeanspruchs, tritt das Sozialstaatsprinzip hinter Art. 12 I GG sowie Art. 3 I GG zurück.[235] Nicht umfasst vom sachlichen Schutzbereich ist ein Anspruch auf die Kostenfreiheit des Studiums.[236]

Auch das Grundrecht auf Hochschulbildung unterliegt jedoch Schranken: Eingeschränkt wird das Recht auf chancengleiche Teilhabe am Hochschulbesuch – erstens – durch den Numerus clausus bei der Hochschulzulassung. Dieser ist allerdings lediglich

---

223 BVerfG, NJW 2022, 167, 171 (Rn. 57).
224 BVerfG, NJW 2022, 167, 171 (Rn. 57).
225 BVerfGE 134, 1, 14 (Rn. 40).
226 BVerfGE 33, 303, 333; BVerfGE 39, 276, 293.
227 BeckOK GG/*Ruffert*, 60. Ed., Art. 12 Rn. 1.
228 BVerfGE 33, 303, 333; BVerfGE 39, 276, 293.
229 BVerfGE 43, 291, 363; BVerfGE 45, 393, 398.
230 BeckOK GG/*Ruffert*, 60. Ed., Art. 12 Rn. 29.
231 BVerfGE 33, 303, 331 ff.
232 BVerfGE 33, 303, 331 f.; BVerfGE 43, 291, 314.
233 BVerfGE 33, 303, 333; BVerfGE 43, 291, 325 f.
234 BVerfGE 33, 303, 333; BVerfGE 43, 291, 325 f.
235 BVerfGE 147, 253.
236 BVerwGE 102, 142, 146.

unter bestimmten Voraussetzungen zulässig:[237] Der Numerus clausus ist „als Zulassungsbeschränkung nur bei Erfüllung der Voraussetzungen für eine objektive Berufswahlvoraussetzung und nur in den Grenzen des unbedingt Erforderlichen zulässig, wobei alle Kapazitäten erschöpft werden müssen".[238] Grundsätzlich muss dabei jede Bewerberin und jeder Bewerber, die bzw. der über eine Hochschulzulassungsberechtigung verfügt, eine Zulassungschance bekommen.[239] Erst im nächsten Schritt ist diese Chance im Hinblick auf den Numerus clausus einzuschränken. Ebenfalls einschränkend kann sich – zweitens – der Studienplatzabbau auswirken. Auch dieser muss dem Teilhaberecht aus Art. 12 I GG gerecht werden.[240] So rechtfertigen beispielsweise schlechte Berufsperspektiven oder der Schutz von etablierten Berufsausübenden vor Konkurrenz keine solche Kapazitätsreduktion.[241] Noch weitergehender ist die Schließung von Fakultäten oder ganzer Hochschulen: Diese dürfen erst nach ausreichender Abwägung erfolgen.[242]

Zu prüfen sind ebenfalls die Konkurrenzen des Art. 12 GG zu anderen Grundrechten. Dabei zu beachten ist besonders Art. 2 I GG. Grundsätzlich wird Art. 2 I GG verdrängt, sobald der sachliche Schutzbereich von Art. 12 GG eröffnet ist.[243] Im Verhältnis zu Art. 3 I GG steht Art. 12 GG in Idealkonkurrenz.[244]

7. Berufliche Bildung

Ebenfalls in das Bildungswesen und damit auch unter das Recht auf Bildung fällt die berufliche Bildung.[245] Vom persönlichen Schutzbereich sind Personen unabhängig von Alter oder Ausbildungsniveau umfasst.[246] In den sachlichen Schutzbereich fällt jede Form der Ausbildung, die auf eine Qualifikation für einen bestimmten Beruf oder eine bestimmte Beschäftigung vorbereitet oder eine Befähigung zur Berufsausübung verschafft.[247] Zur Berufsausbildung kann beispielsweise auch eine Ausbildung an einer Kunsthochschule gehören, wobei eine trennscharfe Abgrenzung in der Praxis oft nur schwer gelingt.[248] Nicht vom sachlichen Schutzbereich umfasst ist der Besuch des allgemeinbildenden Unterrichts.[249] Ebenfalls nicht vom sachlichen Schutzbereich bzw. der Berufsausbildung an einer Hochschule umfasst ist der Forschungsbereich.

---

237 BeckOK GG/*Ruffert*, 60. Ed., Art. 12 Rn. 26.

238 BeckOK GG/*Ruffert*, 60. Ed., Art. 12 Rn. 26.

239 BeckOK GG/*Ruffert*, 60. Ed., Art. 12 Rn. 26.

240 BeckOK GG/*Ruffert*, 60. Ed., Art. 12 Rn. 28.

241 BeckOK GG/*Ruffert*, 60. Ed., Art. 12 Rn. 28.

242 BVerfGE 43, 291, 326f.

243 BeckOK GG/*Ruffert*, 60. Ed., Art. 12 Rn. 158.

244 BeckOK GG/*Ruffert*, 60. Ed., Art. 12 Rn. 166.

245 Geiger et al./*Kotzur/Valentiner*, EUV/AEUV, Art. 166 Rn. 3.

246 Geiger et al./*Kotzur/Valentiner*, EUV/AEUV, Art. 166 Rn. 3.

247 Geiger et al./*Kotzur/Valentiner*, EUV/AEUV, Art. 166 Rn. 3.

248 Geiger et al./*Kotzur/Valentiner*, EUV/AEUV, Art. 166 Rn. 3.

249 Geiger et al./*Kotzur/Valentiner*, EUV/AEUV, Art. 166 Rn. 4.

8. Erwachsenenbildung

Die Erwachsenenbildung selbst stellt einen eigenen Bereich des Bildungswesens dar.[250] Der persönliche Schutzbereich ist für alle natürlichen Personen eröffnet, die sich im Anschluss an berufliche oder zumindest schulische Bildung absolviert haben. In den sachlichen Schutzbereich fallen Bildungsangebote, soweit sie Gelegenheit dazu bieten, Kenntnisse, die in der schulischen, akademischen oder beruflichen Ausbildung erworben wurden, zu vertiefen.[251]

Im Grundgesetz finden sich keine Rechte bezüglich der Erwachsenenbildung.[252] Dies folgt aus der Kompetenzaufteilung zwischen Bund und Ländern: Während die berufliche Bildung weitgehend Sache des Bundes ist, wird die Erwachsenenbildung hingegen durch die Länder ausgestaltet.[253]

Das jeweilige Landesrecht regelt Grundlagen der Organisation, bezogen auf Träger und Einrichtungen, und finanzielle Angelegenheiten wie beispielsweise die Förderung durch die Kommunen.[254] Aber auch Ausbildungsvoraussetzungen, Forschung, Lehre und Zertifikate werden durch das Land ausgestaltet.[255]

Maßgeblich von Bedeutung für die Erwachsenenbildung sind heutzutage, entgegen der bisherigen Tradition, die Volkshochschulen.[256] Volkshochschulen sind Einrichtungen, die durch Abhaltung von Lehrgängen und Vorträgen die Erwachsenenbildung fördern.[257] Dies geschieht dort gezielt durch die Vermittlung berufsfördernder oder allgemeiner Fähigkeiten.[258] Volkshochschulen widmen sich dabei – im Gegensatz zu anderen Akteuren – keiner gruppen- oder interessengebundenen Bildungsarbeit, sondern wenden sich der Allgemeinheit zu.[259] Anschließend an Schule und berufliche Ausbildung sollen durch organisiertes Lernen Fähigkeiten erworben werden, mit denen den wechselnden Anforderungen des Arbeitsmarktes begegnet werden kann.[260] Getragen werden Volkshochschulen unter anderem von öffentlichen, kirchlichen oder freien Organisationen.[261] Verfassungsrechtlich geregelt ist das Volkshochschulwesen trotz seiner maßgeblichen Rolle für die Erwachsenenbildung allerdings nicht.[262] Der Staat traf bisher keine gesetzlichen Regelungen, sondern widmete sich vielmehr der finanziellen Förderung.[263] Derzeit sind die Länder zuständig für die Gesetzgebung der Volkshochschulen.

---

250 *Weber*, Rechtswörterbuch, Erwachsenenbildung.

251 *Weber*, Rechtswörterbuch, Erwachsenenbildung.

252 *de Wall*, PdK Nds G-3, 1.4.1.

253 *Bungenstab*, ZfB 2/72, S. 30.

254 *Weber*, Rechtswörterbuch, Erwachsenenbildung.

255 *Weber*, Rechtswörterbuch, Erwachsenenbildung. Vgl. z. B. das Bayerische Gesetz zur Förderung der Erwachsenenbildung (vom 24. Juli 1974, GVBl. 1974, 368).

256 *Bungenstab*, ZfB 2/72, S. 30.

257 *Weber*, Rechtswörterbuch, Volkshochschulen.

258 *Weber*, Rechtswörterbuch, Volkshochschulen.

259 *de Wall*, PdK Nds G-3, 1.6.1.

260 *Bungenstab*, ZfB 2/72, S. 30.

261 *Weber*, Rechtswörterbuch, Volkshochschulen.

262 *de Wall*, PdK Nds G-3, 1.4.1.

263 *Weber*, Rechtswörterbuch, Volkshochschulen.

G. Fazit

Die Untersuchung der einzelnen politischen Systeme „auf deutschem Boden" hat gezeigt, dass ein Recht auf Bildung in Deutschland keine Tradition hat.

Erst im Jahre 1919 gab es überhaupt Grundrechte, was bereits einen großen verfassungsrechtlichen Schritt darstellte. Allerdings war hinsichtlich ihrer nicht abschließend geklärt, ob sie und – bejahendenfalls – welche eigentlich ein subjektives öffentliches Recht des Einzelnen vermittelten. Zu betonen ist jedoch, dass es die Weimarer Reichsverfassung war, die erstmals zahlreiche Anknüpfungspunkte für Bildung normierte. Ein weiterer wichtiger Schritt war die Demokratisierung von Bildung: Die Verstaatlichung des Schulwesens, die (theoretische) Bedeutung von Volksbildung aber auch die Gleichberechtigung der Geschlechter auch im Bildungsbereich sind nur drei Beispiele hierfür. Gleichzeitig machte der „Schulkompromiss" deutlich, wie politisch brisant Bildung ist – und damit ebenso, dass ebenso ein Recht auf Bildung politisch „aufgeladen" ist.

Die eben skizzierten Errungenschaften der „Weimarer Republik" wurden in der Zeit des Nationalsozialismus faktisch beseitigt: Frauen waren aufgrund der ihnen zugewiesenen Rolle in der Gesellschaft auch im Bildungsbereich nicht mehr gleichberechtigt. Noch viel dramatischer waren die Beschränkungen der Bildungsmöglichkeiten von Menschen jüdischen Glaubens – bevor später die physische Vernichtung folgte. Zwar wurden neue Bildungseinrichtungen (im weiten Sinne) geschaffen. Aber bereits die Beispiele – Hitlerjugend und Napola – machen deutlich, dass diese nicht im Sinne einer libertär-demokratischen Gesellschaft waren. Insgesamt fand eine Vereinnahmung des Einzelnen durch das System statt, was auch im Bereich der Bildung der Fall war. Bildung diente deshalb nicht (mehr) der Verwirklichung des Einzelnen, sondern diente dem Staat. In juristischer Hinsicht fand eine Entwertung des bisherigen Rechts statt: Der Einzelne konnte sich mit Hilfe des Rechts weder gegen den Staat wehren, noch konnte er subjektive öffentliche Rechte gegenüber dem Staat geltend machen. Unter diesen politisch-pädagogisch-rechtlichen Rahmenbedingungen konnte es ein Recht auf Bildung nicht geben.

Gleiches galt im Ergebnis auch für die „Besatzungszeit" – wenn auch aus anderen Gründen. Dies war erstens der völkerrechtlich neuartigen Situation geschuldet: Zumindest faktisch gab es mangels deutscher souveräner Staatsgewalt keinen Adressaten, der aus einem wie auch immer gearteten Recht auf Bildung verpflichtet werden konnte. Die Alliierten hatten – zweitens – zwar vage Vorstellungen von dem (zukünftigen) Bildungssystem in Deutschland. Jedoch unterschieden sich diese innerhalb der Alliierten. Im Übrigen handelte es sich hierbei um interne „Programmsätze" oder nach außen gerichtete „Befehle" an die deutschen Verwaltungsstellen, nicht jedoch um subjektive öffentliche Rechte des Einzelnen. Gleichwohl darf nicht verkannt werden, dass durch De-Nazifizierung und Demokratisierung sowie die reeducation (gewisse) Grundlagen für einen „Neuanfang" geschaffen wurden.

Das Bildungssystem der Deutschen Demokratischen Republik statuierte erstmals ein Recht auf Bildung des Einzelnen. Insofern scheint es für die deutsche Grundrechtsgeschichte revolutionär zu sein. Allerdings handelte es sich hierbei aus vielen Gründen nicht um ein subjektives Grundrecht im bundesrepublikanischen Sinne. Zum Ersten waren dem sozialistischen Recht Grundrechte mit einer solchen Bedeutung fremd. Zweitens korrelierte mit dem Recht auf Bildung eine der westdeutschen Dogmatik fremde Pflicht zur Bildung. Drittens gab es weder Verwaltungs- noch Verfassungsgerichte, mit Hilfe derer ein Grundrecht auf Bildung gegenüber dem Staat notfalls zwangsweise durchzusetzen gewesen wäre. Viertens war das Recht auf Bildung im Zusammenhang mit dem sozialistischen Bildungssystem zu sehen: Dessen Zweck und Ziel war nicht die Förderung des individuellen, sondern die Heranbildung des sozialistischen Menschen. Auch die Gleichheit in Bezug auf Bildungschancen war nicht gegeben. Zwar wurde die Benachteiligung der Frau beseitigt, dafür fand allerdings eine Benachteiligung anderer Personengruppen statt. Umfangreiche neuartige Angebote im Bildungsbereich (z.B. Studienmöglichkeiten, Stipendien) dienten nur bedingt dem Individuum – in erster Linie sollte die wirtschaftliche und gesellschaftliche Leistungsfähigkeit aufrechterhalten werden.

Auch der Bundesrepublik Deutschland ist – zumindest auf Bundesebene – nach überwiegender Meinung ein verfassungsrechtlich verankertes allgemeines Recht auf Bildung (immer noch) fremd. Es gibt lediglich Grundrechte für bestimmte „Bildungsstationen" – wie etwa Art. 12 I GG im Bereich der akademischen Bildung. Daneben gibt es zahlreiche subjektive Rechte aufgrund einfachgesetzlicher Normen. Allerdings erscheint durch die Entscheidung des Bundesverfassungsgerichts zum Grundrecht auf schulische Bildung eine Änderung dieses Status quo denkbar. Insbesondere Aufmerksamkeit zu schenken ist dieser Entscheidung nämlich deshalb, weil das Grundrecht nicht nur aus Art. 7 GG, sondern auch aus Art. 2 I GG abgeleitet wird. Umgekehrt ist anzumerken, dass selbst ein etwaiges zukünftiges „Allgemeines Grundrecht auf Bildung" nicht schrankenlos sein wird: Auch dieses wird vielmehr den allgemeinen verfassungsrechtlichen Grenzen unterworfen sein und rein faktisch durch die verfügbaren Ressourcen beschränkt sein.

Ein Vergleich mit den anderen politischen Systemen „auf deutschem Boden" macht – unabhängig vom Nichtbestehen eines Allgemeinen Rechts auf Bildung – eines deutlich: Den Wert von Bildung, die das *Individuum* und seine Entfaltung, nicht aber gesellschaftliche Anforderungen oder die Schaffung eines bestimmten „Menschentypus" in den Vordergrund stellt. Im Kontext der Bildung nicht zu unterschätzen sein dürfte auch der Grad der Privatheit der Familie als der Ort, an dem junge Menschen eine wesentliche Prägung erfahren; staatliche Zugriffsversuche wie in der Zeit des Nationalsozialismus oder auch in der Deutschen Demokratischen Republik verdeutlichen diesen Wert.

Literaturverzeichnis

Akademie für Gesellschaftswissenschaften beim ZK der SED (Hrsg.): Sozialismus in der DDR: Gesellschaftsstrategie mit dem Blick auf das Jahr 2000, (Ost-)Berlin 1988 (zit.: Akademie für Gesellschaftswissenschaften/*Autor*, DDR-Sozialismus)

Akademie für Staats- und Rechtswissenschaft der DDR (Hrsg.): Verwaltungsrecht: Lehrbuch, (Ost-) Berlin 1979 (zit.: ASR, Verwaltungsrecht)

Amos, Heike: Die Entstehung der Verfassung in der Sowjetischen Besatzungszone/DDR 1946–1949: Darstellung und Dokumentation, Münster 2006 (zit.: *Amos*, Entstehung der Verfassung)

Aner, Dieter/*Kurilenko*, Pjotr/*Herrde*, Dietrich/*Schlegel*, Siegfried/*Uhlemann*, Horst/*Zorn*, Klaus: Bildung, Wissenschaft und kulturelles Leben in der DDR, Leipzig 1981 (zit.: *Aner* et al., Bildung, Wissenschaft und kulturelles Leben)

Anschütz, Gerhard: Die Verfassung des Deutschen Reichs vom 11. August 1919: Ein Kommentar für Wissenschaft und Praxis Nachdruck der 14. Auflage, Bad Homburg vor der Höhe 1968 (zit.: *Anschütz*, WRV)

Anschütz, Gerhard/*Thoma*, Richard (Hrsg.): Handbuch des Deutschen Staatsrechts, Zweiter Band, Tübingen 1932 (zit.: Anschütz/Thoma/*Autor*, Handbuch Staatsrecht II)

Ausschuss für Deutsche Einheit (Hrsg.): DDR – 300 Fragen 300 Antworten, 4. Auflage, (Ost-) Berlin 1959 (zit.: Ausschuss für Deutsche Einheit, DDR)

Badstübner, Rolf/*Bednareck*, Horst/*Falk*, Waltraud/*Heitzer*, Heinz/*Thomas*, Siegfried/*Reißig*, Karl: DDR Werden und Wachsen: Zur Geschichte der Deutschen Demokratischen Republik, 2. Auflage, (Ost-)Berlin 1975 (zit.: Badstübner et al./*Autor*, Werden und Wachsen)

Bauer, Wolfram: Wertrelativismus und Wertbestimmtheit im Kampf um die Weimarer Demokratie: Zur Politologie des Methodenstreitens der Staatsrechtslehrer, Berlin 1968 (zit.: *Bauer*, Wertrelativismus)

Bayerische Landeszentrale für politische Bildungsarbeit (Hrsg.): Verfassung der DDR, 1. Auflage, München 1974 (zit.: BLPB, DDR-Verfassung)

Beaucamp, Guy: Rechtsprobleme bei Online-Klausuren, DÖV 2022, S. 283

Beaucamp, Guy: Warum die DDR kein Rechtsstaat war, JA 2015, S. 725

Beckedorf, Ingo/*Henze*, Thomas: Neuere Entwicklungen in der Bildungspolitik der Europäischen Gemeinschaft, NVwZ 1993, S. 125

Becker, Frank/*Schäfer*, Ralf (Hrsg.): Sport und Nationalsozialismus, Göttingen 2016 (zit.: *Becker/Schäfer*, Sport und NS)

Becker, Hellmut/*Kluchert*, Gerhard: Die Bildung der Nation: Schule, Gesellschaft und Politik vom Kaiserreich zur Weimarer Republik, Stuttgart 1993 (zit.: Becker/Kluchert/*Autor*, Bildung der Nation)

Benner, Dietrich/*Oelkers*, Jürgen (Hrsg.): Historisches Wörterbuch der Pädagogik, Weinheim und Basel 2004 (zit.: Benner/Oelkers/*Autor*, Pädagogik-Wörterbuch)

Benz, Wolfgang (Hrsg.): Deutschland unter alliierter Besatzung 1945–1949/55, Berlin 1999 (zit.: Benz/*Autor*, Besatzungs-Deutschland)

Benz, Wolfgang/*Graml*, Hermann/*Weiß*, Hermann (Hrsg.): Enzyklopädie des Nationalsozialismus, 5. Auflage, München 2007 (zit.: Benz et al./*Autor*, NS-Enzyklopädie)

Birnbaum, Christian (Hrsg.): Bildungsrecht in der Corona-Krise, München 2021 (zit.: Birnbaum/*Bearbeiter*, BildungsR-Corona)

Bittighöfer, Bernd/*Schmollack*, Jürgen (Hrsg.): Moral und Gesellschaft: Entwicklungsprobleme der sozialistischen Moral in der DDR, (Ost-)Berlin 1968 (zit.: *Bittighöfer/Schmollack*, Moral und Gesellschaft)

Boldt, Hans: Deutsche Verfassungsgeschichte, Band 2, München 1990 (zit.: *Boldt*, Verfassungsgeschichte)

Bredt, Johann Victor: Der Geist der Deutschen Verfassung in der Rechtsprechung des Reichsgerichts, Berlin 1930 (zit.: *Bredt*, Verfassungsgeist)

Brenner, Dietrich/*Brüggen*, Friedhelm: Geschichte der Pädagogik: Vom Beginn der Neuzeit bis zur Gegenwart, Stuttgart 2011 (zit.: *Brenner/Brüggen*, Geschichte der Pädagogik)

Brix, Josef/*Lindemann*, Hugo/*Most*, Otto/*Preuss*, Hugo/*Südekum*, Albert (Hrsg.): Handwörterbuch der Kommunalwissenschaften, 4. Band, Jena 1924 (zit.: *Brix* et al., Kommunalwissenschaften IV)

Bundesministerium für innerdeutsche Beziehungen (Hrsg.): Vergleich von Bildung und Erziehung in der Bundesrepublik Deutschland und in der Deutschen Demokratischen Republik, Köln 1990 (zit.: BM innerdeutsche Beziehungen/*Autor*, Vergleich)

Bundeszentrale für politische Bildung (Hrsg.): Vor 70 Jahren: Erste Verfassung für die DDR, https://www.bpb.de/kurz-knapp/hintergrund-aktuell/291996/vor-70-jahren-erste-verfassung-fuer-die-ddr/ (abgerufen am 18.01.2025) (zit.: BpB, Erste Verfassung für die DDR)

Bundeszentrale für politische Bildung (Hrsg.): Informationen zur politischen Bildung Nr. 266, Nationalsozialismus II: Führerstaat und Vernichtungskrieg, Bonn 2000 (zit.: BpB/*Autor*, Nationalsozialismus II)

Bungenstab, Karl-Ernst: Gesetzliche Grundlagen der beruflichen Erwachsenenbildung – ein Beitrag zur bildungspolitischen Diskussion –, ZfB 2/72, S. 30

Büttner, Ursula: Weimar – Die überforderte Republik 1918–1933: Leistung und Versagen in Staat, Gesellschaft, Wirtschaft und Kultur, Stuttgart 2008 (zit.: *Büttner*, Weimar)

Butzer, Hermann/*Epping*, Volker/*Brosius-Gersdorf*, Frauke/*Germelmann*, Claas-Friedrich/*Mehde*, Veith/*Rademacher*, Timo/*Waechter*, Kay (Hrsg.): Hannoverscher Kommentar zur Niedersächsischen Verfassung, 2. Auflage, Hannover 2021 (zit.: Butzer et al./*Bearbeiter*, Hannoverscher Kommentar)

Calliess, Christian/*Ruffert*, Matthias (Hrsg.): EUV/AEUV: Das Verfassungsrecht der Europäischen Union mit Europäischer Grundrechtecharta, 6. Auflage, München 2022 (zit.: Calliess/Ruffert/*Bearbeiter*, EUV/AEUV)

Coester-Waltjen, Dagmar: Familienrecht, 7. Auflage, München 2020 (zit.: *Gernhuber/Coester-Waltjen*, Familienrecht)

Coelln, Christian von/*Mann*, Thomas (Hrsg.): Grundgesetz, 10. Auflage, München 2024 (zit.: Sachs/*Bearbeiter*, GG)

Cordes, Albrecht/*Haferkamp*, Hans-Peter/*Lück*, Heiner/*Werkmüller*, Dieter/*Bertelsmeier-Kierst*, Christa (Hrsg.): Handwörterbuch zur deutschen Rechtsgeschichte Teil: Band 3, Konfliktbewältigung – Nowgorod, 2. Auflage, Berlin 2016 (zit.: Cordes et al./*Bearbeiter*, HRG)

Däubler, Wolfgang/*Beck*, Thorsten (Hrsg.): Allgemeines Gleichbehandlungsgesetz mit Entgelttransparenzgesetz, 5. Auflage, Baden-Baden 2022 (zit.: Däubler/Beck/*Bearbeiter*, AGG)

Deutscher Bundestag (Hrsg.): Materialien der Enquete-Kommission „Aufarbeitung von Geschichte und Folgen der SED-Diktatur in Deutschland" (12. Wahlperiode des Deutschen Bundestages) Band III, Baden-Baden 1995 (zit.: Deutscher Bundestag/*Autor*, Enquete-Kommission SED-Diktatur III)

Deutsches Institut für Zeitgeschichte (Hrsg.): Handbuch der Deutschen Demokratischen Republik, (Ost-)Berlin 1964 (zit.: Deutsches Institut für Zeitgeschichte, DDR-Handbuch)

de Wall, Karl-Heinz: Praxis der Kommunalverwaltung – Niedersachsen, Erwachsenenbildung in Niedersachsen, Stand: August 2022 (zit.: *de Wall*, PdK Nds G-3)

Dieterich, Peter: Von Risiken und Nebenwirkungen – Ein Jahr (Online-) Prüfungen in der Corona-Pandemie, NVwZ 2021, S. 511

Dietrich, Gerd: Kulturgeschichte der DDR, Band I, Göttingen 2018 (zit.: *Dietrich*, DDR-Kulturgeschichte I)

Dietze, Frank Rainer: Die Verfassung der DDR: Zur verfassungsgeschichtlichen Entwicklung der Deutschen Demokratischen Republik von 1949–1990, Hamburg 2018 (zit.: *Dietze*, DDR-Verfassung)

Domarus, Max: Hitler Reden und Proklamationen 1932–1945, Band I Erster Halbband, München 1965 (zit.: *Domarus*, Hitler I.1.)

Dörr, Oliver/*Grote*, Rainer/*Marauhn*, Thilo (Hrsg.): EMRK/GG Konkordanzkommentar zum europäischen und deutschen Grundrechtsschutz, 3. Auflage, Tübingen 2022 (zit.: Dörr/Grote/Marauhn/*Bearbeiter*, EMRK/GG)

Dreier, Horst (Hrsg.): Grundgesetz-Kommentar, 4. Auflage, Tübingen 2023 (zit.: Dreier/*Bearbeiter*, GG^4)

Dreier, Horst (Hrsg.): Grundgesetz-Kommentar, 3. Auflage, Tübingen 2018 (zit.: Dreier/*Bearbeiter*, GG^3)

Ebel, Friedrich/*Thielmann*, Georg: Rechtsgeschichte: Von der Römischen Antike bis zur Neuzeit, 3. Auflage, Heidelberg 2003 (zit.: *Ebel/Thielmann*, Rechtsgeschichte)

Eilers, Rolf: Die nationalsozialistische Schulpolitik: Eine Studie zur Funktion der Erziehung im totalitären Staat, Köln, Opladen 1963 (zit.: *Eilers*, Schulpolitik)

Eisenhardt, Ulrich: Deutsche Rechtsgeschichte, 7. Auflage, München 2019 (zit.: *Eisenhardt*, Rechtsgeschichte)

Eppelmann, Rainer/*Möller*, Horst/*Nooke*, Günter/*Wilms*, Dorothee (Hrsg.): Lexikon des DDR-Sozialismus: Das Staats- und Gesellschaftssystem der Deutschen Demokratischen Republik, Paderborn, München, Wien, Zürich 1996 (zit.: Eppelmann et al./*Autor*, Lexikon des DDR-Sozialismus)

Epping, Volker/*Hillgruber*, Christian (Hrsg.): BeckOK Grundgesetz, 60. Edition, Stand: 28. Dezember 2024, München 2024 (zit.: BeckOK GG/*Bearbeiter*, 60. Ed.)

Feder, Gottfried: Das Programm der N. S. D. A. P. und seine weltanschaulichen Grundgedanken, 25.–40. Auflage, München 1930 (zit.: *Feder*, NSDAP-Programm)

Feller, Barbara/*Feller*, Wolfgang: Die Adolf-Hitler-Schulen: Pädagogische Provinz versus Ideologische Zuchtanstalt, Weinheim, München 2001 (zit.: *Feller/Feller*, Adolf-Hitler-Schulen)

Freiherr v. Freytagh-Loringhoven, Axel: Die Weimarer Verfassung in der Lehre und Wirklichkeit, München 1924 (zit.: *Freiherr v. Freytagh-Loringhoven*, Lehre und Wirklichkeit)

Friedrich, Manfred: Geschichte der deutschen Staatsrechtswissenschaft, Berlin 1997 (zit.: *Friedrich*, Geschichte der Staatsrechtswissenschaft)

Friedrich-Ebert-Stiftung (Hrsg.): Bildung und Erziehung in der DDR im Umbruch, Bonn 1989 (zit.: Friedrich-Ebert-Stiftung, Bildung und Erziehung)

Fischer, Edgar/*Jeremias*, Christoph/*Dieterich*, Peter: Prüfungsrecht, 8. Auflage, München 2022 (zit.: Fischer/Jeremias/Dieterich/*Bearbeiter*, Prüfungsrecht)

Foitzik, Jan: Sowjetische Militäradministration in Deutschland (SMAD) 1945–1949, Berlin 1999 (zit.: *Foitzik*, SMAD)

Freiherr von Schwerin, Claudius: Grundzüge der deutschen Rechtsgeschichte, 4. Auflage, Berlin und München 1950 (zit.: *Freiherr von Schwerin*, Rechtsgeschichte)

Frotscher, Werner/*Pieroth*, Bodo: Verfassungsgeschichte, 20. Auflage, München 2022 (zit.: *Frotscher/Pieroth*, Verfassungsgeschichte)

Führ, Christoph/*Furck*, Carl-Ludwig (Hrsg.): Handbuch der deutschen Bildungsgeschichte, Band VI/1, München 1998 (zit.: Führ/Furck/*Autor*, HdB VI/1)

Führe, Dorothea: Die französische Besatzungspolitik in Berlin von 1945 bis 1949, Berlin 2001 (zit.: *Führe*, französische Besatzungspolitik)

Gebhard, Ludwig: Handkommentar zur Verfassung des Deutschen Reichs vom 11. August 1919, Berlin 1932 (zit.: *Gebhard*, Handkommentar)

Geiger, Rudolf/*Khan*, Daniel-Erasmus/*Kotzur*, Markus/*Kirchmair*, Lando (Hrsg.): EUV, AEUV: Vertrag über die Europäische Union, Vertrag über die Arbeitsweise der Europäischen Union, 7. Auflage, München 2023 (zit.: Geiger et al./*Bearbeiter*, EUV/AEUV)

Geißler, Gert: Schulgeschichte in Deutschland: Teilband I: Von den Anfängen bis 1939, 3. Auflage, Lausanne u. a. 2023 (zit.: *Geißler*, Schulgeschichte I)

Geißler, Gert: Schulgeschichte in Deutschland: Teilband II: Von 1939 bis 2021, 3. Auflage, Lausanne u. a. 2023 (zit.: *Geißler*, Schulgeschichte II)

Gerhard, Ute (Hrsg.): Frauen in der Geschichte des Rechts: Von der Frühen Neuzeit bis zur Gegenwart, München 1997 (zit.: Gerhard/*Autor*, Frauen in Rechtsgeschichte)

Gerhardt, Uta: Soziologie der Stunde Null: Zur Gesellschaftskonzeption des amerikanischen Besatzungsregimes in Deutschland 1944–1945/1946, Frankfurt am Main 2005 (zit.: *Gerhardt*, Stunde Null)

Geßler, Otto: Die Träger der Reichsgewalt, Hamburg/Berlin/Leipzig 1931 (zit.: *Geßler*, Die Träger der Reichsgewalt)

Giese, Friedrich: Grundriß des Reichsstaatsrechts, 3. Auflage, Bonn 1923 (zit.: *Giese*, Reichsstaatsrecht)

Görres-Gesellschaft/Verlag Herder (Hrsg.): Staatslexikon: Recht, Wirtschaft, Gesellschaft, 8. Auflage, Freiburg im Breisgau 2017 (zit.: Staatslexikon/*Autor*)

Göschel, Heinz/*Zwahr*, Annette (Red.): Deutsche Demokratische Republik: Handbuch, Leipzig 1979 (zit.: *Göschel/Zwahr*, DDR-Handbuch)

Grabenwarter, Christoph/*Pabel*, Katharina: Europäische Menschenrechtskonvention: Ein Studienbuch, 7. Auflage, München 2021 (zit.: Grabenwarter/Pabel/*Bearbeiter*, EMRK)

Grabitz, Eberhard/*Hilf*, Meinhard/*Nettesheim*, Martin (Hrsg.): Das Recht der Europäischen Union, 83. Ergänzungslieferung, Stand: Juli 2024, München 2024 (zit.: Grabitz/Hilf/Nettesheim/*Bearbeiter*, Recht der EU)

Graf zu Rantzau, Otto: Das Reichsministerium für Wissenschaft, Erziehung und Volksbildung, Berlin 1939 (zit.: *Graf zu Rantzau*, Reichsministerium)

Grandke, Anita (Leitung): Familienrecht: Lehrbuch, 3. Auflage, (Ost-)Berlin 1976 (zit.: Grandke/*Autor*, Familienrecht)

Grotewohl, Otto: Im Kampf um die einige Deutsche Demokratische Republik: Reden und Aufsätze, Band I, (Ost-)Berlin 1954 (zit.: *Grotewohl*, Reden und Aufsätze I)

Grüttner, Michael: Studenten im Dritten Reich, Paderborn, München, Wien 1995 (zit.: *Grüttner*, Studenten)

Günther, Karl-Heinz/*Hofmann*, Franz/*Hohendorf*, Gerd/*König*, Helmut/*Schuffenhauer*, Heinz (Hrsg.): Geschichte der Erziehung, 15. Auflage, (Ost-)Berlin 1987 (zit.: *Günther* et al., Geschichte der Erziehung)

Gusy, Christoph: Die Weimarer Reichsverfassung, Tübingen 1997 (zit.: *Gusy*, Weimarer Reichsverfassung)

Häder, Sonja/*Tenorth*, Heinz-Elmar (Hrsg.): Bildungsgeschichte einer Diktatur: Bildung und Erziehung in SBZ und DDR im historisch-gesellschaftlichen Kontext, Weinheim 1997 (zit.: Häder/Tenorth/*Autor*, Bildungsgeschichte einer Diktatur)

Hager, Kurt: Zur Theorie und Politik des Sozialismus: Reden und Aufsätze, (Ost-)Berlin 1972 (zit.: *Hager*, Theorie und Politik)

Hartmann, Christian/*Vordermayer*, Thomas/*Plöckinger*, Othmar/*Töppel*, Roman (Hrsg.): Hitler, Mein Kampf: Eine kritische Edition, Band II, München, Berlin 2016 (zit.: *Hartmann* et al., Mein Kampf)

Hartung, Fritz: Deutsche Verfassungsgeschichte vom 15. Jahrhundert bis zur Gegenwart, Stuttgart 1959 (zit.: *Hartung*, Verfassungsgeschichte)

Hatschek, Julius: Deutsches und Preussisches Staatsrecht, 1. Band, 2. Auflage, Berlin 1930 (zit.: *Hatschek*, Staatsrecht I)

Hau, Wolfgang/*Poseck*, Roman (Hrsg.): BeckOK BGB, 73. Edition, München 2023 (zit.: BeckOK BGB/*Bearbeiter*, 73. Ed.)

Hearnden, Arthur (Hrsg.): The British in Germany: Educational Reconstruction after 1945, London 1978 (zit.: Hearnden/*Autor*, British in Germany)

Henke, Klaus-Dietmar: Die amerikanische Besetzung Deutschlands, München 1995 (zit.: *Henke*, U. S.-Besetzung)

Henrich, Dieter/*Althammer*, Christoph (Hrsg.): Familienrecht: Scheidung, Unterhalt, Verfahren, 7. Auflage, München 2020 (zit.: Johannsen/Henrich/Althammer/*Bearbeiter*, Familienrecht)

Herbert, Ulrich: Das Dritte Reich: Geschichte einer Diktatur, München 2016 (zit.: *Herbert*, Das Dritte Reich)

Herdegen, Matthias/*Masing*, Johannes/*Poscher*, Ralf/*Gärditz*, Klaus Ferdinand (Hrsg.): Handbuch des Verfassungsrechts: Darstellung in transnationaler Perspektive, München 2021 (zit.: Herdegen/Masing/Poscher/Gärditz/*Bearbeiter*, VerfassungsR-HdB)

Herre, Paul (Hrsg.): Politisches Handwörterbuch, Erster Band, Leipzig 1923 (zit.: *Herre*, Politisches Handwörterbuch I)

Herzog, Roman/*Herdegen*, Matthias/*Scholz*, Rupert/*Klein*, Hans (Hrsg.): Grundgesetz Kommentar, 105. Ergänzungslieferung, Stand: August 2024, München 2024 (zit.: Dürig/Herzog/Scholz/*Bearbeiter*, GG, 105. EL)

Heuer, Uwe-Jens (Hrsg.): Die Rechtsordnung der DDR: Anspruch und Wirklichkeit, Baden-Baden 1995 (zit.: Heuer/*Autor*, DDR-Rechtsordnung)

Hitler, Adolf: Mein Kampf – Zwei Bände in einem Band, 851.–855. Auflage, München 1943 (zit.: *Hitler*, Mein Kampf)

Hofacker, Wilhelm: Grundrechte und Grundpflichten der Deutschen. Stuttgart 1926 (zit.: *Hofacker*, Grundrechte und Grundpflichten)

Hofer, Sibylle: Leitfaden der Rechtsgeschichte: Quellen und Grundzüge der Rechtsordnung, Wien, Köln, Weimar 2019 (zit.: *Hofer*, Rechtsgeschichte)

Hofer, Walther (Hrsg.): Der Nationalsozialismus – Dokumente 1933–1945, Frankfurt am Main 1960 (zit.: *Hofer*, Nationalsozialismus)

Hoffmann, Dietrich/*Neumann*, Karl (Hrsg.): Erziehung und Erziehungswissenschaft in der BRD und der DDR – Band 3: Die Vereinigung der Pädagogiken (1989–1995), Weinheim 1996 (zit.: Hoffmann/Neumann/*Autor*, Erziehung und Erziehungswissenschaft 3)

Hofmann, Rainer (Hrsg.): Ausländerrecht, 2. Auflage, Baden-Baden 2016 (zit.: Hofmann/*Bearbeiter*, Ausländerrecht)

Hoke, Rudolf: Österreichische und deutsche Rechtsgeschichte, Wien, Köln, Weimar 1992 (zit.: *Hoke*, Rechtsgeschichte)

Honecker, Erich: Reden und Aufsätze Band 1, (Ost-)Berlin 1975 (zit.: *Honecker*, Reden und Aufsätze I)

Honecker, Margot: Zur Volksbildung: Gespräch mit Frank Schumann, 2. Auflage, Berlin 2012 (zit.: *Honecker*, Zur Volksbildung)

Horn, Klaus-Peter/*Link*, Jörg-W. (Hrsg.): Erziehungsverhältnisse im Nationalsozialismus – Totaler Anspruch und Erziehungswirklichkeit, Bad Heilbrunn 2011 (zit.: Horn/Link/*Autor*, Erziehungsverhältnisse im NS)

Horn, Klaus-Peter/*Ogasawara*, Michio/*Sakakoshi*, Masaki/*Tenorth*, Heinz-Elmar/*Yamana*, Jun/*Zimmer*, Hasko (Hrsg.): Pädagogik im Militarismus und im Nationalsozialismus: Japan und Deutschland im Vergleich, Bad Heilbrunn 2006 (zit.: Horn et al./*Autor*, Pädagogik im Militarismus)

Huber, Ernst Rudolf: Deutsche Verfassungsgeschichte seit 1789: Band VI, Die Weimarer Reichsverfassung, Stuttgart u. a. 1981 (zit.: *Huber*, Deutsche Verfassungsgeschichte VI)

Huber, Ernst Rudolf: Verfassungsrecht des Großdeutschen Reiches, 2. Auflage, Hamburg 1939 (zit.: *Huber*, Verfassungsrecht)

Huber, Peter/Voßkuhle, Andreas (Hrsg.): Grundgesetz Kommentar, 8. Auflage, München 2024 (zit.: Huber/Voßkuhle/*Bearbeiter*, GG)

Hülsheger, Rainer: Die Adolf-Hitler-Schulen 1937–1945: Suggestion eines Elitebewusstseins, Weinheim, Basel 2015 (zit.: *Hülsheger*, Adolf-Hitler-Schulen)

Internationaler Militärgerichtshof Nürnberg: Der Prozess gegen die Hauptkriegsverbrecher vor dem Internationalen Militärgerichtshof: Nürnberg 14. November 1945–1. Oktober 1946, Frechen 2001

Isensee, Josef/*Kirchhof*, Paul (Hrsg.): Handbuch des Staatsrechts der Bundesrepublik Deutschland, Band I, 3. Auflage, Heidelberg 2003 (zit.: Isensee/Kirchhof/*Autor*, Staatsrechts-Handbuch I)

Jahnke, Karl Heinz: Jugend unter der NS-Diktatur 1933–1945: eine Dokumentation, Rostock 2003 (zit.: *Jahnke*, Jugend)

Jarass, Hans/*Kment*, Martin: Grundgesetz für die Bundesrepublik Deutschland, 18. Auflage, München 2024 (zit.: Jarass/Pieroth/*Bearbeiter*, GG[18])

Jesse, Eckhard (Hrsg.): Bundesrepublik Deutschland und Deutsche Demokratische Republik: Die beiden deutschen Staaten im Vergleich, 3. Auflage, Berlin 1982 (zit.: Jesse/*Autor*, BRD und DDR)

Jox, Rolf/*Wellenhofer*, Marina (Hrsg.): beck-online.GROSSKOMMENTAR SGB VIII, Stand 1. Juni 2023, München 2023 (zit.: BeckOGK SGB VIII/*Bearbeiter*, Stand 01. 06. 2023)

Kaelble, Hartmut/*Kocka*, Jürgen/*Zwahr*, Hartmut (Hrsg.): Sozialgeschichte der DDR, Stuttgart 1994 (zit.: Kaelble/Kocka/Zwahr/*Autor*, DDR-Sozialgeschichte)

Kämmerer, Jörn-Axel/*Kotzur*, Markus (Hrsg.): Grundgesetz: Kommentar, 7. Auflage, München 2021 (zit.: von Münch/Kunig/*Bearbeiter*, GG)

Karpenstein, Ulrich/*Mayer*, Franz (Hrsg.): Konvention zum Schutz der Menschenrechte und Grundfreiheiten: Kommentar, 3. Auflage, München 2022 (zit.: Karpenstein/Mayer/*Bearbeiter*, EMRK)

Keim, Wolfgang (Hrsg.): Pädagogen und Pädagogik im Nationalsozialismus – Ein unerledigtes Problem der Erziehungswissenschaft, Frankfurt am Main 1988 (zit.: Keim/*Autor*, Pädagogen im Nationalsozialismus)

Keim, Wolfgang: Erziehung unter der Nazi-Diktatur, Band I, Darmstadt 1995 (zit.: *Keim*, Erziehung I)

Keim, Wolfgang: Erziehung unter der Nazi-Diktatur, Band II, Darmstadt 1997 (zit.: *Keim*, Erziehung II)

Kellerhoff, Sven Felix: „Mein Kampf": die Karriere eines deutschen Buches, Stuttgart 2015 (zit.: *Kellerhoff*, Mein Kampf)

Kimminich, Otto: Deutsche Verfassungsgeschichte, Frankfurt am Main 1970 (zit.: *Kimminich*, Verfassungsgeschichte)

Kipp, Martin/*Miller-Kipp*, Gisela: Erkundungen im Halbdunkel: Einundzwanzig Studien zur Berufserziehung und Pädagogik im Nationalsozialismus, 2. Auflage, Frankfurt am Main 1995 (zit.: *Kipp/Miller-Kipp*, Erkundungen)

Kirchhof, Gregor: Die Kinderrechte des Grundgesetzes – Sollte die Verfassung zugunsten von Kindern geändert werden?, NJW 2018, S. 2690

Kirchhöfer, Dieter/*Neumann*, Carl/*Neuner*, Gerhart/*Uhlig*, Christa (Hrsg.): Bewahranstalt oder Kreativschule?: Bildung in der frühen Kindheit in Deutschland im 20. Jahrhundert – Empirie, Theorie, Utopie, Berlin 2004 (zit.: Kirchhöfer et al./*Autor*, Bewahranstalt)

Kirsch, Hans-Christian: Bildung im Wandel: Schule gestern, heute und morgen, Düsseldorf und Wien 1979 (zit.: *Kirsch*, Bildung im Wandel)

Klee, Ernst: Das Kulturlexikon zum Dritten Reich, Frankfurt am Main 2007 (zit.: *Klee*, Kulturlexikon)

Klein, Friedrich: Institutionelle Garantien und Rechtsinstitutsgarantien, Breslau 1934 (zit.: *Klein*, Institutionelle Garantien)

Klein, Helmut: Bildung in der DDR: Grundlagen, Entwicklungen, Probleme, Hamburg 1974 (zit.: *Klein*, Bildung in der DDR)

Kloepfer, Michael/*Merten*, Detlef/*Papier*, Hans-Jürgen/*Skouris*, Wassilios: Kontinuität und Diskontinuität in der deutschen Verfassungsgeschichte: Von der Reichsgründung bis zur Wiedervereinigung, Berlin 1994 (zit.: *Kloepfer* et al., Kontinuität)

Köbler, Gerhard: Deutsche Rechtsgeschichte: Ein systematischer Grundriss, 6. Auflage, München 2005 (zit.: *Köbler*, Rechtsgeschichte)

Köhler, Gabriele/*Knauss*, Georg/*Zedler*, Peter (Hrsg.): Der bildungspolitische Einigungsprozess 1990: Verlauf und Ergebnisse der deutsch-deutschen Verhandlungen zum Bildungssystem, Opladen 2000 (zit.: *Köhler/Knauss/Zedler*, bildungspolitischer Einigungsprozess)

Koop, Volker: Alfred Rosenberg: der Wegbereiter des Holocaust, Köln, Weimar, Wien 2016 (zit.: *Koop*, Rosenberg)

Korioth, Stefan: Deutsche Verfassungsgeschichte, Tübingen 2023 (zit.: *Korioth*, Deutsche Verfassungsgeschichte)

Krause-Vilmar, Dietfried (Hrsg.): Lehrerschaft, Republik und Faschismus: Beiträge zur Geschichte der organisierten Lehrerschaft in der Weimarer Republik, Köln 1978 (zit.: Krause-Vilmar/*Autor*, Lehrerschaft)

Krieck, Ernst: Nationalpolitische Erziehung, Leipzig 1932 (zit.: *Krieck*, Nationalpolitische Erziehung)

Kroeschell, Karl: Deutsche Rechtsgeschichte, Band 3, 4. Auflage, Köln 2005 (zit.: *Kroeschell*, Deutsche Rechtsgeschichte III)

Lampe, Felix/*Franke*, Georg H. (Hrsg.): Staatsbürgerliche Erziehung, Breslau 1924 (zit.: Lampe/Franke/*Autor*, Staatsbürgerliche Erziehung)

Lange, Marianne (Hrsg.): Zur sozialistischen Kulturrevolution, Band I, (Ost-)Berlin 1960 (zit.: *Lange*, Kulturrevolution I)

Lange, Marianne (Hrsg.): Zur sozialistischen Kulturrevolution, Band II, (Ost-)Berlin 1960 (zit.: *Lange*, Kulturrevolution II)

Langewiesche, Dieter/*Tenorth*, Heinz-Elmar (Hrsg.): Handbuch der deutschen Bildungsgeschichte, Band V, München 1989 (zit.: Langewiesche/Tenorth/*Autor*, HdB V)

Latour, Conrad/*Vogelsang*, Thilo: Okkupation und Wiederaufbau: Die Tätigkeit der Militärregierung in der amerikanischen Besatzungszone Deutschlands 1944–1947, Stuttgart 1973 (zit.: *Latour/Vogelsang*, Okkupation und Wiederaufbau)

Laufs, Adolf: Rechtsentwicklungen in Deutschland, 6. Auflage, Berlin 2006 (zit.: *Laufs*, Rechtsentwicklungen)

Lenel, Otto: Über die Reichsverfassung: Rede gehalten bei der Jahresfeier der Freiburger Wissenschaftlichen Gesellschaft am 25. Oktober 1919, Freiburg i. B. 1920 (zit.: *Lenel*, Über die Reichsverfassung)

Lenzen, Dieter (Hrsg.): Enzyklopädie Erziehungswissenschaft: Handbuch und Lexikon der Erziehung in 11 Bänden und einem Registerband, Band 5, Stuttgart 1984 (zit.: Lenzen/*Autor*, Enzyklopädie Erziehungswissenschaft V)

Lenzen, Dieter: Eine neue Chance für die Bildung? Essay, https://www.bpb.de/shop/zeitschriften/apuz/31644/eine-neue-chance-fuer-die-bildung-essay/ (abgerufen am 18.01.2025) (zit.: *Lenzen*, Chance für Bildung)

Lieber, Hasso/*Iwers*, Steffen/*Ernst*, Martina: Verfassung des Landes Brandenburg: Kommentar, Wiesbaden 2021 (zit.: *Lieber/Iwers/Ernst*, LV Bbg)

Liebsch, Heike: Wochenkinder in der DDR: Gesellschaftliche Hintergründe und individuelle Lebensverläufe, Gießen 2023 (zit.: *Liebsch*, Wochenkinder in der DDR)

Löhnig, Martin (Hrsg.): Zwischenzeit: Rechtsgeschichte der Besatzungsjahre, Regenstauf 2011 (zit.: Löhnig/*Autor*, Zwischenzeit)

Luh, Jürgen (Hrsg.): Potsdamer Konferenz 1945. Die Neuordnung der Welt, Dresden 2020 (zit.: Luh/*Autor*, Potsdamer Konferenz)

Lundgreen, Peter: Sozialgeschichte der deutschen Schule im Überblick – Teil II: 1918–1980, Göttingen 1981 (zit.: *Lundgreen*, Schul-Sozialgeschichte II)

Mai, Gunther: Der Alliierte Kontrollrat in Deutschland 1945–1948: Alliierte Einheit – deutsche Teilung?, München 1995 (zit.: *Mai*, Kontrollrat)

Mason, Timothy: Sozialpolitik im Dritten Reich: Arbeiterklasse und Volksgemeinschaft, 2. Auflage, Opladen 1978 (zit.: *Mason*, Sozialpolitik)

Matthäus, Jürgen/*Bajohr*, Frank (Hrsg.): Alfred Rosenberg – Die Tagebücher von 1934 bis 1944, Frankfurt am Main 2015 (*Matthäus/Bajohr*, Rosenberg-Tagebücher)

Matthes, Eva/*Kesper-Biermann*, Sylvia/*Link*, Jörg.-W./*Schütze*, Sylvia (Hrsg.): Studienbuch Erziehungs- und Bildungsgeschichte: Vom 18. Jahrhundert bis zum Ende des 20. Jahrhunderts, Bad Heilbrunn 2021 (zit.: *Matthes* et al., Studienbuch)

Mauersberg, Jasper: Ideen und Konzeption Hugo Preuß' für die Verfassung der deutschen Republik 1919 und ihre Durchsetzung im Verfassungswerk von Weimar, Frankfurt am Main u. a., 1991 (zit.: *Mauersberg*, Ideen und Konzeption)

Mausbach, Joseph: Kulturfragen in der Deutschen Verfassung: Eine Erklärung wichtigster Verfassungsartikel, Mönchengladbach 1920 (zit.: *Mausbach*, Kulturfragen)

Meder, Stephan: Rechtsgeschichte: Eine Einführung, 6. Auflage, Köln, Weimar, Wien 2017 (zit.: *Meder*, Rechtsgeschichte)

Meißner, Otto: Das neue Staatsrecht des Reichs und seiner Länder, Berlin 1921 (zit.: *Meißner*, Das neue Staatsrecht)

Meißner, Otto: Das Staatsrecht des Reichs und seiner Länder, 2. Auflage, Berlin 1923 (zit.: *Meißner*, Staatsrecht)

Merritt, Richard L.: Democracy Imposed: U. S. Occupation Policy and the German Public, 1945–1949, New Haven, London, 1995 (zit.: *Merritt*, Democracy Imposed)

Merten, Detlef/*Papier*, Hans-Jürgen (Hrsg.): Handbuch der Grundrechte in Deutschland und Europa, Band 1, Heidelberg 2004 (zit.: Merten/Papier/*Autor*, Grundrechte-Handbuch I)

Meyer, Jürgen/*Hölscheidt*, Sven (Hrsg.): Charta der Grundrechte der Europäischen Union, 6. Auflage, Baden-Baden 2024 (zit.: Meyer/Hölscheidt/*Bearbeiter*, GRCh)

Meyer-Ladewig, Jens/*Nettesheim*, Martin/*Raumer*, Stefan von (Hrsg.): Europäische Menschenrechtskonvention: Handkommentar, 5. Auflage, Baden-Baden 2023 (zit.: Meyer-Ladewig/Nettesheim/von Raumer/*Bearbeiter*, EMRK)

Meysen, Thomas/*Beckmann*, Janna (Hrsg.): Rechtsanspruch U3: Förderung in Kita und Kindertagespflege: Inhalt, Umfang, Rechtsschutz, Haftung, Baden-Baden 2013 (zit.: Meysen/Beckmann/*Bearbeiter*, Rechtsanspruch U3)

Mitteis, Heinrich/*Lieberich*, Heinz: Deutsche Rechtsgeschichte: Ein Studienbuch, 19. Auflage, München 1992 (zit.: *Mitteis/Lieberich*, Rechtsgeschichte)

Möckel, Andreas: Geschichte der besonderen Grund- und Hauptschule, 4. Auflage, Heidelberg 2001 (zit.: *Möckel*, Besondere Grund- und Hauptschule)

Mohnhaupt, Heinz (Hrsg.): Rechtsgeschichte in den beiden deutschen Staaten (1988–1990): Beispiele, Parallelen, Positionen, Frankfurt am Main, 1991 (zit.: Mohnhaupt/*Autor*, Rechtsgeschichte)

Moll, Martin: „Führer-Erlasse" 1939–1945, Stuttgart 1997 (zit.: *Moll*, „Führer-Erlasse")

Mollnau, Karl (Hrsg.): Rechtshandbuch für den Bürger, Berlin 1985 (zit.: *Mollnau*, Bürger-Rechtshandbuch)

Morgenroth, Carsten: Hochschulstudienrecht und Hochschulprüfungsrecht, 3. Auflage, Baden-Baden 2021 (zit.: *Morgenroth*, Hochschulrecht)

Münder, Johannes/*Trenczek*, Thomas/*Boetticher*, Arne von/*Tammen*, Britta: Kinder- und Jugendhilferecht: Eine praxis- und sozialwissenschaftlich orientierte Darstellung des gesamten Kinder- und Jugendhilferechts, 9. Auflage, Baden-Baden 2020 (zit.: *Münder/Trenczek/von Boetticher/Tammen*, Kinder- und Jugendhilferecht)

Münder, Johannes/*Wiesner*, Reinhard/*Meysen*, Thomas (Hrsg.): Kinder- und Jugendhilferecht: Handbuch, 2. Auflage, Baden-Baden 2011 (zit.: Münder/Wiesner/Meysen/*Bearbeiter*, Kinder- und Jugendhilferecht)

Nagel, Anne: Hitlers Bildungsreformer: Das Reichsministerium für Wissenschaft, Erziehung und Volksbildung 1934–1945, Frankfurt am Main 2012 (zit.: *Nagel*, Hitlers Bildungsreformer)

Nawiasky, Hans: Probleme der Reichsverfassung: Erster Teil, das Reich als Bundesstaat, Berlin 1928 (zit.: *Nawiasky*, Probleme der Reichsverfassung)

Neumann, Manfred: Der PISA-Schock – Eine rechtspolitische Nachbetrachtung, ZRP 2003, S. 200

Niermann, Johannes: Sozialistische Pädagogik in der DDR: Eine wissenschaftstheoretische Untersuchung, Heidelberg 1972 (zit.: *Niermann*, Sozialistische Pädagogik)

Nipperdey, Hans Carl (Hrsg.): Die Grundrechte und Grundpflichten der Weimarer Reichsverfassung: Kommentar zum zweiten Teil der Reichsverfassung, Zweiter Band, Berlin 1930 (zit.: Nipperdey/*Bearbeiter*, Grundrechte II)

Nipperdey, Hans Carl (Hrsg.): Die Grundrechte und Grundpflichten der Weimarer Reichsverfassung: Kommentar zum zweiten Teil der Reichsverfassung, Dritter Band, Berlin 1930 (zit.: Nipperdey/*Bearbeiter*, Grundrechte III)

Ortmeyer, Benjamin: Schicksale jüdischer Schülerinnen und Schüler in der NS-Zeit – Leerstellen deutscher Erziehungswissenschaft?: Bundesrepublikanische Erziehungswissenschaften (1945/49–1995) und die Erforschung der nazistischen Schule, Witterschlick 1998 (zit.: *Ortmeyer*, Schicksale)

Pätzold, Kurt/*Weißbecker*, Manfred (Hrsg.): Stufen zum Galgen: Lebenswege vor den Nürnberger Urteilen, Leipzig 1999 (zit.: *Pätzold/Weißbecker*, Stufen zum Galgen)

Pechstein, Matthias/*Nowak*, Carsten/*Häde*, Ulrich (Hrsg.): Frankfurter Kommentar zu EUV, GRC und AEUV, 2. Auflage, Tübingen 2023 (zit.: Pechstein/Nowak/Häde/*Bearbeiter*, Frankfurter Kommentar)

Piper, Ernst: Alfred Rosenberg: Hitlers Chefideologe, München 2005 (zit.: *Piper*, Rosenberg)

Poppe, Eberhard/*Beil*, H./*Büchner-Uhder*, W./*Hieblinger*, R./*Riege*, G./*Tautz*, G.: Grundrechte des Bürgers in der sozialistischen Gesellschaft, Berlin 1980 (zit.: *Poppe* et al., Bürger-Grundrechte)

Rauschning, Hermann: Gespräche mit Hitler, New York 1940 (zit.: *Rauschning*, Hitler-Gespräche)

Reble, Albert: Geschichte der Pädagogik, Dokumentationsband, 4. Auflage, Stuttgart 1999 (zit.: *Reble*, Dokumentationsband)

Reble, Albert: Geschichte der Pädagogik, Stuttgart 1951 (zit.: *Reble*, Geschichte der Pädagogik)

Riemer, Rudolf (Hrsg.): Die DDR Bildung, Wissenschaft und Forschung, München 1970 (zit.: Riemer/*Autor*, DDR)

Roemheld, Regine: Demokratie ohne Chancen: Möglichkeiten und Grenzen politischer Sozialisatoren am Beispiel der Pädagogen der Weimarer Republik, Ratingen u. a. 1974 (zit.: *Roemheld*, Demokratie ohne Chancen)

Rogg, Matthias: Armee des Volkes?: Militär und Gesellschaft in der DDR, Berlin 2008 (zit.: *Rogg*, Armee des Volkes?)

Roggemann, Herwig: Die DDR-Verfassungen Einführung in das Verfassungsrecht der DDR: Grundlagen und neuere Entwicklung, 4. Auflage, Berlin 1989 (zit.: *Roggemann*, DDR-Verfassungsrecht)

Roggemann, Herwig: Die sozialistische Verfassung der DDR – erster Teil, Hannover 1970 (zit.: *Roggemann*, sozialistische Verfassung)

Rolfs, Christian/*Giesen*, Richard/*Meßling*, Miriam/*Udsching*, Peter (Hrsg.): BeckOK Sozialrecht, 75. Edition, Stand: 1. Dezember 2024, München 2024 (zit.: Rolfs et al./*Bearbeiter*, BeckOK Sozialrecht, 75. Ed.)

Rosenberg, Alfred: Gestaltung der Idee: Blut und Ehre, II. Band Reden und Aufsätze von 1933–1935, 10. Auflage, München 1939 (zit.: *Rosenberg*, Blut und Ehre II)

Rosenberg, Alfred: Tradition und Gegenwart: Reden und Aufsätze 1936–1940, München 1941 (zit.: *Rosenberg*, Blut und Ehre IV)

Rosenberg, Alfred (Hrsg.): Das Parteiprogramm: Wesen, Grundsätze und Ziele der NSDAP, 25. Auflage, München 1943 (zit.: *Rosenberg*, Parteiprogramm)

Rosenzweig, Beate: Erziehung zur Demokratie?: Amerikanische Besatzungs- und Schulreformpolitik in Deutschland und Japan, Stuttgart 1998 (zit.: *Rosenzweig*, Erziehung zur Demokratie)

Rossmeissl, Dieter: „Ganz Deutschland wird zum Führer halten …“: Zur politischen Erziehung in den Schulen des Dritten Reiches, Frankfurt a. M. 1985 (zit.: *Rossmeissl*, Ganz Deutschland)

Rottleuthner, Hubert (Hrsg.): Recht, Rechtsphilosophie und Nationalsozialismus, Wiesbaden 1983 (zit.: Rottleuthner/*Autor*, Recht, Rechtsphilosophie und NS)

Rühle, Gerd: Das Dritte Reich, Teil 1: Die Kampfjahre 1918–1933, Berlin 1936 (zit.: *Rühle*, Das Dritte Reich)

Ruhm von Oppen, Beate: Documents on Germany under occupation 1945–1954, London, New York, Toronto 1955 (zit.: *Ruhm von Oppen*, Documents)

Rux, Johannes: Schulrecht, 6. Auflage, München 2018 (zit.: *Rux*, Schulrecht)

Säcker, Franz Jürgen/*Rixecker*, Roland/*Oetker*, Hartmut/*Limperg*, Bettina/*Schubert*, Claudia (Hrsg.): Münchener Kommentar zum Bürgerlichen Gesetzbuch, 9. Auflage, München 2024 (zit.: MüKo BGB/*Bearbeiter*)

Schäfer, Harald: Napola: Die letzten vier Jahre der Nationalpolitischen Erziehungsanstalt Oranienstein bei Diez an der Lahn 1941–1945, Frankfurt am Main 1997 (zit.: *Schäfer*, Napola)

Scharf, Claus/*Schröder*, Hans-Jürgen (Hrsg.): Die Deutschlandpolitik Frankreichs und die Französische Zone 1945–1949, Wiesbaden 1983 (zit.: Scharf/Schröder/*Autor*, Frankreichs Deutschlandpolitik)

Scharf, Claus/*Schröder*, Hans-Jürgen (Hrsg.): Die Deutschlandpolitik Großbritanniens und die Britische Zone 1945–1949, Wiesbaden 1979 (zit.: Scharf/Schröder/*Autor*, Britische Deutschlandpolitik)

Schlinker, Steffen: Rechtsgeschichte, 2. Auflage, München 2023 (zit.: *Schlinker*, Rechtsgeschichte)

Schmid, Karin: Die Verfassungssysteme der Bundesrepublik Deutschland und der DDR: Eine vergleichende Darstellung, Berlin 1982 (zit.: *Schmid*, Verfassungssysteme)

Schmoller, Gustav von: Die Befugnisse der Besatzungsmächte in der Bundesrepublik Deutschland, Oberursel (Ts.) 1950 (zit.: *von Schmoller*, Besatzungsmächte-Befugnisse)

Schnorbach, Hermann (Hrsg.): Lehrer und Schule unterm Hakenkreuz: Dokumente des Widerstands von 1930 bis 1945, Königstein/Ts. 1983 (zit.: *Schnorbach*, Lehrer und Schule)

Schönthaler, Julia: Badische Mädchenbildung in der Weimarer Republik und im Nationalsozialismus: Inwiefern wirkten sich Zeitgeist und Ideologie auf die schulische Bildung von Mädchen in Baden aus?, Berlin 2017 (zit.: *Schönthaler*, Badische Mädchenbildung)

Schröder, Angela/*Krüger*, Detlef: Bildungskrise: Bildungspolitik in Deutschland verfestigt soziale Ungleichheit, BdW 2023, S. 100

Schröder, Horst/*Kunschke*, Horst/*Melzer*, Ingetraut/*Jelowik*, Lieselotte/*Görner*, Kurt/*Fally-Sell*, Dieter: Staats- und Rechtsgeschichte der DDR: Grundriß, (Ost-)Berlin 1983 (zit.: Schröder et al./*Autor*, DDR-Staatsgeschichte)

Schubert, Werner (Hrsg.): Protokolle der Ausschüsse/Akademie für Deutsches Recht, Band 11, Frankfurt am Main 2001 (zit.: *Schubert*, ADR-Protokolle XI)

Schulz, Werner/*Hauß*, Jörn (Hrsg.): Familienrecht: Handkommentar, 3. Auflage, Baden-Baden 2018 (zit.: Schulz/Hauß/*Bearbeiter*, Familienrecht)

Schumann, Paul: Geschichte des Taubstummenwesens vom deutschen Standpunkt aus dargestellt, Frankfurt am Main 1940 (zit.: *Schumann*, Taubstummenwesen)

Schütte, Friedhelm: Berufserziehung zwischen Revolution und Nationalsozialismus: Ein Beitrag zur Bildungs- und Sozialgeschichte der Weimarer Republik, Weinheim 1992 (zit.: *Schütte*, Berufserziehung)

Senn, Marcel: Rechtsgeschichte – ein kulturhistorischer Grundriss: mit Bildern, Schemen, Register, Chronologie und Biographien, 4. Auflage, Zürich 2007 (zit.: *Senn*, Rechtsgeschichte)

Seubert, Rolf: Berufserziehung und Nationalsozialismus: Das berufspädagogische Erbe und seine Betreuer, Weinheim u. a. 1977 (zit.: *Seubert*, Berufserziehung und NS)

Sobe, Noah (Hrsg.): American Post-Conflict Educational Reform: From the Spanish-American War to Iraq, New York 2009 (zit.: Sobe/*Autor*, American Educational Reform)

Sorgenicht, Klaus/*Weichelt*, Wolfgang/*Riemann*, Tord/*Semler*, Hans-Joachim (Hrsg.): Verfassung der Deutschen Demokratischen Republik: Dokumente Kommentar, Band I, (Ost-) Berlin 1969 (zit.: *Sorgenicht* et al., DDR-Verfassung Band I)

Sorgenicht, Klaus/*Weichelt*, Wolfgang/*Riemann*, Tord/*Semler*, Hans-Joachim (Hrsg.): Verfassung der Deutschen Demokratischen Republik: Dokumente Kommentar, Band II, (Ost-)Berlin 1969 (zit.: *Sorgenicht* et al., DDR-Verfassung Band II)

Springborn, Matthias: Jüdische Kinder- und Jugendbildung in Deutschland seit 1945: Schulungskontexte Wissensbestände im Wandel, Berlin 2021 (zit.: *Springborn*, Jüdische Kinder- und Jugendbildung)

Steinhaus, Hubert: Hitlers Pädagogische Maximen: „Mein Kampf" und die Destruktion der Erziehung im Nationalsozialismus, Frankfurt a. M. u. a. 1981 (zit.: *Steinhaus*, Hitlers Pädagogische Maximen)

Stelkens, Paul: Die Einführung der Verwaltungsgerichtsbarkeit im Gebiet der früheren DDR – Eine Wende?, DtZ, 1990, S. 305

Stern, Klaus/*Sodan*, Helge/*Möstl*, Markus (Hrsg.): Das Staatsrecht der Bundesrepublik Deutschland im europäischen Staatenverbund, 2. Auflage, München 2022 (zit.: Stern/Sodan/Möstl/*Autor*, Staatsrecht *Band*)

Stier-Somlo, Fritz: Die Verfassung des Deutschen Reichs vom 11. August 1919: Ein systematischer Überblick, 3. Auflage, Bonn 1925 (zit.: *Stier-Somlo*, Reichsverfassung)

Stolleis, Michael: Geschichte des öffentlichen Rechts in Deutschland, Dritter Band, München 1999 (zit.: *Stolleis*, Geschichte des öffentlichen Rechts III)

Stolleis, Michael: Geschichte des öffentlichen Rechts in Deutschland, Vierter Band, München 2012 (zit.: *Stolleis*, Geschichte des öffentlichen Rechts IV)

Streinz, Rudolf (Hrsg.): EUV/AEUV: Vertrag über die Europäische Union, Vertrag über die Arbeitsweise der Europäischen Union, Charta der Grundrechte der Europäischen Union, 3. Auflage, München 2018 (zit.: Streinz/*Bearbeiter*, EUV/AEUV)

Tent, James F.: Mission on the Rhine: Reeducation and Denazification in American-Occupied Germany, Chicago und London 1982 (zit.: *Tent*, Rhine-Mission)

Thamer, Hans-Ulrich: Verführung und Gewalt: Deutschland 1933–1945, Berlin 1986 (zit.: *Thamer*, Verführung und Gewalt)

Tippelt, Rudolf/*Hippel*, Aiga von (Hrsg.): Handbuch Erwachsenenbildung/Weiterbildung: Band 1, 6. Auflage, Wiesbaden 2018 (zit.: Tippelt/von Hippel/*Autor*, Handbuch I)

Völker, Mallory/*Clausius*, Monika: Sorge- und Umgangsrecht: Handbuch für die familienrechtliche Praxis, 8. Auflage, Baden-Baden 2021 (zit.: Völker/Clausius/*Bearbeiter*, Sorge- und UmgangsR-HdB)

Volkmar, Erich/*Elster*, Alexander/*Küchenhoff*, Günther (Hrsg.): Die Rechtsentwicklung der Jahre 1933 bis 1935/36: zugleich Handwörterbuch der Rechtswissenschaft, Band VIII, Berlin und Leipzig 1937 (zit.: Volkmar/Elster/Küchenhoff/*Autor*, HdR VIII)

Vorbrodt, Walter/*Herrmann*, Karl: Handwörterbuch des gesamten Schulrechts und der Schul- und Unterrichtsverwaltung in Preußen, Leipzig 1930 (zit.: *Vorbrodt/Herrmann*, Handwörterbuch Schulrecht)

Walther, Rosemarie: Bildung und Erziehung in der sozialistischen Familie der DDR, Berlin 1964 (zit.: *Walther*, Bildung und Erziehung)

Wasmuth, Helge: Kindertageseinrichtungen als Bildungseinrichtungen: Zur Bedeutung von Bildung und Erziehung in der Geschichte der öffentlichen Kleinkindererziehung in Deutschland bis 1945, Bad Heilbrunn 2011 (zit.: *Wasmuth*, Kindertageseinrichtungen)

Wesel, Uwe: Geschichte des Rechts: Von den Frühformen bis zur Gegenwart, 4. Auflage, München 2014 (zit.: *Wesel*, Geschichte des Rechts)

Wilke, Franziska: Gilt das Grundrecht auf Schulbildung auch in der Kita? LKV 2022, S. 145

Willoweit, Dietmar: Deutsche Verfassungsgeschichte: Vom Frankenreich bis zur Wiedervereinigung Deutschlands, 7. Auflage, München 2013 (zit.: *Willoweit*, Verfassungsgeschichte[7])

Willoweit, Dietmar: Deutsche Verfassungsgeschichte: Vom Frankenreich bis zur Wiedervereinigung Deutschlands, 5. Auflage, München 2005 (zit.: *Willoweit*, Verfassungsgeschichte[5])

Wissenschaftliche Dienste des Deutschen Bundestags (Hrsg.): Fragen zur DDR-Verfassung: im Vergleich mit dem Grundgesetz (WD 3-3000-151/09), 2009 (zit.: Bundestag, Fragen zur DDR-Verfassung)

Wolff, Heinrich Amadeus (Hrsg.): Grundgesetz für die Bundesrepublik Deutschland, 13. Auflage, Baden-Baden 2022 (zit.: Hömig/Wolff/*Bearbeiter*, GG)

Wurm, Franz: Wirtschaft und Gesellschaft in Deutschland 1848–1948, Opladen 1969 (zit.: *Wurm*, Wirtschaft und Gesellschaft)

Zink, Harold: The United States in Germany 1944–1955, Princeton u. a. 1957 (zit.: *Zink*, U.S. in Germany)

Zintler, Uta: Politische Sozialisation im Kindergarten der DDR: Wie Kinder zur Heimatliebe erzogen werden sollten, Berlin 2021 (zit.: *Zintler*, Politische Sozialisation)

Stichwortverzeichnis

Personenverzeichnis